번역과 사회

세르게이 튤레네프 지음
조성은 / 박리라 / 최은경 옮김

번역과 사회

Translation and Society

세르게이 튤레네프 지음
조성은 / 박리라 / 최은경 옮김

HU:iNE

번역과 사회

세르게이 튤레네프는 새로운 저서에서 독자들을 사회적인 관점에서의 번역학 연구와 사회학적 틀의 번역학 연구방법론으로 인도해준다. 저자는 번역학과 사회학 분야의 가장 영향력 있는 저서들을 두루 아우르며, 사회학적인 접근방법을 직접적으로 또는 간접적으로 적용한 기존의 번역학 연구를 검토하고, 이 학문 분야의 최근 동향도 안내해준다. 기존 이론에 대한 소개 외에도 사회학적 관점으로 번역을 연구하는 연구방법론에 대해서도 자세하게 설명한다.

『번역과 사회』는 번역이 왜 사회학적으로 연구되어야 하는지 논의하고, 사회학을 접목시킨 기존 연구를 소개하여 사회학적 접근 방식이 이미 번역학 연구 분야에 굳건함을 증명하고, 미래의 연구에 대한 새로운 방향을 제시한다. 책 전체에 다수의 사례 연구가 제시되고 있으며 각 장마다 시사하는 점이 많은 주요 논의 주제, 과제 예시, 추가적인 참고 문헌을 수록하고 있다. 이 저서는 번역학 전공 학부생, 석사생들에게 필수적인 학습 교재가 될 것이다.

• 저자

세르게이 튤레네프는 영국 더램 대학(Durham University)의 번역학 석사과정 주임교수이다. 최근 저서로는 *Applying Luhmann to Translation Studies* (2012a)와 *Translation and the Westernization of Eighteenth-Century Russia* (2012b)가 있다. 저자의 개인 웹사이트는 www.tyuleneve.org이다.

• 역자

조성은 한국외국어대학교 통번역대학원 한영과 석사
한국외국어대학교 문학박사
한국외국어대학교 EICC학과 교수

박리라 한국외국어대학교 일반대학원 영어번역학과 박사과정 수료
한국외국어대학교 EICC학과 강사

최은경 한국외국어대학교 일반대학원 영어번역학과 박사과정 수료
한국외국어대학교 EICC학과 강사

서평

"교육학적 측면에서 내용이 뛰어난 튤레네프의 저서는 번역학, 번역 현상과 연관된 사회학적 연구모델들을 집합했다는 의미에서 주목할 만하다. 독자들에게 이 연구모델들의 연결고리 또는 그 차이, 해석적인 가치와 그 한계에 대해서도 명확하게 설명을 해주고 있다. 동시에 사회학적 연구방법론에 대한 설명을 자세히 해주고 있어 연구논문을 시작하려는 학생들이 필수적으로 읽어야하는 책이다. 고급 정보로 가득한 이 책은 분명히 곧 고전이 될 것이다."

Annie Brisset,

University of Ottawa, Canada

“『번역과 사회』는 번역가와 사회의 관계를 둘러싼 주요 논쟁에 대한 접근성 있고 설득력 높은 개관을 해주는 저서이다. 세르게이 튤레네프는 사회학이 번역과 서로 어떠한 대화를 하고 있는지 그 연관 관계에 대한 훌륭한 안내자이다. 이 저서에 나오는 세심하고 통찰력이 뛰어난 사례들은 사회학 이론이 번역가의 활동을 어떻게 조명해주는지 알고 싶어 하는 번역학 교수나 번역학 전공자들에게 큰 도움이 될 것이다. 점점 세계가 글로벌화, 다중 언어화되고 있는 가운데 『번역과 사회』는 언어와 사회를 둘러싼 논쟁에 관심 있는 인문사회학 전공자들에게도 흥미 있는 읽을거리를 제공해 줄 것이다.”

Michael Cronin,

Centre for Translation and Textual Studies, Dublin City University

서문

통번역학 연구에는 다양한 관점에서 번역 이론 및 방법론적 접근 방식을 소개하는 책이 몇 권 있다(Gentzler 2001; Munday 2012; Pym 2010). 번역에 대한 과거와 현재의 이론과 사상을 소개하는 논문 모음집도 몇 권 있고(Lefevere 1992; Schulte and Biguenet 1992; Robinson 2002; Venuti 2012) 새로운 연구 방법론을 제안하는 논문 모음집(Baker 2009, 2010)도 다수 있다. 또한 여러 권의 번역학 백과사전과 핸드북이 출판된 바 있다(Snell-Hornby 외 2004(독일어본); Baker and Saldanha 2009; Gambier and Doorslaer 2010-12). 이 모든 간행물은 번역학 연구의 항해를 시작하는 연구자들에게 도움을 주고 편리한 출발 지점을 제공해 준다.

앞서 언급된 저서들은 대부분 통번역학 분야를 다루고 있지만 본 저자의 책은 이 저서들과는 다르게 사회학적인 맥락에서 더 심도 있게 번역학을 다루고 있다. 학제 간 경계가 낮은 학문이라는 특성상 매우 자연스러운 접근법이며, 특히 사회학적인 대전환(Diaz Fouces and Monzo 2010; Wolf 2010; Wolf and Fukari 2007)을 맞이하고 있는 현시점에서 더욱 중요한 의미를 갖고 있다고 할 수 있다. 저자는 차세대 번역학 전공자들에게 혁신적인 연구의 방향을 제시하고 통번역학에서 이미 논의가 되고 있는 연구 방법론을 재정리해 동기부여를 하고자 한다.

사회학적 관점에서의 통번역학 연구는 완전히 새로운 것이 아니지만 사회현상과 사회학의 주요 연구 모델을 아우르는 심도 있는 사회학적 틀을 고려하지 않은 채 진행된 경우가 많이 있었다. 이 책은 이미 통번역학에서 진행되고 있는 번역의 사회적인 기능에 대한 연구를 사회학적 틀로 맥락화해 번역학 전공자들에게 기존의 사회학 이론을 제대로 소개하려는 시도를 하고 있다.

이 책은 백과사전이 아니다. 사회학 개론서는 더욱 아니다. 오래된 난관이나 난제에 대한 혁신적인 대안이나 새로운 해결책을 제시하지도 않는다. 번역학의 환상적인 새로운 지형을 열거나 불가해한 심연을 파헤치려는 노력을 하는 저서는 더더욱 아니다. 색다른 관점에서 이미 잘 정돈된 지형을 바라보라는 초대장이라고 할 수 있으며 번역학 전공자들이 새로운 영감을 떠올리거나 최소한 작은 깨달음의 순간이라도 경험하는 것을 돕고자 쓰인 책이다.

이 책은 강사나 교수가 주도하는 번역학 이론 수업을 수강하는 학생들이 사용할 수 있다. 자료는 간략하고 접근하기 쉬운 방법으로 제시되며, 논의된 자료를 이해했는지 확인하기 위한 질문 및 과제가 제공된다. (책에 수록된 주제 및 과제 외에도 www.routledgetranslationstudiesportal.com에서 더 많은 정보가 제공된다.) 이론 및 이론적 명제를 설명하기 위해 사례 연구를 제공하며 학생들의 전공 언어나 문화적 배경에 따른 주도적인 연구 수행을 권장하기 위한 연구 질문이 제안된다.

저자의 경험으로 비춰 볼 때 학생들은 논의된 주제에 대해 관심이 생기면 추가적인 참고 문헌을 요청한다. 어떤 이유인지는 모르겠지만 이미 제시된 참고 문헌에는 집중을 하지 못하는 경우가 많다. 그렇기 때문에 특정 주제를 더 심도 있게 연구하고 싶어 하는 학생들에게 '추가 참고 문헌' 섹션의 문헌을 참고하라고 한 번 더 권장하는 것이 중요하다. 이 책에서 언급되고 설명된 이론과 개념에 대해 가능한 한 본문 안에서 참고 문헌을 제시하고자 노력했다.

번역학 전공자의 경우 Albrow(1999); Bilton et al.(1996); Giddens(2001); McLennan(2011)와 같은 사회학 입문서부터 읽는 것을 권장한다(영어 외의 저서는 1장의 참고 문헌 섹션을 참고). 학부에서 사회학 입문 수업을 수강하거나 사회학 입문 저서를 읽으면 사회학자들이 어떤 연구를 하는지, 사회학의 어떤 연구 방법론과 지식이 번역학에 유용하게 적용되는지를 알게 될 것이다. 또한 이 책에서 '통역'과 '통역사'라는 용어가 사용되지만 '번역'과 '번역사'라는 용어가 통역과 번역 두 분야를 아우르는 포괄적인 개념으로 쓰인다.

모든 장에는 다수의 연구 질문이 제공되는데 학생들이 이론을 학습하는 것뿐만 아니라 본인의 연구 프로젝트에 이론을 스스로 적용하는 방법을 찾을 수 있게 돕는 역할을 하길 바란다. 중요한 연구 질문은 핵심 정리로 표시된다. 연구 프로젝트의 주제가 될 수 있는 연구 질문들이며 수업 시간에 해답을 찾을 수 있는 것이 아니다. 또한 본문 중에 학생들에게 자신의 연구 질문을 스스로 생성하도록 유도하는 부분도 있다. 추가적인 배경 지식은 상자, 표 및 그림의 형태로 제공된다.

이 책의 각 장은 기본적 연구 모델에서부터 구체적인 이론까지 논리적으로 번역학의 사회적인 측면에 대한 논의를 확대시켜 나간다.

1장은 사회학과 심리학의 차이점을 논의하고 번역학에 대한 사회학적 접근법의 타당성을 고려한다.

2장은 문화에 대한 사회학적 이해와 문화 간 커뮤니케이션에서 번역이 어떤 역할을 하는지를 중점적으로 다룬다.

3장에서는 사회화 개념을 설명하고 통번역사의 사회화 과정에 이를 적용한다.

4장은 직업적인 측면에서 번역을 탐구한다.

5장은 사회학적 틀에서 번역학 연구를 진행하는 방법을 제시한다.

6장은 사회 이론의 근간을 이루는 기본 모델을 제시하고 그 연구 모델 내에서 생성된 구체적인 이론은 다음 장에서 제시된다.

7장은 거시사회학 이론을

8장은 미시사회학 이론을 다루며

9장은 거시와 미시사회학의 간극을 이어 주는 이론을 소개한다.

결론에서 사회현상으로서의 번역 연구에 통합적 접근 방식이 왜 중요한지를 분석하며 사회학의 최근 연구 동향을 개괄적으로 다룬다.

교수자 참고 사항

오늘날의 통번역학 분야에서는 사회학적 전환점을 맞이해 많은 대학의 통번역학 전공 과정에서 통/번역 또는 통/번역 이론의 사회학적 관점을 소개하는 세미나, 모듈 또는 교과과정이 많이 개설되고 있다. 지금까지 이러한 과정에서 가르치는 교수자들은 여러 다른 단행본에서 발췌된 논문들로 교재를 편집해야 했을 것이다. 이런 임시 교재는 편집하기도 사용하기도 어려울 뿐만 아니라 번역학에 적용된 몇 가지 사회학 이론을 소개하는 데 그쳤을 것이다. 특히 사회학을 전공하지 않은 교수자라면 교재를 선정하는 데 있어 어려움을 겪었을 것이다. 그러므로 기존의 다양한 사회학 이론을 소개해 사회학 배경이 없는 비전공자 학생들도 유용하게 사용할 수 있는 수업용 교재가 절실하게 요구된다. 이것이 바로 이 저서가 목표하는 바이다.

이 책에서는 번역학에서 이미 소개된 사회학적 접근 방법들을 현대사회학 이론의 맥락에서 설명하고 있다. 또한 신진 전공자들이 본인의 연구를 새로운 사회학적 틀에서 조명할 수 있도록 번역학에서 아직 널리 응용되지 않은 사회학 이론이 설명된다.

이 책에서 인용된 많은 자료는 번역학과 사회학의 새로운 연구 동향을 반영한다. 물론 모든 사회학 이론을 다루거나 사회학의 모든 측면을 다루기는 불가능하다. 학생들이 스스로 번역사회학에 대한 탐구를 이어 가기를 바라는 마음에서 각 장에서 참고 문헌이 제공되고 있다. 이 저서에는 서양과 유럽의 사회학 이론이 소개된다. 서양과 유럽 이외의 지역에서 발전된 사회학 이론에 대해서는 나보다 더 학식이 뛰어난 동료 학자들이 더 잘 소개해 주기를 믿으며 그들의 후속 연구에 맡겨 둔다.

이 교재에는 한 학기 수업 과정에서 다루기 충분한 내용이 제공된다. 각 장은 한 번의 수업에서 다루기보다는 하나의 유닛으로 다뤄질 수 있도록 작성되었다. 특히 이 교재가 단기 과정이나 번역학 이론 개관 수업에 사용된다면 교수자 본인의 수업 목표에 더 부합되는 장을 선정할 수 있도록 구성되어 있다. 이 교재는 서양과 유럽의 번역학 이론에 기초 배경지식이 있는 학생들에게 적합하다. 각 장에서 설명되는 사회학 이론은 각 장의 '토론 주제와 과제' 부분(저서 본문과 www.routledgetranslationstudiesportal.com)에 수록된 기존의 번역학 연구와 연관성 있게 구성되어 있다.

목차

1장

배경 지식

주요 질문

- 어떠한 점에서 번역은 사회적 활동인가?
- 사회학이란 무엇인가?
- 사회학과 심리학의 차이점은 무엇인가?
- 번역사의 경험에서 사회와 개인의 관계는 무엇인가?
- '사회'라는 용어의 두 가지 주요 의미는 무엇이며, 그것이 사회학을 바탕으로 하는 번역 연구와 어떠한 관련이 있는가?

1. 사회의 안과 밖

사회학과 번역의 관계를 논의할 때 제기되는 근본적인 질문은 “번역을 왜 사회학적으로 연구해야 하는가?”이다. 앞으로 이 질문에 대해 다양한 관점에서 다루겠지만 간단히 답하자면 번역이 본질적으로 사회적 활동이기 때문에 번역은 사회학적으로 연구되어야 한다고 말할 수 있다. ‘사회적’이라는 용어는 인간의 집단성과 그 안에서 발생하는 상호작용을 의미한다.

첫째, 번역은 절대 사회적 맥락 밖에서 수행되지 않는다. (그러므로 사회적 맥락 밖에서 이론화되어서도 안 된다.) 번역은 (그것이 성공적이든 아니든, 중립적이든 그렇지 않든) 민족, 국가, 집단, 개인 사이를 중개한다. 둘째, 번역사는 사회적 존재이다. 그들은 특정한 세계관, 윤리적이고 미학적 가치관을 흡수하며 사회 내에서 성장했다. 전문가가 되는 과정에서도 여전히 그들은 사회화된 개인이다. 번역사들은 다른 문화에 대해 조금 더 개방적인 사고를 갖도록 배우고, 번역을 의뢰한 사람들에 대해서 편견이나 편향된 사고를 가지지 않으며 성급하게 평가하지 않도록 배운다. 그들은 번역 기계가 아니다. 말이든 글이든 번역사의 작업인 번역은 그들의 사회화 흔적을 지니고 있으며 때때로 번역사 자신도 이 부분에 대해 인지하지 못한다. 번역사의 여러 결정은 표면적으로 봤을 때는 개인의 결정처럼 보인다. 하지만 그 뒤에는 항상 사회적 배경이 존재한다. 이를 표면화하기 위해서는 번역사가 활동하는(했던) 전반적인 사회적 환경을 고려하는 세심한 분석이 필요하다.

Box 1.1

사회학의 기원

인간 사회에 대한 기원은 고대와 중세의 문화만큼이나 멀리 거슬러 올라간다. 사회질서의 요소를 논한 초기 사상가 중 한 명은 중국의 철학자, 교육자이자 정치가였던 공자(기원전 15-16세기)이다. 그는 『논어(*Lunyu*)』에서 타인 그리고 다양한 형태의 사회, 정부와의 상호작용에서 이상적 인간의 처신에 대해 가르치고 있다.

이에 대한 언급이 고대 그리스 정치사상에서는 소크라테스식 문답법인 Plato(기원전 5세기)의 『국가론(*The Republic*)』과 Aristotle(기원전 4세기)의 『정치학(*Politics*)』에 나타나 있다. 이들은 모두 사회적, 정치적 삶을 지배하는 원칙들을 논하고 있으며 그 발상들은 여전히 현대의 사회학적 사상에 영향을 미치고 있다.

비슷한 시기에 인도 철학자이자 정치가인 Kautilya(Chanakya 혹은 Vishnugupta로도 알려져 있다. 기원전 4세기)는 저서 『실리론(*Artha-shastra, The Science of Material Gain*)』에서 재산과 물질적 성공에 대한 인도의 사상을 정리했다. Kautilya의 저서는 마우리아 제국의 시조인 북인도 Chandragupta의 지침이었다고 여겨지며 종종 유럽의 유명한 사회 정치학서인 Niccolò Machiavelli의 『군주론(*The Prince 1513*)』과 비교되곤 한다.

아랍의 저명한 역사가 중 한 명인 Ibn-Khaldun(1332-1406)은 저서 『역사 서설(*Muqaddimah*)』에서 사회역사기록학의 원리들을 제시했으며, 근대 초기 사회학자들에 의해 발달한 몇몇 아이디어를 예측했다.

현재 우리가 말하는 사회학은 유럽에서 역사철학, 생물학적 진화론, 사회체계의 개혁에 대한 생각 그리고 정치철학을 바탕으로 형성되기 시작했다.

역사철학의 기저에 있는 주요 사상은 인간 사회의 진화가 사회적 교양의 낮은 단계에서 높은 단계로 이뤄진다는 것이다. 18세기에 사회는 흔히 기계장치에 비교되었고, 사회에 대한 개념은 물리학을 본떠서 형성되었다. 19세기에는 생물학적 모델이 사회학자들 사이에서 인기를 얻어 사회를 유기체로 바라봤다.

사회 조건에 대한 설문 조사는 또 하나의 필수 요소로 현대사회학 형성에 기여했다. 초기의 설문 조사들은 사회를 자연과학처럼 양적이고 측정 가능한 방식으로 연구하고자 하는 목적으로 시행되었다.

그 결과 사회학적 현상에 대한 연구는 정치적/경제적 과정에 집중되었으며 정치철학의 개념을 차용했다. 사회학에서의 정치적 줄기는 오늘날까지도 강력하다. 사회학 이론들은 보수적, 비판적, 개혁적, 급진적 등과 같은 정치적 용어로 평가되고 있다.

사회학이 별개의 학문 분야로 시작된 시점은 19세기 후반에서 20세기 초반으로 볼 수 있다. 새로운 학문의 명칭은 프랑스 철학자인 Auguste Comte(1794-1859)에 의해 명명되었다. 이는 '동반자'를 의미하는 라틴어 단어 *socius*와 '말' 혹은 '학문'을 뜻하는 그리스어 *logos*를 조합한 것이다. Comte는 이 단어들의 조합이 "현대 문명이 도약하게 된 두 역사적 지점, 즉 지적인 것과 사회적인 것(Bottomore 1987: 15에서 재인용)"을 기념한다고 설명했다. Comte의 논리는 오늘날 유럽 중심적이라는 비판을 받는다. 그가 말한 "현대 문명"은 고대 그리스-로마를 기원으로 하는 '서구 세계'를 의미하는 것이었다. 일반적으로 Comte, Karl Marx, Herbert Spencer, Georg Simmel, Émile Durkheim, Max Weber가 사회학의 창시자로 여겨진다.

사회학은 그간 시대에 따라 여러 주제를 다뤄 왔지만, 결국은 집단적 인간 행동의 일반화된 양식에 초점을 맞추고 있다. 초기에 사회학은 학문 분야로서의 입지가 불확실했지만 오늘날에는 높이 평가되고 있으며 번역학을 포함한 다른 사회과학에 영향을 미치며 영감을 주고 있다.

이러한 분석의 좋은 예시가 히브리어 성경(구약)의 그리스어 번역인 『70인역(*Septuagint*)』 연구이다(Cook 2009: 17-18). 'septuagint'는 그리스어로

'70'을 의미한다.[1] 전설에 따르면 이는 70명—또 다른 전설에서는 72명이라고도 한다—의 번역사에 의해 기원전 3세기 초에 70일 동안 수행된 번역이다. 신성한 텍스트를 번역할 때는 원문에 대한 어떠한 간섭도 배제하도록 번역사의 경외심과 특별한 주의가 요구된다고 믿어져 왔다. 이러한 번역은 훗날 원문만큼 정전화되고 존경받으며 심지어 원문을 대체할 수도 있다. 『70인역』도 그런 경우였다. 후에 『70인역』의 탄생과 관련한 또 다른 신화에서는 번역사들이 성령의 직접적인 지도를 받아 번역했기 때문에 신에 의해 최상의 품질이 보장된다고 했다.

자세히 살펴보면 『70인역』 번역사들에게는 사회 문화적 전통의 영향이 상당했음을 알 수 있다. 학자들은 유대교의 성경 주석(신성한 텍스트를 해석하는 원칙들)과 율법주의의 증거를 발견했는데, 이는 『70인역』이 유대교의 텍스트를 번역한 것이기 때문에 자연스러운 일이었다. 또한 플라톤과 스토아 사상 등 그리스의 철학적/수사학적 문체 특징의 흔적이 존재했다.

원전에는 없던 몇몇 내용은 번역사에 의해 무심코 추가된 것으로 여겨진다. 외부적 전통의 영향은 원전에 해석상, 텍스트상 혹은 신학적 문제가 있을 때에 특히 현저하게 나타났다. 이러한 문제를 해결하기 위해 번역사들은 의심스러운 구절과 그 가치에 대해 해석해야만 했는데, 이는 (우리 모두가 그렇듯이) 당연하게 여겨져서 충분히 인지되지 않을 수도 있지만 번역 결

---

1 그러므로 'septuagint'는 70을 로마자 숫자로 표기한 'LXX'로 줄여 쓴다. 'L'은 50을 의미하고, 'X'는 10을 의미한다. LXX=70

정에 영향을 주는 것이다. 은유를 사용하자면 원전의 어떤 어려운 구절이나 용어를 번역할 필요성은 마치 지각에 갈라진 틈과 같으며, 이때 변형을 일으키는 지하의 힘이 작용하게 된다. 여기에서 지하의 작용력이란 번역사가 가진 철학적 관점이나 종교적 신념, 심미적 선호로 볼 수 있다. 이처럼 사회적인 것은 개인 내부로부터 발생한다.

이때 사회적인 것이란 무엇을 의미하며 사회적인 것은 어떻게 개인으로부터 발생하는가? 언어는 이 질문에 대한 적절한 예시이다. 언어는 모든 사회적인 것의 기초가 되므로 사회현상이라 할 수 있다. 현대 주요 사회학자인 Anthony Giddens(그의 사회학적 이론에 대해서는 9장 참고)가 말한 것처럼 "비록 우리 모두는 창조적으로 언어를 사용하지만, 개인으로서는 그 누구도 언어를 창조하지 않았다(1991: 8)". 우리는 공동체의 언어를 배우는데 이것이 Giddens가 의미한 '그 누구도 창조하지 않은 언어'이다. 우리는 오직 이전에 존재하던 것을 배운다. 이것이 개인의 삶에 미치는 사회적 요소의 예시이며 우리 안에 있는 사회적인 것이다. 이는 러시아계 미국인 언어학자이자 기호학자인 Roman Jakobson이 그의 고전적인 글 「번역의 언어학적 측면(On Linguistic Aspects of Translation)」에서 언급한 것처럼 "언어는 무엇을 전달할 수 *있는가(may)*가 아니라 무엇을 전달*해야 하는가(must)*에 따라 본질적으로 다르다"(1959: 236, 강조는 원문[2])는 것을 의미한다. 그의 설명에 따르면 예컨대

---

2 해당 글은 Lawrence Venuti의 편저 *The Translation Studies Reader*의 모든 판본에서 재발행되었다. 최신판(2012)의 pp. 126-31 참조

어떤 언어가 사건이 완료되었는지 아닌지를 표현하는 경우 “모국어 화자와 청자는 자연스럽게 그들의 언어 코드에서 필수적인 이 해당 요소에 지속적으로 집중하게 된다(ibid.)”. 여기서 Jakobson이 사용한 단어인 “자연스럽게”, “지속적으로”, “필수적인”에 주목해 보자. 이 단어들이 강조하는 것은 우리가 모국어에서 사용하는 언어적 특성은 *자연스러운* 것이며, 우리의 의식을 넘어선 보다 잠재의식적인 것이라는 점이다(외국어의 경우는 다를 수 있다). 우리가 모국어의 문법적 특성에 *지속적으로* 집중하는 것도 모국어를 말하거나 들을 때마다 필연적으로(비록 대부분은 잠재의식 속에서 이뤄지지만) 모든 언어적 차이를 인식하기 때문이다. 모든 문법적 요소는 *필수적(compulsory)*이거나 *선택 가능(optional)*하다. 우리는 무엇인가를 말*해야만 하거나(must)*, 말할 *수 있다(may)*(영어로 ‘female student’라고 말*할 수 있*지만, 프랑스어로는 ‘*etudiante*’라고 말*해야 한다*). 하지만 이러한 현상의 사회학적 해석에서 중요한 것은 필수적이든 선택적이든 이를 결정하는 것이 특정 사회의 산물인 언어라는 점이다. 사회현상으로서의 언어는 우리가 무엇을 어떻게 말하는지와 관련된 특정 현상에 자연스럽게 그리고 지속적으로 집중하도록 한다.

그러나 위에서 인용한 Giddens의 구절은 상당히 균형적이다. 언어는 사회적일 뿐만 아니라 개개인이 가지는 개성의 표현을 허용하기도 한다. 또한 우리는 Ferdinand de Saussure의 *랑그(langue)*와 *파롤(parole)* 개념을 떠올릴 수 있다. 랑그는 우리가 속한 언어 공동체에서 사용하는 추상적인 시스템으로서의 언어이다. 파롤은 개인적이며 우리의 언어 사용에서 창의적인 부분을 의미한다. 우리의 언어 사용은 사회적인 측면과 개인적인 측면을 모두 가지고 있다. 사회적 통번역사의 행동에 있어서 언어적 측면은 번역학이 이론적 학문 분야로 발전하기 시작한 초기 단계에서부터 깊이 있게 연구되어 왔다.

Box 1.2

현대사회학의 세 가지 축

Anthony Giddens는 사회학을 지난 수 세기 동안 발생한 세 가지 주요 변화의 결과로 형성된, 사회 제도를 연구하는 사회과학으로 정의했다(2001: 5). 첫 번째 변화는 1789년에 일어난 프랑스혁명이다. 이 혁명은 현대사회의 민주주의적 가치를 발전시키는 데 공헌하면서 인간 실존의 정치적 차원을 급진적으로 변화시켰다. 자유, 평등, 인류애(*liberté, égalité, fraternité*)는 비록 항상 실현되지는 않을지라도 오늘날 사회적 삶의 보편적 기준으로 받아들여지고 있다.

두 번째 대변화는 오늘날 과학혁명으로 알려져 있는 것으로 르네상스 시대(14-16세기)에 시작되었지만 16-18세기에 Isaac Newton의 보편 법칙으로 명성을 얻기 시작했다. 과학혁명은 해부학과 생리학을 지나 우주론과 물리학에서 존재론과 인식론의 재개념화를 이룬 철학까지 지식의 여러 주요 분야를 아울렀다. 과학혁명은 지적 혁명(1730년대-1800)인 계몽주의와 관련이 있다. 이는 평등이라는 정치적 이상의 연장이었고 세 번째 주요 변화를 가능하게 했다.

세 번째 혁명은 18세기 영국에서 시작되어 서유럽 전체를 걸쳐 미국으로 퍼져 나간 산업혁명이다. 산업혁명은 사회/경제적 차원의 변화에 주요한 영향을 끼쳤다. 현대사회학은 현대 산업사회에 초점을 두고 있으며, 이외에 다른 종류의 사회를 연구하는 것은 인류학의 몫이 되었다.

앞서 언급한 주요 변화 세 가지는 현대사회의 핵심으로 여겨진다.

사회적인 것의 또 다른 측면은 행동 양식이다. 이는 방대한 주제이기 때문에 여기서는 Desmond Morris 외의 1979년 저서 『*Gestures: Their Origins and Distributio*』의 예시만을 살펴보겠다. Morris와 그의 연구팀(29명의 연구자와 통역사로 구성)은 서부, 남부 유럽과 지중해 지역의 제스처를 연구했다. 2년(1975-77)에 걸쳐 25개국 40개 지역에서 20가지의 핵심 제스처를 연구한 모리스는 '묘사 제스처(gestures-illustrators)'와 '상징 제스처(gestures-emblems)'를 구분했다. '묘사 제스처'는 언어적 진술을 동반하는 반면 '상징 제스처'는 언어적 진술을 대체한다. 제스처는 개인적/사회적 요소의 상호작용이며 어떤 제스처는 보다 문화적으로 결정된다.[3] 반면 어떤 것들은 개인의 의식적 결정의 결과이다. 이에 대해 모리스는 두 가지 예시를 제시한다.

> 한 남자가 들떠서 이야기를 하고 있고, 그의 팔은 말하는 것에 박자를 맞추고 말하고자 하는 바를 강조하며 활발하게 움직인다. 이러한 표현은 의식적이거나 의도적으로 행해지는 것이 아니다. […] 방금 전에 크게 팔 동작을 한 사람에게 어떤 동작을 했는지 물어봐도 그는 대답할 수 없을 것이다. […] 한 여자가 길을 건너고 있고 젊은 남자 두 명이 이를 지켜보고 있다. 한 남자가 다른 남자에게 돌아서서 윙크를 한다. 후자는 마치 뜨거운 것에 덴 것처럼 손가락을 흔들면서 화답한다. 그들 사이에는 어떠한 대화도 없었다. 이때 제스처는 발화를 대체한다. 이후에 이 젊은 남자들에게 정확히 어떠한 제스처를 사용했냐고 질문하면 그들은 회상을 통해 '윙크' 등을 언급할 것이다.
>
> (1979: xvii)

---

3 '문화'의 개념은 2장에서 자세히 다룰 것이다.

Morris는 두 가지의 종류의 제스처, 즉 의식적으로 또는 무의식적으로 행한 두 제스처 모두 문화 상징적 관습의 일부라고 설명한다. 검지 끝으로 관자놀이를 두드리는 것은 '정상이 아님' 혹은 '똑똑함'을 의미할 수 있지만 그에 대한 해석은 "특정한(문화적) 상황의 수용, 지역적, 문화적 노출에 의한 수용, 학습(ibid.)"에 달려 있다.

Q. 이를 번역학에 적용하면 흥미로울 것이다. 예를 들어 다른 언어, 문화의 통역사 제스처를 연구하고, 다른 혹은 일반적인 행동 양식으로 인한 간섭 현상에 대해 연구할 수 있다. 이런 종류의 통역사 연구는 전문적 행위의 행동적 특징에 대해 통역사들이 인지하는 데 도움을 줄 수 있다.

세계관(독일어로 *Weltanschauung*)은 사회와 개인이 얽혀 있는 아마도 가장 종합적인 영역일 것이다. 세계관은 종교적 신념, 과학적 지식, 도덕적/심미적 가치를 포괄하는 보다 무형적 개념이다. 여기에는 일반적으로 말하는 세상에 대한 견해 혹은 삶의 철학이 포함된다.

각각의 개인은 세상을 보는 관점을 가지고 있으며 이는 결국 세계관이 만들어지고 개발되는 사회(들)에서 기인한다. 이 포괄적인 영역은 궁극적으로 우리가 특정 문화를 표현하도록 만든다. 예컨대 우리는 가정 문화를 통해 보디랭귀지, 선호하는 음식, 가족과 친척에 대한 관점 등을 갖게 된다.

세계관의 개념을 통번역 연구 및 통번역 실무자들에게 적용하는 것은 의미 있는 일이다. 이미 상당한 연구가 이뤄졌지만(오늘날 가장 핵심적인 연구

중 일부를 다음 장에서 살펴볼 것이다) 더 많은 것이 연구되고 발견되어야 한다. 이번 장에서 중요한 논의 사항은 사회적인 것과 개인적인 것 사이의 잠재적 공통부분을 발견하고, 번역사와 통역사의 개인적 행동 중 많은 부분이 의식적이든 잠재의식이든 사실은 사회적으로 형성되고 촉발되었다는 것을 이해하는 것이다.

이를 바탕으로 보면 번역은 수행하는 사람의 특성과 번역이 수행되는 맥락의 관점에서 안팎으로 사회적이다. 개인과 사회의 상호 관계는 사회학의 핵심 주제 중 하나이다. 그리고 이것이 우리가 이번 장에서 논의할 내용이다.

논의를 계속하기 전에 다음의 간단한 예시를 생각해 보자. 정원이나 공원에서 우리가 보는 화단은 여러 꽃의 집합이거나 꽃으로 숫자나 문구(단어 혹은 짧은 구호) 등의 패턴을 만든 것일 수 있다. 꽃의 씨앗이 심겨지고, 자라고 꽃피우면, 특정한 모양이 나타난다. 각각은 뿌리, 줄기, 잎, 꽃을 가진 개별적인 식물이다. 하지만 각각은 또한 전체 디자인의 일부이다. 어떤 단어 혹은 회사 로고를 구성하는 글자의 한 점일 수 있다. 이 식물은 개별적인 식물인가 혹은 전체의 일부인가? 답은 '둘 다'이다. 사회학이 무엇에 관한 것인지 알아보고 번역과 번역사 연구에 어느 정도 적용할 수 있을지를 알아보기 위해서 개인과 사회의 관계를 논의할 때 해당 예시를 기억해 두자.

(태어난 사회의 문화가 내재화되는) 사회화를 거쳤더라도, 번역사가 한 개인이라는 사실은 번역사 행동의 사회적 측면이 더 복잡한 전체의 일부일 뿐

임을 말해 준다. 번역사의 전문적 행위에 영향을 미칠 수 있는 개인적 감정, 성격적 특성, 의지, 능력, 신체적 상태 등은 여전히 존재한다. 개인적인 것은 불가피하게 사회적인 것에 영향을 미친다. 예컨대 매우 유능한 전문 통역사라고 해도 오늘 아침에는 두통이 있어서 비즈니스 회의에서 보통의 기준에 못 미치는 통역을 수행하도록 만들 수 있다. 더 집중을 해야 하고, 평소에는 쉽게 통역할 수 있는 구절임에도 여기저기에서 실수를 하게 된다. 혹은 상근 번역사로서 좋아하지 않는 주제를 번역해야 할 때 다른 주제에 대해 번역하는 것 보다 탁월하지 않았다는 느낌을 받을 수 있다. 시간이 흐르고 경험이 쌓임에 따라 개인성을 유지하면서도 번역 행위를 보다 더 효율적으로 통제할 수 있게 된다.

실제로 개인과 사회는 연속선상의 양극단에 있다. 모든 번역 결정은 번역사의 개성과 그가 속한 사회 사이의 접점이다. 그렇다면

Q. 당신의 통역과 번역 수행에서 사회와 사회화 대비 개인적 특성의 비율은 얼마나 되는가?

Q. 번역사로서의 경험에서 이 두 측면은 어떻게 연구될 수 있는가?

Q. 사회를 집단으로 이해하며 사회적인 것에 중점을 두는 사회학에서 번역 행위는 어떻게 설명될 수 있는가? 개인을 강조하는 심리학에서는 어떠한가?

위의 질문과 보다 궁극적인 질문인 '왜 번역을 사회학적으로 연구해야

하는가?'에 답하기 위해 개인과 집단의 차이 혹은 이 둘의 관계가 언급되는 사회학과 심리학의 차이에 대해 인지할 필요가 있다. 이 구분은 너무 대략적인 것처럼 보이지만 "[…] 사회적 삶의 본질은 순수하게 심리학적 요인, 즉 개인의식의 상태만으로는 설명할 수 없기(Durkheim 2004: 55)" 때문에 사회학과 심리학 사이에는 구분이 있어야 한다.[4] 본 장에서는 오늘날 사용되는 '사회'의 개념을 설명하고 사회를 연구하는 학문인 사회학을 이해하기 위한 토대를 제시할 것이다. 또한 사회학적 접근과 심리학적 접근의 주요한 차이점을 논하고 기술할 것이다.

2. 사회와 사회들 내에서의 번역

모든 인간은 사람들 사이에서, 즉 사회 내에서 성장한다. 사회학에서는 '사회'라는 용어를 다음과 같은 두 가지 주요 의미로 사용한다.

4 하지만 '개인 심리학', '일반 심리학', '사회 심리학'처럼 혼합해서 사용하는 경우도 있다(Durkheim 1982: 41; Durkheim 2004: 56; Asch 1987: 38). 개인 심리학은 개인에게 집중하는 반면, 일반 혹은 사회 심리학은 자연적/사회적 서식지가 보여 주는 것처럼 인간 심리의 일반화를 지향한다. 이 둘을 구분하는 것은 간단하지 않고, 비록 동일한 연속선상에 있지만, 개인과 사회는 분명히 구별되는 연구 영역이다. 20세기 초반 Durkheim은 사회 심리학 연구에 큰 관심을 보이지 않았다. 그는 "사회 심리학은 정의된 객체가 없으며 모든 종류의, 애매한 일반화 이상을 보여 주지 못한다(2004: 56)"고 했다. 20세기 말에 Solomon Asch는 사회 심리학을 "대부분의 놀라운 결과를 물리적 현상에 대한 연구로부터 이끌어 낸, 위대한 과학적 사고의 확장(1987: 3)"으로 봤다. 21세기 초가 되어서야 사회 심리학은 사회학 혹은 심리학에 기대거나(Kassin, Fein and Markus 2011: 5) 심리학의 하위 분야(Sutton and Douglas 2013: 7)가 아니라 하나의 학문 분야로 인정받았다.

① 하나의 사회는 다른 사회와 구별되는 특정한 정치, 경제, 종교, 가족, 교육 혹은 기타 제도를 갖는 사회 구성체이다. 이때 사회의 개념은 크게는 프랑스, 아르헨티나, 남아프리카공화국, 고대 이집트, 러시아 제국처럼 거대한 제국이나 국가 형태를 지칭할 수 있고 작게는 부족을 의미한다.

② 보다 넓은 의미에서 사회는 '사회질서' 혹은 '사회구조'와 동의어로 사용된다.[5] 사회는 제도화된(institutionalised) 행동 양식의 집합으로 여겨지며, 이때 '제도화'는 '시공간에 걸쳐 반복'된다는 의미이다.

이 두 가지 정의 모두 번역이 수행되는 맥락으로서 번역의 사회적 측면에 대해 논의할 때 유용하다. (첫 번째 의미로) 사회 내에서의 번역은 우리로 하여금 번역이 다른 나라 혹은 민족 사이에서, 역사의 다른 시점에서 행해지고, 고려되며, 인지된다는 사실에 집중하도록 도와준다. 이런 의미에서 '사회'라는 용어는 특정 시간과 공간에 주안점을 둔다. 예를 들어, 『70인역』의 예시에서 연구자는 특정 사회(이집트)에서 특정 시간(기원전 3세기)에 이뤄진 사회적 활동의 결과로서 특정 번역에 집중해 연구할 수 있다. 초기의 연구 질문은 다음과 같을 것이다.

---

5 '사회질서(social order)'의 동의어는 조화/협동/화합/질서 정연이 아니며, 갈등/불일치/의견 충돌의 반의어도 아니다. 이 용어는 "각각의 의미와 지위를 가지는 개체들의 배열, 인간의 삶과 인간이 취급하고 소유하는 것들의 배열 그리고 연동되는 행위를 하는 인간들 사이의 배열이 특정 관계와 구체적인 정체성을 가지는 것(Schatizki 1996: 15)"을 의미한다. 사회질서의 예시로는 친족 체계, 정치 체계, 스포츠 게임 등이 있다. 이들은 조화로울 수도, 적대적일 수도 있지만 모두 각각의 참여자와 그들 간의 관계에 대한 의미와 지위를 규정한다.

Q. 해당 텍스트를 누가 번역했는가? 혹은 누가 번역할 수 있었는가? 그 이유는 무엇인가?

이 질문을 통해 우리는 여러 번역사로 이뤄진 집단이 『70인역』을 번역했다는 것을 알 수 있을 것이다. 전설에 따르면 70명 혹은 72명의 번역사는 이스라엘에서 초대된 지역 유대교 공동체의 일원이었으며 히브리어를 사용하고 그리스어로 번역이 가능했다고 한다. 해당 번역은 이집트 궁의 왕립 도서관을 위해 수행되었다고 전해진다. 더 현실적으로는 지역 유대교 공동체의 필요에 의해 번역되었다. 만약 연구자가 여기에서 연구를 중단한다면 만족스러운 연구가 되지 못할 것이다. 그 번역이 당시의 다른 번역과 비교해 어떻게 전형적 혹은 이례적인지, 기원전 3세기의 프톨레마이오스왕조하의 이집트에서 다른 사회/문화적 현상과 비교해 어떠한 위치를 차지하는지에 대해 연구하지 않았기 때문이다. 그러므로 번역이 수행된 환경에 대한 질문이 추가되어야 한다.

Q. 『70인역』이 다른 번역, 다른 텍스트, 당시의 다른 사회현상과 얼마나 유사한가? 혹은 다른가?

이러한 연구 질문은 일반적으로 그리고 『70인역』에 대해서도 번역의 광범위한 맥락화를 촉발한다. 그 결과 우리는 번역과 번역사에 대해 더 많은 것을 알 수 있다.

예를 들어 히브리어 성경의 각 부분(권)에 관한 상세한 연구를 살펴보면 「모세 오경」(위대한 히브리인 지도자 모세로부터 기인한 첫 5권)이 팀으로 일했던 5, 6명의 번역사에 의해 번역되었다는 것을 알 수 있다. 다양한 번역 스타일과 공통된 어휘 및 용어가 그 증거다(Cook and Stipp 2012: 3). 특정 부분을 번역한 번역사들은 광범위한 해석을 선호한 반면, 다른 번역사들은 원전을 줄이거나 축약했다(ibid.: 147). 이러한 비교를 통해 연구자는 잠언의 번역사가 '그리스 세계에서 차용한' 희귀한 단어나 용어를 사용하는 '유대와 그리스 문화에 대한 탁월한 지식을 가진 창의적 문장가'임을 밝혀냈다(ibid.: 148). 또 다른 흥미로운 사례는 다니엘서의 번역사이다. 그는 원전에 언급된 예언을 열심히 번역했으며 때로는 예언되었던 사건에 맞춰 약간의 수정을 가했다. 그는 독자들이 깊이 감명을 받고 거룩한 예언을 확신하기를 바라도록 사회화되었음을 보여주었다(ibid.: 212).

그러나 연구자는 여기에서 그치지 않을 것이며 실제로도 그러했다. 『70인역』의 더 광범위한 맥락화에 착수했고, 이를 위해 특정한 한 사회 밖으로 확장해 나가는 것이 필요했다. 『70인역』은 폭넓은 사회적 배경과 함께 평가되었다. 유대와 그리스 문화가 고려되었고, 학자들은 『70인역』을 동시대의 텍스트나 성경의 초기 번역과 비교했다. 연구자들은 고대 사회에서 번역이 어떻게 기능했는지에 대한 이해에 공헌했다. 이러한 접근은 특정한 한 사회의 경계를 넘어서는 것이었고, 연구자들로 하여금 일반적인 사회 내에서 번역의 기능에 대해 더 알 수 있도록 해주었다.

누군가는 기존의 유대교와 기독교에 더해 또 다른 아브라함 종교인

이슬람을 추가함으로써 한 걸음 더 나아가는 연구 질문을 할 수 있을 것이다.

> **Q. 세 개의 아브라함 종교를 바탕으로 하는 사회에서 번역은 어떤 기능을 수행하는가?**

이러한 질문을 계속하다 보면 결국 '사회'의 두 번째 정의에 기인한 가장 광범위한 질문에 이르게 된다.

> **Q. 사회에서 번역과 종교의 관계는 무엇인가?**[6]

3. 사회화된 존재로서의 번역사

앞의 절에서 우리는 발생 행위로서의 번역과 사회적 맥락에서의 이해에 대해 논의했다. 이번 절에서는 번역의 또 다른 측면에 대해 살펴볼 것이

---

6 이런 종류의 연구 문제는 신진 연구자들이 다루기에는 어려운 주제이다. 이처럼 큰 규모의 연구를 수행할 때는 다량의 언어, 문화 데이터가 수집되어야 한다. 보다 현실적으로 이러한 연구는 평생에 걸쳐 진행하거나 공동 연구를 해야 한다. 학부 학생이라면 먼저 특정 국가 혹은 특정 시기 등 한 사회 내의 하나의 번역 현상으로 연구 범위를 제한하기를 추천한다. 첫 번째 의미로서의 사회를 기술하지 않고는 일반적 의미의 사회를 이해할 수 없기 때문에 현대사회학의 창시자 중 한 명인 독일의 사회학자 Georg Simmel(1858-1918)은 '사회'를 '점진적 개념'으로 봤다(Frisby 2002: xvii). 이는 번역에도 적용할 수 있다. 다양한 종류의 번역을 연구하지 않고는 사회 내에서의 번역을 이해할 수 없다. 때문에 번역 연구는 장기적인 프로젝트가 된다.

다. 그것은 번역이 사회화된 존재에 의해 수행되는 행위라는 점이다.

인간의 일생은 타인과의 관계 맥락에서 펼쳐진다. 아이들은 가정과 교육기관에 의해 사회에 소개된다. 이후에 청년들은 일을 시작하고 전문가로서 다른 사람들과 소통을 한다. 이러한 접촉들의 복잡한 네트워크를 통해 인간의 행동 양식이 형성된다. 사회는 인간 존재의 필수 조건이다.

번역의 이러한 측면이 두드러지도록, Rudyard Kipling 소설의 주인공 모글리 같은 야생 아동을 생각해 보자. 이러한 아이들은 인간 사회 밖에서 길러지고, 그 결과(꽤 성공적으로 정글과 인간 마을에서 살아남은 모글리와 달리) 사회적으로 기능이 불가능한 심각한 사회/심리학적 기형을 초래한다. 그들은 타인과 건설적이고 긍정적인 관계를 발전시킬 수 없다. 그러므로 심리적/사회적 존재가 아닌 생물학적 존재일 뿐이다. 왜냐하면 인간은 사회적 존재이고 그들의 행동과 대부분의 활동은 사회적으로 맥락화된 것이기 때문이다.

번역을 할 때 번역사들은 두 가지 차원에서 사회화를 보여 준다. 먼저 그들은 신념, 믿음, 도덕적 원칙 등을 가지고 있다. 각각의 번역사들은 말 그대로 심리적인 감각을 가진 개인이다. 그들은 좋아하고 싫어하는 것에 대한 그들만의 선호를 가지고 있으며 독특한 성격 조합을 가진 유일무이한 인간이다. 이러한 심리적인 개인은 또한 인격을 형성하는 또 다른 주요 요소인 문화 안에서 성장한다. 그러므로 인간의 개성은 본성과 문화의 복잡한 역학관계의 결과물이다. 즉 한 개인의 생리적, 정신적인 요소와 삶의 각기 다른 상황 및 사회적 환경에 노출되면서 학습한 것들에 기인한다. 한마디로 모든 번역사는 각각 유일무이하게 사회화된 인격이다.

반면 번역사는 사회화된 전문가이기도 하다. 번역사들은 대학의 번역사 교육 프로그램에서 훈련받았거나 경력의 어떤 지점에서 우연히 통번역사가 되었을 것이다. 두 경우 모두 번역사는 그들 스스로를 번역사로 인식하고, 번역을 의뢰하거나 번역료를 지급하는 사람들에게 번역사로 인식되도록 하는 지식과 경험을 획득하고 도덕적 가치를 내면화한다.

각각의 사회화 과정은 독특하며 다양한 기로를 거친다. 번역사의 수만큼 다양한 사회적 프로필이 존재한다. 인격이 형성되는 어린 시절부터 성숙한 성인이 되기까지 번역사의 경력을 추적하는 것은 매우 흥미로운 일이다(9장에서 설명하는 Bernard Lahire의 접근 참고). 하지만 경력을 더욱 충분히 파악하고자 한다면, 한 명 혹은 여러 명의 개인을 대상으로 하는 것으로는 충분하지 않다. 이는 앞의 절에서 언급한 『70인역』 중에서 단 한 권의 책에 대한 번역만을 살펴보는 것과 같다. 우리는 『70인역』의 전체 텍스트 중에서 바로 그 번역이 차지하는 위치를 알 수 없고, 유대와 그리스 문화 전통의 교류에 대해서도 알아내지 못할 것이다.

개인 번역사의 경력을 다른 번역사의 경력과 비교해 보면 공통적으로 나타나는 특성을 발견할 수 있고, 상당히 많은 경우에 이러한 공통적 특성이 사회적으로 유발된 것임을 알 수 있다. 주요한 특징은 경험의 '일상화(routinisation)'이다. 인생과 전문적 경험 모두에서 사람들은 처음에는 크고 놀랍고 새롭던 경험을 시간이 지남에 따라 여러 번 관찰하거나 참여한 일상적인 사건으로 인식한다. 경험의 일상화는 지속적인 사회화를 보여 준다. 무엇이 사회적으로 허용되거나 요구되는지를 이해하고 그에 맞춰 행동을 적응하는 것이다. 번역사와 통역사의 사회적 적응에 관한 연구는 다음과 같은 질문에 대한 답을 찾을 것이다.

Q. 전문가로서 번역사는 어떻게 경험을 일상화하는가? 다르게 말해서 어떻게 일을 배우고 경험을 쌓으며 업계를 형성하는가? 이런 일은 어디에서 발생하는가? 학교 혹은 직장인가, 두 곳 모두인가? 어떤 방식이 가장 효과적이며 그 이유는 무엇인가?

Q. 번역 에이전시, 기업의 상근 번역사/통역사, 프리랜서로서 번역사는 상이한 근무 환경에 어떻게 적응하는가? 팀으로서 번역사는 어떻게 협력하는가? 번역사가 컴퓨터 보조 도구를 사용할 때 일상화된 패턴은 무엇인가?

이 연구 질문들은 대략적인 서술이며, 일반적인 사회(사회들의 총합)가 아니라 한 사회 내에서 비교를 위한 구체적인 기준이 함께 제시되어야 한다. 구체적인 국가나 언어 조합을 선택할 수도 있고, 학부 수준에서는 특정 번역 기관으로 연구 질문을 좁혀 실행 가능성을 높일 수도 있다.

모든 번역사가 인간으로서 그리고 전문가로서의 궤도에서 모두 드러내는 또 하나의 일반적인 특성은 사회적 학습이 면 대 면 상황, 구체적인 관계로부터 사회적 기관의 대표, 멀리 있는 주체, 익명의 단체까지 확장된다는 것이다. 아이들은 처음에 가족 구성원이나 타인을 개인으로서 만난다. 하지만 이후에 그들은 어머니와 아버지가 집에서와는 다르게 대우받고 행동하는 직장을 가지고 있다는 것을 학습하게 된다. 그들은 사람들이 단지 Mr. 혹은 Mrs. X일 뿐만 아니라 의사 혹은 선생님일 수 있다는 것을 학습한다. 결국 아이들은 이름을 모르거나 직접 대면하지 않은 사람들을 대하는 방법을 배우게 된다. 이와 같이 사람들은 사회화 과정을 통해 (익명의) 기관 대표자를 대하는 법을 배운다. 그들은 가까운 주변, 즉 작은 세계에서 벗어나 사회적이고 큰 세상으로 나아간다. 그렇게 점차 가족 관계, 교육기관, 직장 등 사회 여러 분야에서 본인의 위치를 이해하게 된다. 그들이 살아가는 사회에 대해서 학습하게 되는 것은 사회 구성원들의 규칙적이고 반복적이며 예측 가능한 행동 양식이다. 사회의 구성원들은 서로, 또 다양한 기관 및 사회적 집단과 관계를 맺고 있다. 사회 구성원들은 사회체계에서 각자의 지위를 인지하고 그에 부응해서 행동한다.

번역사들도 한편으로는 다른 사람들과 마찬가지로 사회화되지만, 번역사라는 점에서 전문적인 사회화와 사회적 지위가 주요한 고려 사항이 된다. 우리는 다음과 같은 질문을 할 수 있다.

Q. 번역사로서 번역사는 어떻게 사회화되는가? 그들의 전문가적 사회화 단계는 무엇인가(대학? 첫 번역 프로젝트? 번역/통역사 경력 시작?)? 언제 어떻게 그들이 전문 번역사임을 깨닫게 되는가?

Q. 번역사들은 사회 내의 다른 전문직에 비해 스스로의 사회적 지위를 어떻게 인지하는가?

번역사의 전문적 행위에 중요한 역할을 하는 또 다른 사회적 프로필도 존재한다. 예를 들어 번역사의 신념과 믿음은 전문적 프로필에 중요한 요소이다. 이러한 측면들은 우리가 다음 사항을 이해하기 위해 고려되어야 한다.

Q. 이러한 사회적 특성들이 번역사의 행위에 어떻게 영향을 미치는가?

Q. 그들의 번역은 어느 정도까지 편향 및 편견을 가지는가? 혹은 얼마나 개방적이고 공정한가?

Q. 어떤 종류의 텍스트를 선호하는가?

Q. 어떤 기관을 위해 어떤 조건에서 서비스를 제공하는가?

4. 조준하기: 사회학

우리는 번역의 두 가지 측면, 즉 사회 맥락 안에서 사회적 행위로서 실행되는 번역과 사회화된 개인에 의해 실행되는 번역을 살펴봤다. 그렇다면 이제 사회현상으로서의 번역을 이론화하는 것에 도움을 줄 학문을 찾아야 한다. 그것이 바로 사회학이다. 사회학은 인간 실제의 사회적 영역의 본성, 구조, 기능을 탐구한다. 사회학은 사회현상의 경험적 관찰을 설명하는 이론을 정립한다. 사회학 이론은 인간의 사회적 실제에 관한 다양한 측면을 인접 학문인 심리학, 사회언어학, 경제학, 역사, 인류학과 공유한다. 그러나 다른 전문화된 학문 분야와 달리, "사회학은 사회적 상호 관계의 '내용(contents)' 보다는 '형태(forms)'와 관련이 있다(Simmel as cited in Frisby 2002: xv)". 번역의 수행은 개인적/집단적 측면의 상호작용이며 사회학은 그 차이를 더 잘 이해할 수 있도록 도와준다. 사회학 연구는 앞서 살펴봤던 『70인역』의 사례 그리고 개인 번역사들의 경력에서 사회성 논의와 같이 항상 개인으로부터 시작해 집단 혹은 보편적인 방향으로 진행된다. 사회학에서는 개인에서 전체를 이해하려고 노력한다.[7]

개인과 집단의 관계에 대한 논의는 오늘날 사회학에서도 완전히 해결되지 않았다. 이는 '고전적인 논쟁' 중의 하나이다(Anderson, Hughes and Sharrock 1987: 126-56). 우리는 계속해서 이 문제로 돌아오게 될 것이다. 현재로서는 과정으로서의 번역과 결과물로서의 번역을 특정 번역사의 개성 발현 혹은 번역에 반영되는 번역사 개성의 사회적 본성 등 연구자가 어떤 것에 중점을 두느냐에 따라 사회학과 심리학의 관점으로 살펴볼 수 있다는 것을 아는 것으로 충분하다(<그림 1.1> 참고). 틀림없이 번역 연구에서 사회적 측면은 두드러질 것이다. 개인이 번역에 참여하는 것은 곧 번역사의 사회화를 나타내는 것이고, 이는 사회와 분리될 수 없기 때문이다.

7 사회학과 심리학의 차이에 대한 더 자세한 내용은 현대사회학의 기초를 이룬 Max Weber의 설명과 함께 8장 첫 번째 절에서 더 자세히 다룰 것이다.

<그림 1.1> 사회학과 심리학 내에서의 번역과 번역사

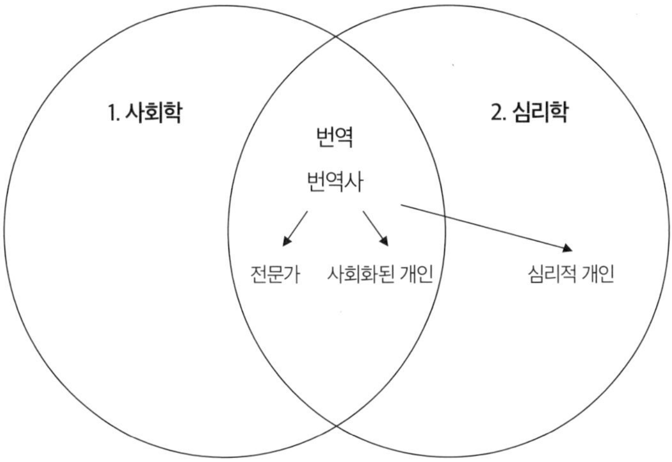

물론 실제는 미시/거시, 심리학/사회학 등의 이분법보다는 더 복잡하다. 하지만 학문 연구의 방법론적/실제적 문제에서 모든 실제와 그 복잡성을 설명하는 단 하나의 이론을 찾는 것은 부질없고 불가능한 일이다. 모든 학문 연구는 필연적으로 실제를 축약한다. 양극단을 보여 주는 연구는 연속성을 보여 주지 못하고, 양극단에 치우치지 않은 연구는 극단에 반한 명확성을 보여 주지 못한다. 게다가 우리가 양극단에서 시작하느냐, 그사이의 연속성에 집중하느냐에 따라 연구 방법이 달라진다. 그러므로 연구하고자 하는 현상에 대해 방법론적으로 타당한 관점을 찾는 것이 관건이다. 그렇지 않으면 그 결과의 타당성을 보장할 수 없기 때문이다. 이를 위해서는 학문적 전문성이 뒷받침되어야 한다. 누군가는 문명이나 국가 차원의 큰 그림에 집중할 것이고, 누군가는 개인의 심리 등 세부적인 것에 집중할 것이다. 물론 사회적인 것과 심리적인 것 사이의 간극을 메우려는 시도가 있었고, 그 예시가 사회심리학과 사회발생이론이다(Ash 1987; Sawyer 2005 참고). 하지만 이들 역시 고유의 이론적/방법론적 접근이 필요한 방대하고 복잡한 주제이며 이에 대해서는 9장에서 더 자세히 논의할 것이다.

번역과 번역사는 사회학과 심리학의 교차 지점에 존재한다. 번역과 번역사는 심리학적 현상으로 연구될 수도 있지만, 오직 사회학적으로만 '번역'과 '번역사'로 규정될 수 있다. 번역이라는 사회적 행위에 관여하는 개인은 번역사이고 (다른 어떤 사회적 참여와는 다르게) 그들의 행위로 인한 산물은 '번역'이다.

토론 주제 및 과제

1. 이 장을 여는 주요 질문들에 대해 논의하라.
2. Q로 시작하는 연구 질문들은 더 많은 예상 질문들의 예시이다. 각 질문 모음에 적어도 하나 이상의 질문을 덧붙여라.
3. 두 명이서 짝을 지어 혹은 그룹으로 〈그림 1.1〉을 활용해 번역학의 사회학적/심리학적 접근에 대해 발표를 준비하라. 두 경우의 주요 초점은 무엇인가? 어떠한 측면에서 두 가지 접근이 겹치는가? 어떠한 측면에서 두 가지 접근이 다른가? 그림에서 왜 사회학에는 '1'이라는 숫자를 붙이고, 심리학에는 '2'라는 숫자를 붙였는가?

추가 주제와 과제는 www.routledgetranslationstudiesportal.com를 참고

추천 문헌 : 출발점으로 사회학 입문 강좌를 추천한다.

Albrow(1999)(혹은 이후 출판본, 영어); Molenat(2009, 프랑스어); Henecka (2009) 혹은 Korte와 Schafers(2010, 독일어); and Ramirez(2005, 스페인어).

2장

배경

주요 질문

- 사회학적 범주로서의 문화는 어떻게 정의해야 하는가?
- 개인과 사회의 관계에서 문화는 어디에 위치하는가?
- 사회, 문화, 번역의 관계는 무엇인가?
- 번역이 문화 내에서 참여하는 분야는 무엇인가?
- 번역의 문화 간 중개 시나리오는 무엇인가?

1. 문화란 무엇인가?

사회과학은 행동과학이다. 사회과학의 목표는 과거와 현재의 인간 행동을 이해하는 것이다. 이전 장에서 우리는 사회과학이 탐구하는 인간 행동의 두 가지 측면, 즉 개인적 측면과 집단적 측면을 살펴봤다. 사회학은 집단적인 행동 양식을 전문적으로 다룬다. 이번 장에서는 집단이 공유하는 가치관과 집단을 단순한 개인의 집합 이상이 되도록 하는 주요 요소들을 살펴볼 것이다. 우리는 문화에 대해 다룰 것이다. 문화는 모든 사회의 필수적인 요소이므로, 사회현상이다.

'문화'라는 용어는 다양하게 사용된다. 사회과학에서는 사회학과 문화학, 인류학과 역사학, 미학과 문학 등 여러 학문 분야의 주제를 나타내는 데 사용되곤 한다. 문화라는 용어는 번역학에서도 사용되는데, 번역 연구에서 특히 언어적 접근의 탈피를 나타내는 주요 '전환' 중 하나를 '문화적 전환(cultural turn)'이라고 부른다(Bassnett and Lefevere 1990: 4; 1998: 123).

문화를 가장 기본적인 차원에서 이해하기 위해서는 '문화 대 자연(culture vs. nature)' 혹은 '양육과 본성(nurture vs. nature)'을 기억해 두는 것이 도움이 된다. 모든 자연적인 것과는 대조적으로 문화는 순수한 생물학적 호모 사피엔스(*Homo sapiens*)를 넘어서는 모든 인간 활동을 의미한다. 문화는 유전적으로 물려받는 것이 아니다. 인간은 문화를 학습해야 하며 사회화되고 '문화화'되어야 한다(Kluckhohn 1949: 26). 인간의 사고는 문화에 '연결'되어 있고, 이것이 없이는 인류로서도 개인으로서도 존재할 수 없다(Pagel

2012). 사회학적 관점에서 문화는 "유전이 아니라 학습을 통해 세대에서 세대로 여러 사회를 거쳐 전수되는, 행동하고 생각하고 느끼는 방식(Albrow 1999: 6)"이다.

Box 2.1

문화: 용어와 개념의 간략한 정리

문화(culture)라는 영어 단어는 '재배', '경작'을 뜻하는 라틴어 *cultura*에 뿌리를 두는 프랑스 단어 '*culture*'에서 유래했다. 중세 프랑스어에는 현재는 더 이상 사용하지 않는 동사 *culturer*가 존재했는데, 이는 '보살피다', '경작하다'라는 의미의 고전 라틴어 'colere'에서 유래한 중세 라틴어 동사 *culturare*와 관련이 있었다. 후기 중세 영어에서 '문화(culture)'는 '토지의 경작'을 의미했다. 이후 16세기 초에 의미가 확장되어 비유적으로 사고, 능력, 태도의 함양을 포함하게 되었다.

그러나 18세기 후반과 19세기 초에 영어 어휘는 중요한 개념적 변화를 겪었다. 몇몇 단어가 기존의 좁고 제한적인 의미를 넘어 새로운 의미를 획득하게 된 것이다. 이 중 하나가 '문화(culture)'이다. 이 단어는 인간의 고도한 발전이나 완전성과 관련되어 사용되기 시작했다. 후에는 사회 전반에서 지적인 발달 상태를 의미하게 되었다. 그 결과 '문화'는 예술이나 기술을 의미하게 되었다. 결국 '문화'라는 단어는 물질적, 지적, 정신적 현상을 포함해 사회에서의 삶의 방식을 의미하는 포괄적인 용어가 되었다.

Wilhelm von Humboldt(1767-1835)가 쓴 Aeschylus의 『아가멤논』(1816) 번역 서문에서 보듯 민족 문화는 보통 '민족의 정신(*Geist* 또는 *ésprit*)'을 의미한다. Humboldt는 위대한 문학 작품은 그것을 탄생시킨 독특한 문화와 언어의 흔적을 가지고 있기 때문에 번역이 *되어야 함*(*should*)에도 불구하고 사실상 번역이 불가능하다고 주장했다. 그는 언어가 "삶의 일상적인 습관을 다룰 뿐만 아니라 언어를 형성하는 민족의 정신에 의해 *끝없이*(*ad infinitum*) 숭고하고 복잡하게 발전할 수 있다"고 주장했다(Lefevere 1992: 137 재인용).

'문화'라는 용어는 한동안 '원시적', '야만적'에 대응하는 '교양 있는', '고상한'의 의미로 사용되어 평가의 의미가 함축되어 있었다. 보통 '문화'는 유럽 국가들을 기술하기 위해 사용되었으며 비유럽 국가들은 '원시적'이라고 경시되었다. 그러나 19세기 중반 이후부터 평가의 의미를 배제한 사용이 늘어났다. 따라서 Edward Tylor(1832-1917)는 문화를 "사회 구성원으로서 획득한 지식, 신념, 예술, 도덕, 법, 관습 그리고 모든 종류의 역량과 습관의 복합체(1871: 1)"라고 정의했다. Tylor의 정의는 문화가 모든 사회의 일부임을 말해 주고 있다.

문화와 사회의 관계를 살펴보고 이 관계가 '문화'라는 단어의 의미론적 발전 이상의 의미를 지님을 살펴보자. 독일의 심리학자 Wilhelm Wundt(1832-1920)는 존재론적 관점을 강조한 학자 중 한 명이다. 그는 국가 차원에서 공유되는 언어, 종교, 관습은 "공동체에서 창조된 정신적 산물"이며 "여러 사람의 상호적 행동을 전제로 하기 때문에 개인의 차원에서는 설명할 수 없다(1916: 3)"고 주장했다. 20세기 중반에 '문화'라는 단어는 사회학과 인류학에서 받아들여졌으며, 개인은 문화화, 즉 자라온 문화를 흡수하는 과정을 통해 인간이 된다고 여겨졌다.

Raymond Williams(1921-88)가 『문화와 사회(*Culture and Society: 1780-1950*)』에서 주장한 것처럼 '문화'라는 단어가 사회학적 개념으로 발전한 것은 근본적인 사회적 변화인 "새로운 *산업*(새로운 생산 방식)"과 "*민주주의*(새로운 정치적, 사회적 발전)"에 대한 반응이었다(1958: xviii; Box 1.2 참고). 단어가 새로운 사회적 현실을 반영한 것이다. 이 새로운 사회적 현실은 사회학의 주요 관심 대상이 되었다. Anthony Giddens는 사회학을 사회 영역의 변화와 결부시켜 "지난 2, 3세기의 산업적 변화로 인한 사회 제도를 연구하는 사회과학(2001: 9)"이라고 정의했다. 그러므로 변화해 온 단어이자 개념인 '문화'는 사회학적 연구의 주요 대상이다.

1장에서 살펴본 '사회'와 마찬가지로 '문화'라는 용어의 적용은 다양하다. 가장 일반적으로 문화는 "동물의 '자연적' 조건을 넘어서는 인간 존재(Scott 2011: 11)"를 가리킨다. 인간의 문화는 인류의 생존을 가능하게 한 세 가지 적응으로부터 비롯되었다. 문화는 다음 세 가지에 적응해야 한다.

- ✓ 외부 환경: 적대적인 자연과 다른 인간 집단의 공격적 행동으로부터 보호가 필요
- ✓ 인간의 생리/사회적, 정신적 본성: 다른 사람과의 물리적, 사회적 접촉이 요구되고, 지위, 자기 존중, 여가, 오락, 상호 돌봄에 대한 필요
- ✓ (인간의 생물/심리/사회학적 필요에 의한) 집단생활: 혼란과 과도한 지배를 피하기 위해 개인의 필요 이상의 것, 타인과의 공존 필요

더 좁은 의미에서 '문화'는 특정한 공동체에서 사회화를 통해 얻어진 행동 양식을 의미한다. 이런 의미에서 문화는 특정 시간과 장소에 적용되며 현대사회에서는 일반적으로 국가(nation) 혹은 민족 국가(nation-states)와 관련이 있다. 즉 지리적/정치적 단위 혹은 이러한 단위 내의 사람들(헝가리인, 잉글랜드인, 부랴트인, 플랑드그인 문화)과 연관이 있다. 이처럼 우리는 문화 혹은 문화들을 규정할 수 있고, 특히 통번역학에서 중요한 것은 각 문화가 특정 언어를 사용하기 때문에 시공간을 넘어 소통하기 위해서는 문화 간 번역이 필요하다는 점이다.

(후기 스탈린 해빙기 모스크바 지식인들의 문화처럼) 단기간에 생겨난, 적은 영토를 가진 집단도 그들만의 구분되는 문화가 있다고 볼 수 있다. 사회

학에서 '하위문화(subcultures)'라고 하는 것도 이 집단에 속한다. 오늘날처럼 인터넷이 발달된 시대에는 가상의 집단도 그들만의 문화를 가진다. 이 문화들은 또한 문화 내, 문화 간 번역을 통해 다른 문화와 상호작용한다.

번역과 문화 간 연구를 수행하기 전에, 다음 질문에 답해 보기를 권장한다.

Q. 어떤 종류의 문화를 연구할 것인가? 그 경계는 무엇인가? 어떤 종류의 번역이 해당 문화가 다른 문화와 상호작용하는 데에 작용하는가?

2. 개인-사회-문화

문화는 사회적으로 용인되고 보장되는 활동들의 보고이다. 이전 장에서 우리는 언어를 사회현상으로 봤다. 언어는 사회/문화적 소산의 적절한 예시이며, 번역사는 한 언어에서 문화적 산물로서 쓰인 텍스트를 옮겨 목표 문화의 산물이 될 새로운 텍스트를 창조할 때 이를 의식적으로 또는 무의식적으로 따르게 된다.

개인-사회-문화 간의 관계는 무엇인가? 사회가 대인 관계의 체계인 반면, 문화는 가치와 관습의 집합이며 이러한 가치를 개인들에게 전달하는 체계이다(Kluckhohn 1949: 37). 사회학에서 문화는 "다른 생명체들이 환경에 적응하고 다른 개체와 관계를 맺는 수단으로 사용하는, 본능을 대체하는

(Inkeles 1964: 66)" 것이다. 문화는 본능과 달리 생물학적으로 전달되지 않고 사람에게서 사람으로, 세대에서 세대로 사회적으로 전수된다. 그렇다면

Q. 이러한 전수에서, 관계 간(*inter* relations) 중개자로서 번역의 역할은 무엇인가?

번역을 공부하는 학생들은 문화의 사회적 전수에서 번역의 역할을 이해하기 위해서 언어 간 전이만을 상정해서는 안 된다. 예컨대 언어 내 사회/문화적 맥락으로 인한 번역 활동(동일 문화, 동일 언어 내 젊은 세대와 기성세대의 소통), 세대 간 중개(동일 문화 내 세대 간 상호작용 시 각 문화적 가치의 해석)도 있다(Habermas 1988: 143-50). 사회 진화의 각 단계에서 번역이 어떤 역할을 하는지 알아보려는 시도가 있긴 했지만(Tyulenev 2011a), 오늘날 문화 내 사회적 전수 과정에서 번역의 정확한 역할을 측정하는 방법을 고안하는 것은 쉽지 않은 일이다.

특정한 문화 혹은 여러 문화는 사람에게서 사람으로 전수되며 이 때문에 사회 구성원들은 문화를 내면화한다. 이는 상호 과정이며, 처음에는 문화를 수동적으로 받아들이지만 성장하면서 단지 받아들이는 것뿐만 아니라 다른 사람을 문화화시키는 일에 동참한다. 이렇게 세대 간 번역은 일방향에서 다방향이 된다. 여러 사회 구성원들과 소통하고, 더 나아가 자기 자신과도 소통을 하게 되는 것이다. Friedrich Schleiermacher에 따르면 (시간과 공간을 넘어) 다른 언어를 사용하는 사람들 사이에, 방언들 사이에, 사회적

집단(계급)과 동료 사이에 번역이 필요하다. 게다가 "우리는 때로 시간이 지나면 다시 우리 자신의 언어가 되도록 스스로의 발화를 번역해야 한다(2012: 43)"고 했다. 이렇게 번역은 사회에 스며들며 이러한 부분을 연구해야 할 필요가 있다.

문화화는 문화마다 고유하다. Mark Pagel은 이를 목양으로 묘사했는데, 수정되는 순간부터 시작되어 미래를 결정하고, 유전자와 경합을 벌이는 과정이다.

> 유전자는 ***생식세포***(아버지의 정자와 어머니의 난자)로 알려진 작은 운송 수단에 의해 조심스럽게 신체에 인도된다. 생식세포는 신체가 부모의 유전자 모음에 의해 형성되도록 설계되었다. 각인된 문화도 훗날 삶에서의 행위를 결정한다. 아이를 가진 우리 각각은 아이들에게 문화적 일부를 제공하는데, 어떤 부분은 어머니로부터, 어떤 부분은 아버지로부터 와서 아이들이 프랑스인, 한국인, 영국인, 멜라네시아인인지 혹은 미국인, 이탈리아인, 러시아인인지 혹은 중국인인지를 결정하고, 종교를 가질지 무교일지를 결정한다. 또한 어떤 언어를 구사할지, 국가와 세상에 대한 어떤 신념을 가질지도 정해진다. '백지' 이상의 것을 가지고 세상에 나온 아이에게는 기독교, 힌두교, 유대교, 불교, 이슬람교, 유교라는 꼬리표가 붙고, 이러한 꼬리표는 유전자에 새겨진 특성처럼 이 아이의 삶의 여정에 영향을 미칠 수 있다. 전 세계 여러 곳에서 특정 종교를 가진 아이는 다른 이들의 주목을 받는데, 이들의 부모는 아이의 부모와 철천지원수일 수도 있다. 이는 *그들의* 부모가 꼬리표를 붙였기 때문이다.
>
> 2012: 5-6, 강조는 원문

아이들은 하나의 모국어, 혹 다문화 환경(다문화 혹은 다민족 국가, 큰 국제 도시 등)에서는 두세 개의 모국어를 배우며, 언어(들)와 이를 통한 사회적 관계를 통해 하나 혹은 두 개의 문화에 동화된다(Watson 2000; Ennaji 2005; Zhou 2003; Woolard 1989). 그리고 이러한 문화들은 세계관의 기초가 된다.

그러나 이러한 사실이 새로운 문화를 배울 수 없다는 것을 의미하지는 않는다. 사실 통번역사가 두 개의 다른 문화 사이를 중개하기 위해서는 문화를 배워야 한다. 번역사는 이중 문화 혹은 다중 문화에 능숙하며, 경력의 어떤 지점에 다다르면 양문화(ambicultural)에 도달하는데, 이는 두 문화 모두에 친숙해지는 것이다(Deeney 2001). 여러 언어에 대한 지식을 가지고 있다는 것은 그 언어를 사용하는 문화를 안다는 것이다. 관련된 질문을 살펴보자.

Q. 번역사의 문화화와 사회화는 단일 언어/문화 사용자와 어떠한 점이 비슷하고 어떠한 점이 다른가?

Q. 번역사의 문화화와 사회화는 어릴 때부터 두 개 혹은 그 이상의 언어를 배운 이중 언어/다언어 사용자와 어떠한 점이 비슷하고 어떠한 점이 다른가?

Q. 이중 혹은 다중 언어를 사용한다면 전문 통번역사가 되기에 충분한가? 그 이유는 무엇인가? 사례가 존재하는가? 사회학적으로, 즉 일반적인 행동 양식과 관련해 해당 사례가 해당 국가나 문화에서 전형적인가?

문화는 사회 내 다른 구성원들과의 상호작용에 대한 길을 제시한다. 문화는 사회질서를 담보하는 주요한 제약이다. 따라서 번역사의 활동도 필연적으로 그가 속한 문화적 가치에 따라 결정된다. 문화적 가치는 규범이라고도 알려져 있는데, 사회학에서는 이를 집단에 속한 구성원들이 상호작용하는 과정에서 발달한 보편적인 규칙으로 정의한다(Stephen Mennell in Mann 1983: 266; Bartsch 1987: 70-1). 이러한 규범은 모든 번역 활동의 기초가 되고 규범에 따라 번역사의 활동이 평가받는다.

1970년대부터 Gideon Toury를 비롯한 여러 학자는 규범의 개념을 번역 과정에 적용해 탐구했고 번역 과정이 사회/문화적 맥락에 의존함을 연구했다(Toury 1980; 2012: 53-69[8]; Shaffner 1999). Toury는 한편으로 규범이 번역사에게 가능한 여러 선택(options) 사이에서 작용한다고 봤고("가능한 [목표 텍스트와 원천 텍스트] 관계의 체계"), 다른 한편으로 번역에서 이러한 선택들은 목표 텍스트에서 구현된다고 봤다("구체적이고 실존하는 [목표 텍스트와 원천 텍스트] 관계")(Toury 1980: 50). 규범과 문화는 불가분의 관계인데, 규범이 번역사가 다루는 두 문화에 의해 형성되기 때문이다.

1장에서 살펴본 번역사와 번역에 미치는 사회적 영향처럼, 번역사에게 미치는 문화적 영향도 두 가지로 나눌 수 있다. 첫째는 번역사가 일하는 사회의 일반적 문화(세계관적 가치, Weltanschauung values)이고, 둘째는 일반적 문화의 부분집합인 직업 문화이다. 번역 규범은 전문 번역사 집단이 그들의 기준

8 Venuti의 편저에 실린 재판 참고(2012: 168-81)

이나 윤리 그리고 특정한 번역이 목표 독자의 기대를 충족시킴을 확인하는 기대 규범에 의거해 정의한 직업 규범으로 이뤄진다(Chesterman 2000: 63-70).

번역사에게 영향을 미치는 직업 문화와 일반 문화의 차이점은 문화적으로 강요되거나 제안된 결정의 자동화 정도에 있다. (세계관에서 비롯되는) 일반 문화의 요구는 깊숙이 내재되어 있어서 가능한 선택들 중에 결정을 하는 것은 "예외적인 경우에만 의식적이고 합리적(Kluckhohn 1949: 26)"이다. 자국 문화를 가진 사람으로서 우리는 선호하는 행동 양식이 있고, 문화화를 통해 제2의 본성을 갖게 된다. 예컨대 우리는 보디랭귀지에 대해 의식하지 않고도 자연스럽게 끄덕이거나 가리키게 된다.

반면 직업 규범은 비록 우리가 전문적인 교육과 경험을 통해 직업적 문화화가 되어서 자동화된 행동을 한다고 하더라도 보다 의식적인 결정이다. 이것이 우리가 통번역을 의사결정 과정이자 목적이 있는 활동으로 보는 이유이다(Levy 1967; Nord 2007 참조). 신진 통번역사들은 언어/문화에 대한 일반적인 지식에 의존할 뿐만 아니라 전문적인 선택, 즉 의식적으로 선택하도록 훈련받는다. 처음에 학생들은 의식적으로 기술을 적용하고 전략을 형성하는 방법을 배우고, 그 선택에 대해 설명하고 입증한다. 점점 경험이 쌓여 감에 따라 통번역사들은 원천 텍스트나 그 일부를 어떻게 다뤄야 할지 완전히 인지하기보다는 반의식적 혹은 잠재의식적으로 결정하는데, 이때 중요한 것은 이러한 전문적 직관조차도 직업 문화화의 결과라는 점이다.

번역사의 문화화 과정은 다음과 같다. 번역사는 인간으로서 문화적 영향을 받는데, 구체적으로는 특정 민족 문화(독일인, 카자흐족, 알제리인)를 반영한다. 그들은 특정 문화를 반영할 뿐만 아니라 특정 직업(번역사 혹은 통역사 혹은 통번역사)에 속한다. 결국 그들은 특정 민족 문화를 반영하는 동시에 그 민족 문화 내에서 활동하는 특정 직업에 속하며, 이에 따라 각각의 사회에서 어떻게 통번역을 수행할지가 달라진다. "번역이 본질적으로 소통적 행위이기 때문에, 문화는 번역 관습을 형성하는 경향이 있다(Nord 2007: 58)". 각각의 번역 결정은 이러한 문화화의 교차점 혹은 중복점이라고 볼 수 있다. 여기에 우발적인 순간들과 번역사가 이 순간의 이전에 혹은 이후에 결정을 내렸는지, 특정 순간에 결정을 내렸는지에 따라 번역사의 최종 결정이 달라진다는 점까지 고려하면 사회/문화적 요소에서 개인적인 요소까지 관련되어 있는 번역 결정이 얼마나 복잡하고 다층적인지를 알 수 있게 된다. 이러한 복잡성은 번역사의 행위가 전적으로 개인적이고 임의적이라는 인상을 줄 수 있다. 그러나 번역사의 행위는 다층적 의미를 가지며 각각의 층들은 상호작용하며 서로 영향을 끼친다. 위의 논의에 비춰 볼 때 번역 사회학자는 다음과 같은 질문을 할 수 있다.

Q. 민족 문화는 각각의 통역/번역 직업 문화와 어떻게 상호작용 하는가?

Q. 전문 지식이 없는 사람, 아마추어와 전문가가 가지는 번역에 대한 관점은 어떤 유사점과 차이점이 있는가?

Q. 통역/번역 행위에서 하나 이상의 민족적 관점이 존재할 수 있는가? 다수가 가능하다면 번역 직업 문화에서 강점이 되는가, 약점이 되는가?

Q. 통번역 직업 문화는 국가마다 다르게 나타나는가? 보편적이거나 특정

국가에만 나타나는 특징이 있는가? 즉 모든 통번역사가 따르는 규범이 있는가? 이러한 규범을 위반하면, 통번역사들 스스로 혹은 다른 사람들이 이를 일탈로 규정하는가?[9]

Q. 만약 번역사/통역사 행동에 보편적 특징이 있다면, 이것이 일반적인 인간 문화에 의해 결정된다고 할 수 있을까? 어떻게 혹은 어떠한 점에서 그러한가? 이것이 인류가 적응을 위해 발달시켜온 문화의 특성과는 어떠한 관련이 있는가?[10]

번역은 문화와 밀접한 관련이 있으며 이는 통번역사의 행위와 그들의 번역 결과물이 문화에 의해 평가받는다는 것을 의미한다. 통번역학에서 문화-번역의 관계는 번역 품질 평가와 번역 비평에서 잘 드러난다(House 1981; 2001). Juliane House는 통번역사의 직업 문화라는 관점에서 모델의 구축을 시도했다. 이는 조금씩 차이를 가지는 각 민족 문화를 뛰어넘는 보편적인 모델이다. House의 모델은 번역의 사회적 측면 보다 언어-텍스트적 측면을 중시한다. 통번역사 직업 문화에서는 이처럼 계층적으로 분석을 하는 반면, 민족 문화는 완전히 다른 방식으로 작용한다. 번역물을 소비하는 국가 내의

9 이 질문은 번역 보편소(Mauranen and Kujamaki 2004)와 관련이 있다.

10 7장의 사회적 적응의 욕구 참고. 초보 연구자들은 지금까지 다룬 문화 간의 차이, 사회 간의 차이에서 나타나는 번역사/통역사의 보편적인 현상보다는 보다 실현 가능한 범위를 원할지도 모른다. 이를 위해서는 비교 분석을 포함한 다량의 데이터를 수집해야 하기 때문에 여러 사람의 장기적인 노력이 필요하다. 시작 단계에 있는 연구자들은 국가 차원을 벗어나지 않는, 하나 혹은 두 개의 번역사/통역사 문화에 집중하는 것이 좋을 것이다.

독자들은 번역을 원문의 재현이라거나 대체물로 생각하지 않으며, 원문과 비교해 보지도 않는다.

다시 『70인역』의 예시로 돌아가 보자. 때로 사회/문화적 평가는 상이하게 나타난다. 『70인역』은 문화적 평가가 전문적 평가와는 크게 관련이 없다는 것을 보여 준다. 『70인역』은 기원전 3세기 전반에 시작되었다. 최초의 증거는 기원전 2세기 후반에 쓰인 『Aristeas의 편지(*Letter of Aristeas*)』에서 나타난다. 『편지』의 저자는 Ptolemy 2세의 궁정에서 Demetrius of Phalerum의 지시하에 번역이 완료되었다고 기록하고 있다. 번역이 완료되었을 때 알렉산드리아의 유대인 공동체 지도자들과 Ptolematic 왕에게 읽어 들려줬고 좋은 반응을 얻었다. 이 이야기의 다른 버전에서는 새로운 내용이 추가되었다. 그것은 『70인역』의 번역사들이 한두 명씩 분리된 공간에서 작업했음에도 불구하고 번역이 일치했다는 것이다. 현대 유대인 저자인 Philo는 성령의 지도하에 번역사들이 동일하게 번역할 수 있었다면서 『70인역』의 신성한 기원을 주장했다. 유사한 상황이 모세가 신성한 영감으로 기록한 「모세 오경」의 경우에도 적용된다. 서기 2세기부터 기독교 교회 지도자들은 모든 번역사의 번역을 비교해 봤을 때 내용이 일치했다는 전설을 퍼뜨렸다. 이렇게 번역은 여러 전문 번역사나 비평가 중에서도 Saint Jerome의 의도와 달리 '신에 의해' 신성화되었다.[11] 사실 실제로는 사회적으로 인가

11 Jerome이 『70인역』을 인정한 것은 타협이었다. 이를 인정한 이유는 "그리스도 이전에 만들어진 원전이기 때문에 혹은 (구약성서에 반하지 않는 경우에 한하여) 사도들에 의해 사용되었기 때문(2012: 29)"이다.

를 받은 것이었다.[12]

훗날 유럽 역사에서 또 다른 번역이 등장했는데, 신성하게 이뤄진 것은 아니었지만 영향력 있는 후원자에 의해 시작되었다. 유명한 『킹 제임스 성경(KJB)』이 1611년에 출판된 것이다. 1620년에 경쟁 관계에 있던 한 번역사는 이를 '공인된' 성경이라고 지칭했다. KJB는 분명히 James 왕과 관련이 있는데, 적어도 1627년부터 1640년대에 James 왕의 특별 요청에 의해 KJB를 원전으로 공표했다. 거의 두 세기가 지난 1824년에, Oxford 영어 사전은 이 번역을 "흠정역(Authorised Version)"(Norton 2011: 134)으로 부르는 사회적 승인 과정을 마무리 지었다. 이 이야기는 번역의 사회/문화적 승인이 (초기에는 비판을 받았지만) 세속적인 왕권에 의해 이뤄질 수도 있다는 것을 보여 준다.

『70인역』과 KJB 모두 훗날 사회/문화적으로 인정을 받아 권위 있는 번역이 되었다. 이것은 마치 여러 문화적 가치가 비판에 대해 면역성을 얻고 비전문가들에게 독창성을 인정받는 것과 닮아 있다. 공인된 번역은 번역이 가질 수 있는 최고의 지위이다. 이러한 지위를 얻기 위해서는 언어적, 텍스트적 정확성보다는 지배적인 사회/문화적 가치(왕이나 신 같은 최고 권위자)와 합치될 필요가 있다. 통번역사의 직업 문화는 『70인역』이나 KJB의 번역을 원문과 비교해 평가한다. 전문가 집단은 민족 문화가 이를 평가하는 방식과

12 정신적인 것과 물질적인 것이 기묘하게 맞바뀌었다. 성령은 비물질 사회에서 실체화되어 나타났다.

는 다른 기준을 가지고 있다. "[…] 『70인역』을 만든 번역사 집단은 소위 말하는 '나쁜' 번역을 생산했지만, 그리스 정교회에 의해 인정된 '공식' 번역으로 오늘날까지 사용되고 있다(Lefevere 1992: 2)."

개인, 사회, 문화의 관계에서 사회는 개인과 문화 사이를 중개하는 데 결정적인 역할을 하는 것으로 알려져 있다. 사회적 관계가 개인 활동의 기반이 되고 행위를 보장하는 경계가 되어 주기 때문이다. 『70인역』과 KJB 번역에 참여한 개인 번역사들은 사회화/문화화를 통해 전수된 문화적 가치에 순응했기 때문에 그들의 번역이 용인될 수 있었다. 번역의 직업 문화는 번역이 수행되고 받아들여지는 문화에 비해 부차적인 역할을 한 것으로 보인다. 개별 번역사들은 사회를 통해 사회화된 일반적인 문화와 자신이 속한 직업적 문화 사이에서 균형을 잡아야 한다.

3. 순응하지 않는 번역사는 어떻게 행동하는가

누군가가 사회/문화적으로 규정된 규칙을 어긴다고 하더라도, 그 사람은 여전히 "사회적으로 예상되는" 방식으로 행동하는 것이다(Levin and Spates 1990: 119). 번역사가 사회/문화적으로 용인되는 방식을 거스르고 그에 대한 반대나 처벌을 예상한다면, 그 번역사는 서문이나 관련 문서에서 방어적으로 해명을 할 것이다. Jerome은 "Pammachius에게 보내는 편지"를 통해 "[…] 나를 고소한 자들이 […] 비난을 할 수 없을 것이다(2012: 21)"라고

하며 예상 가능한 비난에 대해 선제공격을 했다. 자신들의 번역이 해당 문화에 순응하지 않는다고 생각될 때 번역사들이 어떻게 말하는지를 살펴보자. 번역사들은 아마 다음과 같이 말할 것이다.

✓ 반대하는 사람들을 비난. 지지자들의 찬사를 함께 사용할 수 있음[13]

✓ 무지로 인해 번역 작품에게 불명예를 안긴 사람들에 대한 평결을 공표[14]

✓ 번역이 그들에 의해 계획된 것이 아님을 주장[15]

✓ 왜 번역이 원문과 다를 수밖에 없는지를 설명, 보통 언어 간의 차이를 언급[16]

✓ 번역 전략을 분명히 명시함(실제 그렇지 않았더라도 수용 가능한 것처럼

---

13 이 사례는 Jerome의 "Pammachius에게 보내는 편지"에서 볼 수 있다. "사람들이 무지와 기만으로 내가 그리스어를 못하거나 정확히 번역하기를 거부한다고 주장하는데, Pammachius 당신이 학식 있는 귀로 나의 대답을 들어 주니 나는 운이 좋은 사람이다." 게다가 Jerome을 비난하던 사람들은 사기꾼임이 드러났고, 유다, 강도, 도둑, 해적, 불경한 사람 등에 비교되었다. 그들은 범죄를 행했다. 예를 들어 그들은 그의 번역을 개인적 용도로 사용하였다(2012: 21-2, 27).

14 "교육받지 못한 군중들이 내가 단어 대 단어 번역을 하지 않아서 틀렸다고 주장하는데, [...] 이것이, 그리고 이런 종류의 사소한 문제들이 내 죄목이다(Jerome 2012: 22)."

15 Jerome은 "크레모나의 Eusebius는 그가 그리스어를 전혀 몰랐기 때문에, [...] 예루살렘의 주교 John에게 보내는 Epiphanius 교황의 편지를 라틴어로 번역해 주기를 간청했다(2012: 22)"고 기록한다. 비슷한 사례를 종교 텍스트를 번역한 동슬라브 번역사에게서 찾을 수 있다. 그들은 "신성한 압박"하에서 번역을 했다고 주장한다. Konstantin of Preslav 또한 신에 의한 처벌을 두려워했다. 총독 John은 신약에 나오는 달란트 비유를 들면서 자신은 처벌받지 않기 위해 신으로부터 받은 달란트를 사용하는 것이라고 변호했다(Franklin 2002: 209-10).

16 Jerome은 목표 언어인 라틴어에서 "비슷한 단어"가 없는 경우, "특정 언어마다 고유의 특징이 다르기 때문에 전치법, 문장 내 어순, 문법, 수사법 등에 차이가 있어서 단어 대 단어 번역을 피했다(2012: 24)"고 언급했다. 총독 John은 이를 일반화했다. "그리스어가 다른 언어로 번역될 때 똑같이 번역될 수 없다. 이는 다른 언어로 번역되는 모든 언어에 똑같이 적용된다(Franklin 2002: 210 재인용)."

보이도록)[17]

✓ 극적이며, 열정적이고, 방어적인 어조를 취함, 마치 중죄로 기소당한 것처럼 행동[18]

✓ 역사적으로 권위적인 증거를 제시(사회적으로 용인되는 번역사 행위임을 보여 줌)[19]

✓ 과거의 유명한 번역 혹은 번역사에 호소(업계의 모범적인 사례를 모방했다고 주장)[20]

✓ 그들의 윤리적, 도덕적 우월성을 드러냄[21]

특정한 사회/문화적 환경에서 시간과 공간에 따라 이런 번역사의 행위가 전형적인지 그렇지 않은지를 알아보기 위해서는 한 문화 내에서 시대별로 혹은 한 시대 내에서 각 문화별로 번역사 행위에 대한 더 많은 증거 자료와 증언을 분석할 필요가 있다. 이러한 연구는 번역사의 사회/문화적 지위와 이미지를 이해하는 데 도움을 줄 것이다.

---

17 Jerome은 "신성한 성서를 제외하고, 그리스어로부터의 번역을 하면서 나는 단어 대 단어가 아닌 의미 대 의미로 번역했다는 것을 인정할 뿐만 아니라 분명히 밝힌다(2012: 23)"고 기록했다.

18 Jerome은 "교육받지 못한 대중은 […] John 주교의 이름 앞에 존칭을 붙이지 않았다는 것을 악의적으로 해석하며 *말도 안 되게* 내가 틀렸다고 주장한다(2012: 22; 강조는 추가)"고 기록했다.

19 Jerome은 적절한 역사적 사례인 『70인역』의 사례를 인용했고, 고전 저자들(Terence, Juvenal)을 인용하며 자신의 사례를 강화했다. 이는 그의 번역이 용인되는 기준을 준수했다는 것을 보여 주기 위해서였다.

20 Jerome은 Cicero를 Plato, Xenophon, Aeschines, Demosthenes의 번역사라고 언급했다. Terence는 Menander의 번역사였고, Plautus와 Caecilius는 고대 희극 시인들의 번역사였으며, 고해신부인 Hilary는 설교 번역사였고, 그리스어에서 라틴어로의 찬송가 해설을 번역했다.

21 Jerome은 그가 받은 신앙적 비난에 대해 "비록 내가 거짓말쟁이로 불리지만 […] 나는 보복하지 않고, 스스로 결백함에 만족한다(2012: 30)"고 했다.

번역사는 자신이 속한 문화뿐만 아니라 또 다른 문화의 관점에서 행동한다. 과거에는 이러한 특징 때문에 위태로운 위치에 처하기도 했다. 그들은 문화 간 중개를 한다는 점에서 중요한 존재이지만 동시에 자국 문화의 반역자로 여겨졌다. 여러 예시가 있는데, Jerome은 거의 범죄자로 몰렸지만 결국은 성인(聖人)이 되었다(Delisle and Woodsworth 2012: 161-3). 비슷한 상황이 고대 슬라브에 간 그리스 선교사 Cyril과 Methodius에게 있었다. 몇몇 번역사는 화형에 처해졌고, 감옥에 갇히거나 박해를 받았다(Etienne Dolet, William Tyndale, Malinche의 예시를 참고. Delisle and Woodsworth 2012: 136, 166-7, 264-5). 사회학적으로,

> Q. **이와 같은 번역사들이 예외적이었는지, 용인되었는지, 그들이 전형적이었는지, 이례적이었는지 어떠한 점에서 그러했는지를 알아보려면 더 포괄적인 연구가 필요하다.**

번역사와 사회/문화적 맥락의 관계를 살펴보기 위해서는 이러한 연구가 필수적이다.

4. 문화 내, 문화 간 번역

번역은 활발하게 문화적 과정에 개입한다. 번역은 모든 문화 내에 활

성화되어 있다. 예컨대 번역은 새로운 요소를 문화에 소개하는 방식이다. 동시에 번역은 기존의 문화적 양식에 순응해 사회질서를 지속하는 데에 공헌한다. 번역은 자연스럽게 이국적 현상을 자국 문화에 소개하게 되는데, 이때 이국적 현상을 자국의 문화 양식에 적용하면서 순응한다.

번역사가 사회화된 인간이자 전문가라는 관점에서 이 과정을 살펴보면, 번역사들은 이국적 현상을 문화적 프리즘(보통 첫 문화 즉 태어난 문화)을 통해 본다. 이는 두 문화 중 하나에 대해 우호적인 편견을 가지는 것과는 다른 것이다. 더 정확히 말하면 번역사는 분명하게 혹은 미묘하게, 의식적으로 혹은 잠재의식 속에서 각 문화에 의해 영향을 받거나 한 문화에서는 특정 측면을, 또 다른 문화에서는 다른 측면의 영향을 받는다. '백지 상태'로 태어나는 것은 가능하지만, 그 상태를 유지하는 것은 불가능하다. 한편으로 번역사는 중개하는 문화 중 하나를 따르게 된다. 그러나 다른 한편으로 번역사는 문화에 새로운 현상을 소개한다. 이것이 혁신적 영향을 주는 부분이다.

지금까지의 논의에서 분명히 알 수 있는 것은, 비록 번역이 문화 내적으로 중요하다고 하더라도, 문화의 천연 '서식지'는 문화적 상호작용이라는 점이다. 번역은 문화들, 하위문화들 혹은 문화와 하위문화들 사이를 중개한다. 다른 말로 하면, 번역은 언제나 명백히 다른 두 문화적 단위를 중개하며 이러한 점에서 필연적으로 상호 간(*inter*) 현상이다. 이제 문화 내, 문화 간 번역을 살펴볼 것이다.

⑴ 문화 내

1) 번역과 문화적 진화

특정 문화 내에서 번역의 역할은 매우 중요한데, 모든 문화는 변화하기 때문이다. 사회가 근본적으로 안정적이라고 하더라도, 사회는 지속적으로 발전한다. 법, 규범, 관습이 이미 존재하는 문화처럼 자급자족이 가능한 체계를 침투할 수 있는 것은 무엇인가? 새로운 사고를 받아들이는 방법 중 하나가 번역이다. 번역은 문화 및 문화 내 사람들과 외부 세계를 중개하는 역할을 한다. 그러므로 번역은 사회/문화적 진화에 중요한 요소이다.

독일의 사회학자 Niklas Luhmann은 진화를 3가지 단계(변종, 선택, 안정화)로 봤다. 첫 번째 단계인 변종은 새로운 아이디어가 외부 세계로부터 문화 내로 유입되는 것을 의미한다. 새로운 책이 번역되고, 새로운 개념이나 단어가 소개된다. 인터넷, 국제적인 대중매체, 영화관처럼 국가 간, 문화 간 운용되는 예술로 인해 오늘날의 사회에서 새로운 아이디어가 문화 내로 유입되는 일은 더 용이해졌다. Luhmann이 번역의 역할에 대해 언급하지는 않았지만 사회체계에 대한 그의 이론을 살펴보면 번역이 새로운 아이디어를 받아들이는 데에 중요한 역할을 함을 알 수 있다.[22] 책이나 뉴스가 번역되어 목표 문화에 소개되고, 목표 독자들은 이에 영향을 받는다. 문화 간 소통에서 (비록 보이지 않을지라도) 번역은 항상 존재한다. 누군가가 뉴스 기사를 읽

---

22 번역에서 Luhmann 이론의 적용 가능성은 7장에서 다룰 것이다.

고 있다고 가정해 보자. 마치 번역이 필요 없는 것처럼 보이지만 이 독자는 머릿속으로 자국 문화에 맞도록 뉴스를 걸러 내고 있다. 즉 정보가 번역되는 것이다. 이 사람은 종이에 적힌 뉴스를 이해 가능한 것으로 바꾸고 있다. 여전히 이것이 번역임을 인정하기 어렵겠지만, 간단한 실험을 통해 이를 증명할 수 있다. 각각의 사람들은 같은 뉴스를 서로 다르게 이해하는데, 문화 간 번역에서처럼 그들은 원문 메시지의 각기 다른 특성을 포착해 이해가 가능하도록 번역하기 때문이다. 뉴스를 읽는 사람들은 번역사이자 번역을 받아들이는 목표 독자로서 행동한다.

몇몇 개념은 너무 이국적이어서 거부되지만, 일부는 받아들여진다. 이것이 문화의 균형을 흔들고, 재검토하도록 만든다. 번역을 통해 들어온 새로운 것이 관례나 근본적 원리에 영향을 미칠 수 있다. 이러한 현상이 18-19세기 초 러시아의 서구화 과정에서 일어났다. 러시아 제국은 자급자족이 가능했으며 매우 보수적인 문화를 가지고 있었다. 다른 세계에 대해서는 사실상 닫혀 있는 문화였다. 그러나 17세기 말과 19세기 초 사이에 상황이 변했고 단지 외교부가 관장하는 미미한 분야에 불과했던 번역은 개혁의 핵심 수단이 되었다.

모든 것은 정치 엘리트들과 Peter 대제가 서구 유럽처럼 발전하지 않으면 유럽, 특히 무장을 제대로 갖추지 못해 낭패를 겪은 바 있는 교전국 스웨덴에 의해 멸망할 수도 있음을 깨달으면서 시작되었다. Peter 대제의 계획은 러시아의 현대화였고, 자국 내에 해결책이 없었기 때문에 더 선진적인 주변국으로부터 배울 수밖에 없었다. 이러한 상황을 문화 인류학에서는 문화의 위기라고 하는데, 새로운 상황에 직면했으나 해결할 수 없는 경우를 말한다. "모든 사회적 사건이 문화적으로 정형화되어 있는 것은 아니다. 문화적 해결책이 없는 새로운 종류의 환경이 발생할 수 있다(Kluckhohn 1949: 24)."

러시아의 새로운 문화적 해결책을 가능하게 한 것은 무엇이었을까? 그것은 번역이었다. 책을 번역했으며, 러시아 젊은이들을 해외로 보냈고, 외국인 전문가들이 러시아로 초청되었다. 구어/문어, 외현/내재를 막론하고 번역은 서구화 과정에서 필수불가결한 것이 되었다. 번역이 없었다면 러시아에서 서구화가 일어났다고 하더라도 더 많은 시간과 노력이 필요했을 것이다.

변종 단계에서 번역이 새로운 것을 소개하면, 시스템은 이것을 받아들일지 거부할지를 고려하기 시작한다. 선택 단계가 시작되는 것이다. 러시아의 서구화 예로 돌아가 보면, 정치학, 윤리학, 미학, 과학으로 대표되는 문화는 유입되는 정보에 의해 변화했다. 황제, 특히 Peter 대제, Catherine 대제, 공무원을 비롯한 정부 당국은 번역 출판 목록을 선정했고 번역 전략을 규정하며 번역 텍스트를 편집했으며 학자들과 작가들은 번역이 제시하는 것을 차용하거나 수용 불가능한 용어나 표현 방식이 있는 경우에는 대안을 제시했다.

마지막으로 안정화는 순환적인 진화 단계이다. 안정화 단계에서 시스템은 새로운 방식으로 작동하는데, 새로운 문화적 양식이 차용되고 시스템의 필요에 맞게 개조된다. 여전히 새로운 것들이 유입되기는 하지만, 이들은 새로워진 문화적 양식에 의해 선택된다. 러시아의 현대화 과정이 추진체를 얻기 시작하면서 새롭게 서구화된 기준(서구화된 윤리학, 미학에 대한 대중의 취향, 서구화된 법률 운용에 따라 진화한 새로운 정치 기관)에 따라 초기 단계에서보다 문화 체계로 유입되는 새로운 것에 대한 반발이 훨씬 줄어들었다(서구화가 국가가 나아가야 할 방향으로 받아들여진 것이다).

첫 번째 단계인 변종에서 번역은 주로 혁신을 일으키는 문화적 주체이다. 번역은 새로운 주제, 새로운 개념, 새로운 용어를 소개한다. 안정화 단계에서 번역은 해당 문화에서 이미 결정된 선택에 따르는 경향이 있다. 흥미로운 것은 이런 새로운 규칙들(용어 사용, 윤리적 가치)이 번역에 의해 제안되고 문화에 의해 승인된다는 점이다. (이를 받아들일 것인지 거부할 것인지를 처음에는 선택했을지라도) 이후의 번역들은 이러한 새로운 규칙을 선택적인 것이 아니라 문화적으로 승인된 규칙으로 받아들여야 한다. 예컨대 번역사가 용어를 어떻게 번역할지 제시하고 그것이 기준으로 받아들여진 후에는 그 사용을 막거나 다른 용어를 사용하기가 어려워진다. 번역사는 스스로의 선택을 수정해 그 문화의 규칙에 따르게 된다.

번역은 새로운 것과 전통의 결합으로, 어떤 번역은 혁신적인 의도를 더 많이 드러내고, 어떤 번역은 기존의 문화 내 규범을 순응한다. 두 종류의 번역 모두 부분적으로는 새로운 것을 소개하는데 이것이 변종의 단계가 요구하는 것이고, 두 번역 모두 부분적으로는 안정화의 단계에 따라 기존 것에 순응한다. 이 두 번역의 차이를 결정하는 것은 변종과 안정화의 비율이다.

사회/문화적 삶은 혁신가들과 보수주의자 사이의 균형에서 비롯된다. 그들은 사회 진화의 세 단계에 모두 공존한다. 혁신은 보수주의에 반대되는 힘으로 균형을 잡아 주며, 이렇게 하는 데는 사회적 이유가 있다. Breuer(1982)에 따르면 두 행위 모두 사회 및 사회 내 집단의 생존에 필수적이다. 혁신가들의 풍부한 자원과 호기심은 사회가 새롭고 더 나은 행동 양식과 사회질서를 찾을 수 있도록 돕고 보수주의자들은 "새로운 행동에서 살아남을 수 있도록 안전 보장을 요구하고 […] 당장은 드러나지 않았던 문제가 생겼을 때도 집단의 존재를 보장한다(p. 89)".[23]

번역 행위와 번역에 대한 생각 또한 보수와 혁신 사이에서 지속적으로 상호작용한다.

Q. 번역사/통역사의 행위와 번역학계에서의 사회생활을 이러한 관점에서 조사해 보는 것은 흥미로울 것이다.

2) 하위문화의 번역

번역의 또 다른 문화 내 역할은 문화와 하위문화 사이를 중개하는 것이다. 문화와 하위문화를 명확히 구분하는 것은 어려운 일이다. 전통적으로 하위문화는 민족 문화의 일부로 여겨졌다. 하위문화는 보통 지배 문화

23 인용된 구절에서 Georg Breuer는 주로 동물의 집단성에 관해 이야기했으나 그의 책 전체 맥락을 보면 '혁신-보수'의 균형 원리는 인간 사회에도 적용할 수 있다.

의 규칙을 따르지 않는다고 보아 부정적인 인식이 있었다. 예컨대 지나친 쾌락을 추구해 노동을 경시한다고 여겨졌으며, 사회적으로 부진하거나 심지어 범죄에 가담한다고 알려져 있었다. 하위문화를 따르는 사람들은 계급 의식이 없다고 봤으며, 집이라는 하나의 재산을 소유하는 것보다는 거리나 구역 같은 지역을 조직했다. 이들은 사회적으로 인정된 계층이나 그 가치, 특히 대중문화에 속하기를 거부한다고 묘사되어 왔다. 하위문화자들은 주로 사회학자들이 말하는 거대 대중화(massification)를 거부하는 불순응자로 여겨졌다. 거대 대중화는 현대 문화에 나타나는 "자주적 특성이 사라진, 거대한 동종 집단으로의 통합(Mannheim 2001: 196)"을 의미한다.

오늘날에는 인터넷상에서의 하위문화 및 반사회적이거나 부랑 노동자 같은 하위문화에 대해 동의하지 않는 새로운 소통 네트워크의 출현으로 배타적이고 부정적인 하위문화의 요건들은 사라지고 있다. 가상 미디어 하위문화의 예는 롤플레잉 게임(role-playing games)의 팬들이다. 이들은 실제로는 만나지 않는 가상의 단체이며 가상의 모습으로 활동한다.

하위문화는 보다 큰 세계에 속하는 사회적 세계이며, 그들의 불순응이나 비규범성은 언제나 사회적 관점에서 이해되어야 한다. 시카고 대학 사회학과의 연구자들은 하위문화에서의 '일탈'은 개인의 문제도, 사회적 실천이나 도덕적 규범에 대한 개인적 '거부'도 아니라고 주장했다. 하위문화의 '일탈' 혹은 차이는 사회적 연대의 문제이다(Gelder 2007: 4).

하위문화는 그들만의 서사(narration)가 있고, 보통 자신들만 사용하는 언어나 은어를 개발한다. 규모는 작지만 큰 규모의 문화와 같은 방식으로 구성된다. 그들만의 세계관과 삶의 철학, 윤리를 형성하고 그들만의 언어로 이를 표현한다. 서사는 하위문화에 속한 사람들을 재현하는데 이는 스스로 만든 것일 수도 있고 외부에 의해 만들어진 것일 수도 있다. 서사는 부분적으로는 맞고, 부분적으로는 틀릴 수 있다. 서사는 하위문화의 용인과 거부에 기여하며 사회적으로 실재하는 결과를 가져온다. 서사는 중립적일 수 없다. 그들은 집단의 관점을 반영하고 해석해 세계관을 표현한다.

이를 통해 우리는 사회학적으로 설명된 번역 이론의 중요한 지점에 도달하게 된다. 문화 내적으로 번역의 기능은 하위문화만의 언어나 은어를 언어적으로 번역해 소통하는 것에 그치지 않는다. 번역은 또한 한 사회 내의 여러 계층 사이를 중개하는 기능을 한다. (내부인이든 외부인이든) 번역사이자 기술자(describer)는 사회 집단을 관찰하고 그 집단에 대한 관점을 목표 독자들이 이해할 수 있도록 번역한다. 이러한 체계는 다른 종류의 번역처럼 번역의 조건을 충족한다. 원문(여기서는 하위문화)을 중개자를 거쳐 목표 독자(다른 하위문화 혹은 사회의 일반 문화)에게 제시하는 것이다.[24]

영국에서 하위문화를 중개한 사례를 살펴보자. 1840-50년대에

---

24 물론 이에 대한 지식이 없는 사람들을 위해서 하위문화의 언어를 번역하는 일은 필요하다. 이것은 마치 런던내기(cokney) 은어를 번역해야 하는 것과 비슷하다. 예컨대 "Went down to the Cabin Cruiser to watch the match(시합을 보기 위해 Cabin Cruiser로 가자)"라는 문장을 대중이 이해하려면, Cabin Cruiser를 술집(Boozer)으로 번역해야 한다(*Cockney* 2013 참고).

Morning Chronicle 신문사의 기자 Henry Mayhew는 런던의 암흑가에 대한 기사를 작성했다. 그는 글과 그림을 통해 런던의 최하층 계급에 대해 묘사했다. 1861-62년에 그는 *London Labour and the London Poor: A Cyclopaedia of the Condition and Earnings of Those That Will Work, Those That Cannot Work, and Those That Will Not Work*(런던의 노동 & 런던의 빈곤: 일을 할, 일을 하지 못하는, 일을 하지 않을 자들의 소득과 환경에 관한 백과사전)을 출판했다. 이것이 그의 '번역 전략'이자 런던의 하위 계층을 보여 주는 프리즘이었다. 그는 일을 할, 일을 하지 못하는, 일을 하지 않을 사람들이 아니라 상위 계층을 대상 독자로 했다.

Mayhew는 당시 초기 단계였던 인류학의 개념을 차용해 기술했는데, 하위 계층을 영구적인 거주 공간과 관련지어 설명했다. 그는 문명화된 사람들이 정착을 하는 것과 달리, 이들은 방랑 생활을 한다고 했다. Mayhew의 글 앞부분을 살펴보자.

> 지구 전체의 인구를 구성하는 몇 십억 명의 사람들은 사회적, 도덕적 혹은 물리적 기준에 의해 나눌 수 있지만, 크게는 두 종류의 인종으로 나눌 수 있다. 그것은 방랑자와 정착민, 즉 부랑자와 시민, 유목민과 문명화된 *부족*이다.
>
> Gelder 2007: 12에서 인용; 강조는 추가

Mayhew는 하위 계층의 사람들이 다른 인종 혹은 부족에 속한다고

봤다. 그는 문명화된 인간에 반대되는 개념으로 유목민을 설명하면서 정기적이고 지속되는 노동에 반감을 가지고 요행을 바라며 아무것도 하지 않고 즉각적인 불안만 해소되면 일의 결과를 인지하지 못하고 마약과 술에 열광한다고 했다(ibid.). 또한 문명화된 인간과 달리 그들은 극심한 궁핍을 견디고, 노름과 색정적인 춤에 열광한다고 했다. 여성들은 순결이나 여성적 명예를 지키지 않으며 재산에 대한 개념이 희박하다고 했다. 종교의 개념도 모호하고, 창조자에 대해 무례한 생각을 가지고 있다고도 했다. 결론적으로 Mayhew는 런던의 하위 계층 사람들을 '미개인'에 가깝게 묘사했으며, 먼 세계의 사람들로 상정했다. 그가 시행한 문화 내적 번역은 동료 시민을 외국인으로 묘사했으며, 사실상 문화 간 번역으로 기능했다.

이것이 Mayhew가 '문명화된' 시민을 위해 했던 번역이다. 그러나 그는 또한 '유목민'이 스스로를 대변할 수 있도록 했다. 이것이 그저 멀리서 하위문화에 대해 평가하던 기존 방식과의 분명한 차별점이었으며 엘리자베스 시대의 일부 문학에서처럼 하위문화에 대한 말을 지어 내거나 왜곡하지도 않았다. 문화 내 번역은 '미개인'들을 대변할 수도 있고, 그들에게 말할 기회를 주지 않고 그저 기술할 수도 있다. 혹은 Mayhew가 그랬던 것처럼 스스로 말하도록 할 수 있다. Mayhew의 기술에서 '미개인'의 말은 맥락화되었지만, 적어도 그들은 번역되었다.

서사로서의 번역은 사회/문화적 환경에서 번역이 어떻게 기능하는지에 대한 이해를 넓혀 주며 이와 관련한 연구가 더욱 필요하다.

(2) 문화 간

번역은 문화 간 현상으로 잘 알려져 있다. 문화의 차원에서 번역은 상호작용을 하는 문화 사이를 중개한다. 문화들은 각기 다른 시나리오에 따라 작용한다. 이러한 시나리오들을 분류하는 데 영감을 얻기 위해 어쩌면 익숙하지 않을 자료를 살펴보자. 생물학에서는 생물학적 상리공생 혹은 공생관계에 대한 연구가 발달되어 있다.

상리공생(mutualism)은 두 종(種) 간 서로 이익이 되는 관계를 가리킨다. 이는 공생[*symbiosis*, 그리스어 *sumbiōsis*(living together)에서 유래]의 의미 중 서로 이익이 되는 관계를 의미한다. 더 넓은 의미에서 공생은 두 종 간의 관계이다. 흥미롭게도 이 생물학적 개념은 사회 복지를 위해 상호 의존이 필요한 사회 정책에서 차용되었다. 이제 두 문화가 어떻게 상호작용 하는지를 이해하기 위해 다시 생물학적 개념을 빌려보자.

가능한 관계들은 다음과 같다(Lewis 1985: 30).

- / - 경쟁(Competition)

- / 0 편해 공생(Amensalism)

- / + 길항 관계(Antagonism)

0 / 0 중립 관계(Neutralism)

0 / + 편리공생(Commensalism)

+ / + 상리공생(Mutualism)

생물학에서 공생의 종류는 상호작용하는 종의 잠재적 적합성 증가와 감소에 의해 결정된다. 증가는 '+', 감소는 '-'로 표시하며, '0'는 그 어느 것도 관찰되지 않는 경우이다. 물론 이를 문화 간 관계에 적용할 때는 그 기준이 달라져야 한다. 이때 사례에 따라 긍정적이거나 부정적이거나 중립적인 상태가 나타날 수 있으며, 각각의 시나리오에 따른 번역의 역할을 확인할 수 있다.

가장 일반적인 문화 간 상호작용을 살펴보고 그 안에서 번역의 역할을 생각해 보자.

편리공생[commensalism, 라틴어 *com*은 '함께(with)', *mensa*는 '식탁(table)'을 뜻하므로, 식탁/식사를 공유한다는 의미]은 두 문화가 상호작용할 때 한 문화는 이익을 얻고 또 다른 문화는 이익을 얻지도 고통을 받지도 않는 상태를 말한다. 18세기 러시아에서의 번역을 생각해 보자. 서구 유럽의 것을 번역하며 러시아는 서구로부터 배우고 현대화를 가속화했으나, 서구 유럽은 이 관계를 인지하지도 못했고 이익을 얻지도 못했다(Tyulenev 2012b).[25]

이러한 종류의 문화 간 관계를 중개하는 것이 가장 일반적일 것이다.

---

25 러시아의 모든 사회 계층이 서구화로 인한 이익을 얻은 것은 아니다. 예컨대 서구화의 상징이었던 새로운 수도 상트페테르부르크를 건설한 이들은 농노였는데, 이들 중 대다수가 질병과 과한 노동으로 사망했고 이들에게 서구화는 분명 득이 되는 일이 아니었다. 하지만 제국 전체로 본다면, 서구화는 현대화에 매우 필요한 일이었다. 서구화 덕분에 적으로부터 스스로를 보호하게 되었고, 과학과 예술이 발전했으며, 정치적/경제적/교육적 개혁이 일어났다. 한 문화가 다른 문화에 끼친 영향을 연구할 때는 해당 문화에 속하는 각기 다른 집단들이 서로 다른 영향을 다른 정도로 받았다는 것을 고려해야 한다.

또한 이는 Itmar Even-Zohar가 이론화한 것처럼 번역을 필요로 하는 (문학) 폴리 시스템과도 비슷하다. 1) 문학 폴리 시스템이 발전 초기 단계에 있어 문학 전통이 완전히 형성되지 않아 장르의 틈이 있어 번역 문학의 형태를 통해 '외래' 자극이 필요한 경우 2) 문학 폴리 시스템이 다른 문학/문화 보다 지위를 강화하기 위해 번역으로 부족한 부분을 보충하는 경우 3) 국가의 문학/문화가 위기에 처해 다른 문학이나 문화로부터 오는 새로운 영감을 필요로 하는 경우(1990: 47). 이 세 가지 경우 모두 하나의 문화, 즉 목표 문화의 이득에 집중하고 있으며 원천 문화의 이익은 고려 대상이 아니다. 이것이 함의하는 것은 원천 문화는 이 과정에서 이득을 얻지 못한다는 사실이다.

해당 언어에서 다른 언어로의 번역을 장려하는 데는 큰 역할을 하지 않더라도, 원천 문화 또한 이익을 얻는 경우가 꽤 존재한다. 적어도 해당 문학의 위신과 명성 혹은 다른 문화적 현상을 통해 이익을 얻을 수 있다. 때로 원천 문화가 외국어로의 번역을 적극 장려하는 경우도 있다. 예를 들어, 캐나다 예술위원회는 캐나다 작가들의 책을 외국어로 번역하는 사업을 추진했다. 번역은 캐나다 예술위원회의 주요 의제였다. "모든 것은 좋은 책에서 시작된다. 그리고 번역사, 작가, 출판사들이 번역을 한다. 그 결과, 몇 천 명의 독자들이 캐나다 문학의 새로운 면을 발견하게 된다(*Canada Council* 2013)". 번역을 통한 이런 종류의 문화 간 상호작용은 편리공생을 상호 이익을 얻는 **상리공생**(좁은 의미의 공생)으로 변화시킨다.

길항 관계(antagonism)와 길항 관계의 극단적 형태인 **기생**은, 두 문화 간 관계에서 한쪽이 이익을 얻고 다른 한쪽은 해를 입거나 불이익을 받는 경우를 말한다. 간첩 활동에서의 번역을 생각해 보자. 한 국가는 약점을 노출시키는 비밀 정보를 잃어 고통받지만, 스파이가 획득한 번역된 정보를 가진 쪽은 이득을 얻는다. 이와 같이 첩보 활동에 활용된 통번역과 관련한 흥미로운 이야기는 Geoffrey Elliott과 Harold Shukman 책 *Secret Classrooms: An Untold Story of the Cold War*에 나와 있다(2002; Footitt and Tobia 2013: 50ff.도 참고). 이와 관련된 직접적인 증거와 연구는 문화 간 상호작용에서 비교적 덜 알려져 있는 번역의 역할에 대한 이해를 제공한다.

편해 공생(Amensalism)은 한 문화가 다른 문화에 의해 억제당하거나 파괴되며 영향을 준 쪽은 사실상 영향을 받지 않는 상황이다. 생물학적 예시로는 같은 둥지 안에 어린 새가 두 마리 있는 경우 한 마리가 부모 새로부터 모든 먹이를 받아먹으면 다른 한 마리는 거의 먹지 못해 결국 죽지만, 이것이 살아남은 새에게 아무런 영향을 주지 않는 경우이다. 이는 식민 시장에서의 번역이 극도로 자국화되고, (탈식민주의의 주된 관심인) 번역된 문화의 특유성과 외래성이 삭제되는 상황에서 목격할 수 있는 것과 비슷하다. 이런 상황이라면, 목표 문화에서의 번역은 자국어로 쓰인 책과 다를 바가 없어서 유입에 별다른 영향을 받지 않지만, 번역된 원천 문화는 그들의 정체성을 빼앗긴다는 점에서 문화적 타격을 입는다.

전통적으로, 특히 문학 번역에서 **경쟁**은 번역 행위의 긍정적 측면으로 여겨졌다. 적어도 고대 로마에서 번역은 번역사와 저자가 경쟁하는 공간이었다. 이러한 경쟁적인 정신은 19세기 초 러시아의 주요 번역사 Vasilii

Zhukovskii의 번역에도 드러난다. 그는 번역사를 노예가 아니라 새로운 텍스트의 창조자로 봤다. “번역사는 자신만의 작품을 위해 이미지를 창조하는 사람이다. 그는 어떠한 지도나 외부적 도움 없이 이를 사용한다. [⋯] 번역사는 번역된 시인으로부터 발견한 이상이 충만할 경우 이를 자신만의 상상력으로 창조할 수 있다(Tyulenv 2004: 56에서 인용; 필자의 번역).”

경쟁은 사악한 측면을 가질 수 있다. 생물학에서의 **공사 상태**(synnecrosis)를 문화의 상호작용에서 상상하기는 어렵겠지만, 개별 문화적 현상이라는 차원에서는 생각해 볼 수 있다. 공사 상태는 두 종이 서로의 죽음을 초래하는 관계이다. 문학 작품을 너무 형편없이 번역해서 원천 문화가 가지는 진정한 가치를 표현하지 못하는 상황을 가정해 보자. 원문과 번역을 구별하지 못하는 일반 대중에게 목표 문화에서 형편없는 텍스트인 번역과 (아마도) 형편없는 텍스트로 여겨질 원문은 모두 죽은 것이다.

다음 예시를 살펴보자. 18세기 말 상트페테르부르크 신문에 프랑스 작가 Jean-François Marmontel 작품의 번역이 형편없다는 비판이 실렸다(번역사의 이름은 드러나지 않았다). 비평가는 “등장인물들은 낯설고 모호하며 분명하지 않은, 아무도 이해하지 못할 러시아어를 말한다(*SUV* 1873: 85)”고 했다. 이 비평가는 해당 번역이 “위대한 작가의 영광을 해하기 위해 다른 외관을 하고 나타났으며, 세심히 돌보는 것처럼 가장하고 있지만, 경험 없는 번역사의 펜을 빌려 흠집을 낸 것(ibid.: 84)”에 불과하다고 언급했다. 다른 말로 하면, 형편없는 번역은 이를 받아들이는 문화와 원문 모두에게 해로운 것이다. 이런 번역은 “누구도 읽고 싶지 않을(ibid.: 85)” 것이다.

마지막으로 **중립 관계**(neutralism)는 용어에서도 알 수 있듯이 두 문화 간의 관계가 서로 이익을 주지도 해를 끼치지도 않는 경우이다. 번역에 적용해 보면, 문화들 사이에 번역이 부재하는 경우보다는 한 문화에서 다른 문화로의 결정적인 영향이 없는 경우를 뜻할 것이다. 번역 과정이 아주 적거나 중요하지 않은 경우 혹은 비가시적인 경우가 있을 수 있다(예를 들어 출판되지 않아서 유포되지 않는 경우 등). 너무 짧은 시간 동안 접촉했거나 제한적으로 특정 사회 계층에서만 접촉이 일어난 경우 등의 시나리오가 있을 수 있다. 인쇄기가 발명되기 전의 사회를 생각해 보자. 원고가 수도원에서 번역되었다면, 이것이 사회에 미치는 영향은 미미하다. 번역사들 스스로 혹은 그들의 후원자만이 번역을 읽을 것이다. 이러한 상황에서 번역의 중요성은 나중에야 드러날 수 있다. 특정 시기에 발생한 두 문화 간 상호작용에서 중립 관계의 증거를 발견하기 어려운 이유는 역사적 기록이 없거나 후에 삭제되었기 때문이다.

중립 관계는 '인위적'이며 검열이나 이념적 집착에 의한 것이다. 러시아어 사용 국가에서의 James Joyce의 『율리시스(Ulysses)』 번역이 좋은 예시이다. 전문을 번역한 번역사 Sergei Khoruzhii는 러시아와 러시아 문학에서 나타나는 Joyce의 『율리시스』의 역사를 조사했다(1994). 먼저 그는 Vladimir Nabokov와 같은 망명한 러시아 작가들 사이에 나타난 Joyce 소설의 영향을 조사했고, 이를 통해 번역에 착수할 만큼의 흥미보다는 애매한 호기심만 존재했다는 증거를 발견했다. 이와 관련해 Khoruzhii는 다음과 같이 러시아 문학계의 시대를 구분했다. 1기: 소설에 대해 알아가는 시기(1920년대), 2기: 이데올로기적 단계로 프롤레타리아 계급의 미학과 이데올로기적 이상에 반한다는 이유로 Joyce가 거부된 시기(1930년대), 3기: Khoruzhii가 '관료적'이라고 부른 것으로, 체제에 충실한 사람들 사이에서만 소설이 논의되던 시기(1960년대부터 몰락이 있었던 1980년대 말과 1990년대 초까지). 비록 발췌본이 이미 출판되기는 했지만, 전문이 나온 것은 소비에트연방이 무너진 이후이다. 전문은 Viktor Khinkis와 Khoruzhii 자신에 의해 번역되었다.

역사를 통해 러시아 문학 시스템과 James Joyce의 『율리시스』 간에 상호작용이 있었음을 확인할 수 있지만, 러시아의 독자들은 전체 소설을 읽을 기회를 갖지 못했기 때문에 (왜곡된) 비판적 검토에 만족할 수밖에 없었고, 실제 텍스트에 대한 접근은 매우 제한적이었다. 때문에 번역을 통한 이런 접촉은 존재하지 않거나 부정적인 것으로 묘사되었다. 사실 1970년대에 Khoruzhii와 Khinkis는 출판이 되리라는 희망을 가지고 자발적으로 번역을 시작했다. 또한 이미 언급한 것처럼 발췌 번역한 것들이 존재했다. 달리 말하면 번역은 이 소설과 러시아 문학 시스템 간의 접촉을 시도했지만, 이념적인 이유로 해당 소설은 러시아 독자들에게 닿지 못했다. 이러한 접촉은 결국 인위적으로 중립적 속성을 갖게 되었다.

위의 절과 전체 장을 마무리하면서 다음과 같은 연구 질문을 제시하고자 한다.

Q. 당신이 전공하는 문화 사이에서 시대별로 어떠한 상호작용 시나리오를 관찰할 수 있는가?

Q. 이 시나리오에서 번역의 역할은 무엇인가?

Q. 시나리오상에서 번역사/통역사 행동에 특정한 패턴이 있는가? 그렇다면 무엇인가?

토론 주제 및 과제

1. 이 장을 여는 주요 질문들에 대해 논의하라.
2. 문화 내 혹은 문화 간 상호작용에서 번역의 역할에 대한 발표를 준비하라. 자신만의 사례를 제시할 것.
3. 자신의 번역에 대해 어떻게 논하고, 누구를 언급했는지에 주목해 Homer의 Iliad(1699)에 대한 Anne Dacier의 번역 서문을 분석하라(Lefevere 1992: 10-13).
4. Lefevere(1992) 5장의 발췌문을 번역의 문화 간 중개 시나리오 관점에서 분석하라(추가 분석은 Venuti(2012: 13-20) 참고).

추가 주제와 과제는 www.routledgetranslationstudiesportal.com를 참고

추천 문헌

Gelder(2007); Kluckhohn(1949: III장, pp. 17-44); Hung(2005); Oswell (2006); Spivak(2012).

3장

행위를 위한 준비

주요질문

- 사회화란 무엇인가?
- 사회화의 주요 개념은 무엇인가?
- 사회화의 주체는 누구인가?
- 전문적 활동이라는 측면에서 번역사의 사회화 중 어떤 단계와 양상이 가장 중요한가?
- 사회성(sociality)이란 무엇이며 통번역사의 직업과 어떠한 관련이 있는가? 번역이 친사회적(hypersocial)이라는 것은 어떤 의미인가?

동물과 달리 인간은 인간으로 태어나지 않는다. 고양이는 태어난 후 어미와 떨어져 산다고 해도 결국은 쥐를 잡는다. 하지만 어린아이가 태어나서 인간 세상과 떨어져서 자라난다면 인간에 대해 아무것도 배우지 못하므로 심리학적으로도 사회적으로도 인간이 아니다.

번역사 또한 사회화된 인간이다. 그들은 양육되고 교육받으며 이로 인해 그들이 통번역사로 일하게 되는 사회의 일원이 된다. 이른바 인간적인 것 가운데에 그들과 무관한 것은 없다. 이 장에서는 통번역사가 되기 위해 번역사와 통역사가 거치는 과정과 어떠한 방식으로 그들의 직업이 사회화를 지속하는지에 대해서 알아보자.

1. 사회화 모델

사회학에서 사회화는 인간이 문화를 배우고 그 결과 잠재적 인간을 개발하는 과정으로 정의된다. 인격은 사회적으로 형성된다. 2장에서 명확히 했던 것처럼 문화를 받아들이기 위해 사회가 필요하며 타인과 네트워크를 맺을 수 있는 사회가 없다면 인간은 인격을 형성할 수 없다. 사회화는 다양한 단계를 지닌 복잡한 과정이며 일생에 걸쳐 일어난다. 환경이 인간 실제에 부인할 수 없는 영향을 미친다는 점을 고려할 때 사회학자들은 궁극적으로 "문화적 생명체로서, 환경이 우리의 본질이다(Macionis 2000: 62)"라는 의견에 동의한다.

사회화와 관련된 몇몇 이론을 살펴보자. 모든 이론을 번역사와 통역사 연구에 적용할 수 있는 것은 아니다. 예를 들어 Jean Piaget(1896-1980)는 인생의 초기 단계에서 발생하는 인지적 발달을 관찰했지만 이것이 통번역사의 사회화가 어떻게 이뤄지는지를 이해하는 데에는 도움을 주지 못한다. 번역사 혹은 통역사가 될 어린이들이 다른 이들과 특별한 차이를 보이지는 않을 것이다. Piaget의 이론은 너무 보편적이어서 통번역학에 제한적으로 적용된다.

Lawrence Kohlberg(1927-87)는 사회화를 도덕 발달의 관점에서 연구했다. 도덕 발달은 인간이 무엇이 옳고 그른지를 알게 되는 과정이다.[26] Kohlberg는 아동들이 옳고 그름에 대해, 자기중심적인 개념으로부터 사회적으로 수용 가능한 개념으로 재정립하는 과정을 거친다는 결론을 얻었다.

아주 어릴 때 옳고 그름에 대한 아동의 판단은 좋은 음식, 좋은 장난감 그리고 신체적 편안함 등 개인적인 만족 여부에 따라 결정된다. 이 단계에서 동기가 되는 것은 고통이나 불편함을 피하고 즐거움을 찾는 것이다.

그들이 자라고 청소년이 되면 타인의 감정을 고려하도록 배운다. 그들은 본인뿐만 아니라 부모, 형제자매들을 즐겁게 하도록 배운다. 어떤 경우에는 주변 타인의 즐거움을 위해 본인의 즐거움을 포기하기도 한다. 그들은 사회적인 도덕 기준을 내재화하고, 스스로의 즐거움뿐만 아니라 사회적으로

---

26 Kohlberg의 연구가 미국 내에서 남성에 한정하여 진행되었다는 것을 기억해야 한다. 이 두 요소로 인해 그의 결론을 적용하는 데에 한계가 있다.

허용된 즐거움을 찾는다. 어른들은 아이들이 무엇을 하고 하지 말아야 하는지, 무엇을 말하고 말하지 말아야 하는지 등 사회적으로 허용되는 행동을 하도록 그리고 상황에 따른 적절한 행동을 하도록 격려한다. 아동은 사회의 문화적 규범이나 관습을 학습한다. 첫 번째 단계는 전인습적이지만, 인간의 도덕적 관점이 자아 중심적에서 사회적 관습과 관계로 전환되었다는 점에서 이 단계는 인습적이다.

이후의 도덕 발달은 완전히 사회화된 인간이 관습을 비판적으로 평가하는 단계이다. 이는 도덕적 성숙도 단계인데, 한 사회 내에서 무엇이 옳고 그른지를 넘어서 옳고 그르다고 여겨지는 것들이 실제로 그러한지에 대해 의문을 가지고 그 이유를 묻는 것이다. Kohlberg는 이 단계를 후인습적 단계라고 부르고 개인이 사회에 선행한다는 관점, 즉 "이성적 개인이 사회적 애착이나 예속 이전의 가치와 권리를 인지하고, […] 도덕성의 본질 혹은 인간 실제와 존엄성(1976: 35)"의 관점을 갖는 단계라고 했다. Kohlberg의 이론을 비판하는 사람들은 "미국에 거주하는 많은 사람은 도덕 추론의 후인습적 수준에 전혀 도달하지 못하지만, 그 원인은 여전히 알 수 없다(Macionis 2000: 67)"고 주장한다.

일반적으로 도덕 발달에 대한 사회학 이론은 아래 질문을 제기한다.

> 어떻게 한 사람이 도덕적이 되는가? 의식이란 무엇인가? '원칙이 있는 사람'은 어떤 사람을 의미하는가? 생각대로 행동하지 않고 도덕적 상황에 따라 행동하도록 하는 요인은 무엇인가? 도덕적으로 성숙한 성인이 되도록 양육하기

위해 부모와 사회는 무엇을 해야 하는가? 도덕 발달과 행동에 대해 우리가 지금 아는 것은 무엇이며 무엇을 더 알아야 하는가?

Lickona 1976: x

번역과 통역 윤리와 관련해 도덕 발달에 관한 Kohlberg 및 기타 이론은 다음과 같은 질문을 던져 준다.

Q. 통번역 경험에서 도덕 발달의 인습적 단계와 후인습적 수준의 단계의 관계는 무엇인가?

Q. 통번역사들은 후인습적 단계에 도달할 필요가 있는가? 그 이유는 무엇인가?

Q. 인습적 혹은 후인습적 통번역 행위의 특성은 무엇인가?

Carol Gilligan(b.1936)은 여아들의 발달을 관찰했고 그 결과를 Kohlberg의 관찰 결과와 비교했다. 그녀는 6세에서 18세 사이 여자아이들의 사회적 발달을 연구했다. Gilligan은 여자아이들이 어릴 때는 높은 자존감을 가지고 있다고 해도 시간이 지남에 따라 자존감을 잃어버리고 서구 사회에서 요구하는 여성 행동 기준에 맞는 특성을 개발한다는 것을 알아냈다. 그 기준은 남성에게 협조적이고 공손해야 한다는 것이다. 이는 중등학교에서 대부분의 권위가 남성에게 있다는 점과 관련이 있을 수 있다.

Gilligan은 또한 여자아이와 남자아이가 가지는 도덕적 기준의 차이에 대해서도 관찰했다. 남자 아이들이 옳고 그름을 정하는 기준은 정당성이지만, 여자아이들은 이해와 책임감을 바탕으로 한다. 남자 아이들은 법을 위반하는 것은 어떠한 상황에서든지 잘못되었다고 생각하지만, 여자아이들은 법을 위반한 사람에 대해 동정을 표하고, 왜 그럴 수밖에 없었는지를 이해하려고 한다. Gilligan은 규칙 중심의 남성 도덕 기준이 사람 중심의 여성 도덕 기준보다 더 우월하다는 Kohlberg의 주장에 의문을 가졌다.

Gilligan의 연구는 인간의 도덕 발달에서 두 젠더의 균형을 이루도록 했다는 점에서 중요하다. 그녀는 또한 성에 대한 젠더 인식 형성을 연구했다. 성(sex)은 남성, 여성 등 순수하게 생물학적, 생리학적인 특징이다. 젠더(gender)는 사회적으로 유발된 특징으로 특정 사회의 정형화된 생각이나 역할에 의해 결정된다. 예를 들어 여성은 남성과 달리 어떻게 행동해야 하거나 그렇게 하는 경향이 있고, 무엇이 되거나 그렇게 되는 경향이 있으며, 모든 남성은 이성적이고 여성들은 감성적이다, 라는 식이다. 성은 속성이 없지만 젠더에는 속성이 있다. 남성보다 덜 감성적인 여성도 있고, 사회에 따라 행동양식이 다른 경우도 있다.

Gilligan의 연구는 가부장적이고 남성 중심적인 사회과학에 대한 도전이었다. 남성은 "인간성 측정(2011: 15-16)"의 기준이었다. 더 나아가 그녀는 "인구의 절반이 누락되었다는 사실이 다뤄지지 않거나 중시되지 않고 문제가 되지 않는다면, 어떤 것들이 문제가 되는가?(Gilligan et al. 1988: v)"라고 질문했다. 그녀는 인류에 대한 발상에 여성의 의견을 더하는 것은 필요한 "다른 목소리(1982)"를 내는 것이라고 여겼다. 또한 "이 목소리를 포함하는 것은 도덕 영역의 지도를 바꾸는 것이다. 여성과 여자아이의 의견을 들음으로써 남성과 남자 아이의 의견도 다르게 들을 수 있다"(Gilligan et al. 1988: v).

Gilligan의 연구는 다음과 같은 질문을 제기한다.

Q. 여성 혹은 남성 번역사들에게 성 혹은 젠더 특정적인 차이가 있는가? 만약 있다면, 그 차이는 무엇인가?

Q. 번역 현장에서 성에 따른 역할 구분은 무엇인가?

Q. 통번역사 교육에서 성 혹은 젠더 특정적인 역학의 차이가 존재하는가?

사회학의 초기 두 이론은 Sigmund Freud와 George Herbert Mead의 이론이다. 두 이본은 모두 한 세기 이전에 탄생했지만 여선히 현대사회학 연구에 영향을 주며, 일반적인 인간으로서뿐만 아니라 전문가로서 통번역사의 사회화와 관련해 흥미로운 관점을 제공한다.

Sigmund Freud(1856-1939)는 인간이 가진 생물학적, 심리학적, 사회학적 차원의 관계를 연구했다. 이 세 가지 차원은 인격의 요소인 원초아(id, 라틴어로 it), 자아(ego, 라틴어로 I), 초자아(super-ego)에 대응된다. 원초아는 생리적 욕구를 나타낸다. 원초아는 모든 동기가 신체적 편안함과 개인의 즐거움을 향해 있는 발달 초기 단계에서 주요하다. 아동이 속해 있는 사회가 제약을 부여하면서(아이들이 가장 먼저 배우는 단어 중 하나는 '안 돼(no)'이다) 자아가 형성된다. 이기적인 욕구와 사회적으로 허용되는 행동 사이의 균형을 인식하는 것이다. "자아는 (원초아와 관련된) 본능을 인지하면서 이를 통제(순응하거나 억압)하기 위해 발달한다(Freud 1961b: 944).” 마지막으로 Freud는 초자아 단계를 주장한다. 문화가 작동하기 시작해 개인의 행동을 결정하는 것이다. 초자아는 의식적이며, 우리가 왜 원하는 모든 것을 할 수 없는지를 이성적으로 생각한다. 이 세 단계를 거치면서 아동은 신체적 즐거움을 추구하는 옳고 그름에서 내재화된 문화적 규범이 제시하는 옳고 그름을 가지게 된다.

Freud는 개인의 원초아와 초자아의 관계를 자아가 허용 가능한 한계를 위해 충돌하는 것으로 봤다. 자아가 원초아와 초자아 사이의 균형을 유지하는 데에 실패하면, 인격 장애가 나타날 수 있다. Freud는 이 균형이 어떻게 이뤄지는지에 대한 생생한 기술을 제공한다.

> 원초아와의 관계에서 (자아는) 말 등에 탄 사람과 같다. 말이 날뛰지 않도록 통제해야 하는 것이다. 차이가 있다면 말에 탄 사람은 자신의 힘으로 말을 통제하지만, 자아는 초자아로부터 빌린 힘을 사용한다. 조금 더 설명해 보자. 종종 말을 타는 사람은 말 위에 있지 않을 때 말이 가고자 하는 곳으로 끌려간다. 이와 같이 자아는 지속적으로 원초아의 요구에 따라 행동한다.
>
> 1961a: 733

초자아가 이기적인 원초아를 억압해 균형을 이루는 것은 이기적 욕구가 사회적으로 용인되는 행동으로 전환하도록 하는 승화(sublimation)를 통해 일어난다. 예를 들어 공격성은 스포츠에 참여하거나 리더십을 발휘하는 방식으로 승화될 수 있다('전환과 승화' 참조). Freud의 설명에 의하면 이는 마치 마부가 길을 선택하는 것처럼 보이지만 실은 말이 가는 대로 놔두는 것과 같다.

비록 몇몇 측면—예를 들어 원초적 본능의 역할과 영향력에 대한 과도한 강조, 남성 중심의 이론 등—은 구시대적이지만, Freud의 개념은 사회과학에 영향을 주었으며 여전히 영향력을 가지고 있다(Box 3.1 참조). 예컨대 Freud의 발달 단계와 Kohlberg의 사회화 이론은 확실히 비슷한 점이 있다. Freud는 성인의 행동을 이해하는 데 있어 유년기의 경험이 얼마나 중요한지를 최초로 언급했다.

Box 3.1

주요 정신분석가 3인

정신분석은 일반적이며 병리학적인 개인의 심리에 관한 이론으로 사회학에도 영향을 미친다. 정신분석의 창시자는 오스트리아 의사인 **Sigmund Freud**이며 이후에 그의 초기 개념이 대부분 수정되거나 발전되기는 했지만, 정신분석과 관련해서는 여전히 중요한 인물이다.

비엔나 대학의 학생이었던 Freud는 의학을 전공했지만 자연과학에도 흥미를 느꼈다. 그는 또한 파리에서 수학하며 신경학자인 Jean-Martin Charcot 교수를 만났고, 그의 강의를 번역했다. Freud는 개인 병원에서 신경질환을 치료하기 위한 방법으로 정신분석을 개발했다. Freud는 꿈이나 언어사용을 분석해 공상, 욕구 통제, 무의식을 다룬다. Freud 연구의 또 다른 요점은 유아 성욕과 성욕에 관한 것인데 이는 생물학에 대한 그의 관심이 심리학과 만난 지점이다.

Freud의 개념은 사후에 발전되고 수정되었다. 신프로이트파 학자들은 개인 발달에 영향을 미치는 대인 관계와 사회·문화적 요소를 강조했다. 이렇게 Freud의 아이디어가 진화된 전환을 '자아 심리학(ego psychology)'이라고 부른다. 생물학적으로 형성되고 영향을 받은 특성에서 사회적 영향을 받은 자아로 관심이 이동되었기 때문이다.

Freud 정신분석을 발전시킨 유명한 학자 중 한 명은 스위스의 정신과 의사인 **Carl Gustav Jung**(1875-1961)이다. Jung은 개인의 정신 발달과 집단적 무의식(인간 보편적인 것을 포함한 집단적 믿음, 미신)을 연관 지었다. 이러한 모든 집단적 무의식 현상을 '원형(archetypes)'이라고 부른다. Jung의 아이디어는 문화 역사학자들과 신화를 공부하는 학생들의 관심을 받아 왔다.

프랑스 정신분석학자이자 의사인 **Jacques Lacan**(1901-81)은 Freud의 아이디어를 구조주의에 적용했으며, 사회현상을 언어 시스템과 같은 구조화된 시스템의 네트워크로 봤다. Lacan은 무의식 또한 구조화된 것이라고 주장했다. Lacan의 개념 중 가장 영향력 있는 것은 연속적인 개인의 발달 단계이다. 첫 번째는 '거울 단계(mirror phase)'이며 Lacan은 이를 '상상계(the Imaginaly)'라고 지칭했다. 이 단계에서 아동은 자신만의 자아 개념을 개발하고, 이 단계에서 거울을 보면서 자아가 안정적이고 건전하다고 착각하며, 다른 사람과의 상호작용이 직접적이며 방해되는 것이 없다고 생각한다(예를 들어 낭만적인 사랑). '상징계(the Symbolic)' 단계에서는 상상계에 존재하던 상상 속의 완전함이 파괴된다. 타인과의 상호작용은 규제된 외부적 상징을 통해 실현되는데 이때 가장 주요한 요소는 언어이다. 타인과의 의사소통을 위해서는 언어 및 기타 상징체계를 거쳐야 한다. 이 발달 과정에서 언어 사용자로서 '목소리'를 갖게 된다. 마지막으로 '실재(the Real)'는 자아를 알 수 없는 심연의 끝으로 데려온다. 이는 다른 혼란스러운 실재의 상징을 통해 회피하는 것이다. 실재는 신비로운 것이 아니라 우리를 보호하는 강력한 심리학적, 사회적 구조의 일부이다. 실재를 상징으로 돌파하는 것은 혼란을 야기한다. Lacan의 이론은 정신분석학이 학문 외부적으로 명성을 얻는 데 일조했다. 프랑스 정치학에서 Lacan의 정신분석은 문화적 현상이 되었고, 그 영향력은 1960년대부터 지금까지 지속되고 있다.

정신분석과 사회학

Frued가 오이디푸스 콤플렉스(아들이 아버지를 증오하는 것)를 가부장적인 사회에 한정하는 것이 아니라 모든 사회에 적용해 일반화하면서부터 사회학은 불완전하게 시작되었다(Erich Fromm in Arato and Gebhardt 1878: 485). 프로이드주의는 과학적 근거가 부족하다는 비판을 받았다. 그러나 정신분석은 사회과학의 오랜 논쟁, 즉 개인과 사회의 관계나 이성적, 비이성적 행동을 이해하는 데 기여했다(Alexander 1998: 4, 71, 180; Frosh 2012: 211-39). Lacan이 Freud의 정신분석을 재구성한 덕분에, 정신분석적 정치학은 교착상태, 특히 개인과 사회의 상호작용에 대한 논의를 해결했다(Powell 2010: 111).

Freud의 이론은 사회 발전과 관련해서도 중요한 역할을 했다. 그의 개념들은 프로이드 학파에만 국한된 것이 아니라, 사회의 이론화에 전반적으로 활용되었다. 그 예로는 부모-자녀의 관계, 성 정체성의 발달, 도덕적 가치의 책정, 심리학에서 갈등의 영향, 자기 규제 방법의 진화 등이 있다(Underwood and Rosen 2011: 11).

페미니스트들은 Freud의 정신분석 이론이 여성 혐오적이라고 비판해 왔지만, 성에 대한 이론을 기술함으로써 "모든 과학의 기저에 깔려 있는 성적 무관심"을 약화시킨 것은 중요한 성과로 인정한다(Luce Irigaray, Game 1991: 15 재인용). 본래 여성 혐오적이었지만 역설적이게도 Freud의 아이디어는 사회과학에서 페미니스트적 접근의 발전을 이뤘다.

하나의 예시를 더 들자면, 후기에 Freud는 본인의 정신분석 이론을 확대해 기관(특히 종교)과 사회 전체를 포함했고, 사회학적 영역에 발을 들였다. 전체 그룹과 사회조차도 신경증과 같은 문제로 고통받을 수 있다. 때문에 그 누구도 정신분석이 시대에 뒤처지거나 관련이 없다고 말할 수 없다. 예를 들어, 이것을 국가적 트라우마에 적용할 수 있다. "홀로코스트, 르완다 집단 학살과 같은 충격적인 사건 중에 나타나는 국가적 안주는 이것이 터무니없는 생각이 아님을 말해 준다 (Powell 2010: 107)."

일반적인 정신분석 혹은 Freud의 개념이 통번역사의 전문성 발달을 이해하는 것과 관련이 있는가? 조심스러울 필요가 있지만 원초아, 자아, 초자아의 관계 및 사회적으로 결정된 가치를 획득하고 사회적 규제를 경험하는 단계들은 통번역사의 교육과 전문적 경험을 더 잘 이해할 수 있도록 도움을 준다. 명심해야 할 것은 앞으로 나오는 논의들이 번역사의 개인적, 전문적 사회화를 새로운 관점에서 연구하기 위해 재해석된 것이라는 점이다.

성숙한 전문 통번역사가 되는 과정은 세 가지 단계로 나눌 수 있다. 첫 번째는 원초아 단계로 신진 통번역사는 번역을 단순히 원문에서 보거나 들은 내용을 목표 언어로 옮기는 것으로 생각한다. 이럴 경우 지나치게 문자 그대로 옮기게 되어 목표 언어를 침해하거나 번역이 이해되지 않을 수 있다. 설명이 필요한 경우가 오면, 통번역사들은 종종 원문에 그렇게 되어 있었다고 말한다. 그 이유는 한 언어에서 다른 언어로 옮기는 전문적 기술이 부족할 뿐만 아니라 대상 독자에 대한 고려가 부족하기 때문이다. 혹은 원문에 대한 번역사의 과도한 충성이나 원문을 충실하게 옮기고자 하는 욕구 때문이다. 가능한 한 원문에 가깝게 번역하느라 목표 언어를 희생시키기도 한다.

이러한 과도한 충성은 전문 교육과정에서 교수자 혹은 동료의 의견, 수정, 제안을 통해 균형을 잡는다. 원초아가 번역 문화의 초자아에 의해 통제되면서 통번역사는 단순화된 생각에서 벗어난다. 결국 번역사는 원문을 지나치게 따라가지 않도록 학습하는데, 이는 Freud의 용어를 빌리자면 번역사의 자아가 번역사의 원초아와 번역 문화의 초자아 사이에서 협상하도록 학습하기 때문이다.

하지만 번역사 혹은 통역사는 번역 문화가 너무 엄격하거나 자유를 박탈한다고 느낄 수도 있다. 이러한 상황에서 어떤 번역사들은 지배적 문화에 저항하고 기존의 규범을 어기는 방법을 선택할 수 있다. 이것이 번역사 자아와 초자아 사이의 갈등이 드러나는 방식이다. 이러한 '독자적' 행동이 폭력적인 형태를 취하지는 않지만, Freud 연구의 원초아와 초자아 사이의 갈등과 같이 내적 균형의 결여를 깨달을 수 있다. 사실 번역사의 자아는 본인의 자아, 두 문화적 영향(목표 문화와 번역 과정이 일어나는 일반적인 문화), 전문적 번역 문화 이렇게 네 주체 사이의 균형을 책임지고 있다.

Q. 일반적 문화, 전문적 번역 문화, 번역사의 인격 사이의 역학 관계는 무엇인가?

Q. 경쟁 주체의 이해가 충돌하는 경우 번역사는 어떻게 균형을 맞추는가?

승화 개념 또한 이문화와 대인 관계라는 교차로에서 나타나는 번역사의 행동을 개념화하는 데 흥미로울 수 있다. 번역사의 원초아는 타고난 성향에 따라 다르다. 예를 들어 타고난 창조성은 초자아에 의해 규제되며 후에 번역사가 채택하는 창의적이고 탈규범적 전략으로 승화된다(예를 들어,

자국화 전략이 만연한 상황에서 극단적인 이국화를 하는 등 번역사는 일반적인 전략을 취하지 않고 완전히 다른 방법을 선호할 수 있다).

Freud의 이론은 번역사의 행동을 결정하는 여러 요인 사이의 관계를 설명할 수 있도록 해 주지만, Freud의 개념을 적용할 때는 생물학적인 것과 심리학적, 사회적인 것을 혼동하지 않도록 주의해야 한다.

George H. Mead(1863-1931)의 사회적 행동주의 이론은 생물학적 욕구가 인격 발달을 좌우한다는 Freud의 이론을 반박했다. 사회적 행동주의는 심리 행동주의의 한 분야이다. 러시아인 동물 심리학자 Ivan Pavlov(1849-1936)로 대표되는 동물 심리학에 바탕을 두고 있는 심리 행동주의는 정신 상태나 주관적 경험보다는 관찰이 가능한 행동을 중시한다. Mead 또한 다른 행동주의 학자들과 마찬가지로 개인의 관찰 가능한 행동을 연구했지만, 전통적인 심리학의 행동주의 학자들과는 다르게 관찰이 불가능한 원인을 추적했다. 그는 이러한 원인 없이 인간의 행동을 이해하는 것이 불가능하다고 주장했다. 또한 그는 개인 발달에서 사회적 경험의 중요성을 강조했다.

Mead는 개인의 발달을 자아의 형성과 발달이라는 측면에서 이론화했다. 자아는 자기인식이다. 자아는 사회와의 접촉 이전에는 존재하지 않는다. 자아는 신체가 아니기 때문에 타인이나 사회와의 교류가 부족하거나 결여되면 고립되거나 분리된 아동의 경우에서 관찰할 수 있는 것처럼 제대로 형성되지 않는다.

Mead가 말하는 사회적 교류란 간단히 말해서 상징을 교환하는 것이다. 동물과 달리 인간은 의미를 표현하기 위해 언어, 제스처 같은 상징을 사용한다. 이것이 그가 명시적 행동과 내재적 동기를 연관 지은 이유이다. 대인관계에서 사람들은 상징 자체가 아니라 의미에 반응한다. 하나의 같은 단어가 다른 의미를 전달할 수 있는데 이처럼 반응을 야기하는 의미를 형성하는 원인은 내재적 동기이다. 동물도 인간의 몸짓을 이해하도록 훈련시킬 수 있지만 어떤 동물도 그 제스처의 숨은 의도를 이해할 수 없다. Mead는 아래와 같이 언급했다.

> (주요 기호가 활용되는 상황에서) 특이한 점은, 개인이 스스로의 자극에 대해 반응할 때 다른 사람들이 반응하는 것과 같은 방식으로 한다는 것이다. 이로서 자극은 중요해지고, 의미 있게 된다. 앵무새의 경우 '발화'는 아무런 의미가 없지만, 인간이 발성 과정을 이용해 무언가를 말하는 것은 본인과 타인에게로의 목소리의 도달을 통해 어떤 것을 의미하는 것이다. 이러한 종류의 의사소통에서는 목소리가 적절한데, 그 이유는 발성 표현의 경우에만 다른 사람이 반응하는 것과 같은 방법으로 반응하거나 반응하는 경향이 있기 때문이다. [...] 물론 이는 문자 형태의 경우에도 해당된다. 그러나 이러한 상징은 다른 사람에게 영향을 주는 것과 같이 영향을 미치는 기본적인 표현 방식인 특정 발성 표현을 배제하며 발달되었다.
>
> 1961a: 1000

사람들은 의도를 이해하기 위해서 '타인의 입장'이 되어 본다(Mead

1961c). 타인의 입장이란 다른 사람을 이해하기 위해서 그 사람이 어떻게 느끼고 생각할지를 상상해 보는 것을 의미한다. 다른 말로 하면 상징적 상호작용 과정에서 사람들은 항상 타인의 감정이나 생각에 대해 상상한다.

번역사와 통역사의 전문성은 전적으로 타인의 입장을 고려하는 능력에 달려 있다. 이것이 통번역사들이 일반적인 그리고 전문가적인 사회화를 겪으며 학습하는 것이다. 통번역사는 두 가지 역할을 담당한다. 원문과 원저자의 의도를 이해하면서 동시에 목표 독자를 위해 일한다. 목표 독자를 위한 번역의 중요성은 특히 기능주의 번역[스코포스 이론 및 번역/번역사 행위; Vermeer(1989); Holz-Mänttäri(1984)]과 번역이 행해지는 문화와 관련해 개념화를 이룬 Gideon Toury의 이론적 접근에서 강조되었다(2012: 18).

Mead에 의하면 타인의 입장을 취할 때 우리는 스스로를 인식한다. Mead의 이론에서 자아는 주체로서의 나(I)와 대상으로서의 나(me)로 나뉜다. 주체로서의 나는 자아의 주관적 측면이다. 반면 대상으로서의 나는 객관적 부분으로 다른 사람들이 우리를 어떻게 보는지에 대한 상상을 반영한다. 주체로서의 나는 우리가 행동을 개시하도록 하지만, 행동을 지속하도록 하는 것은 대상으로서의 나이다. 대상으로서의 나는 주체로서의 나로부터 시작된 반복되는 시행에 대한 피드백을 받고 다시 주체로서의 나에게 영향을 끼친다. Mead에 따르면 개인은 이러한 방식으로 사회와 연결된다. 이 메커니즘은 작업에 대한 번역사의 개인 의견과 교수자, 동료, 의뢰인의 관련된 의견 사이의 관계를 보여 준다. 주체로서의 나와 대상으로서의 나의 관계는 누적되며 상호적이다. 아동기에 형성된 관계가 전문 행위에 영향을 미치며,

전문적 활동에서의 주체로서의 나-대상으로서의 나 피드백은 우리의 인격에 영향을 미친다. Mead의 이론은 사회적 상호작용을 통한 개인적 발전에 대한 역학을 제시한다.[27]

미국의 또 다른 상징적 상호작용주의자 **Charles Horton Cooley** (1864-1929)도 비슷한 개념인 '거울상 자아(looking-glass self)'를 제시했다. 거울상 자아는 거울을 보는 것처럼 다른 사람이 바라보는 모습을 사회에서의 모습으로 인식하는 것이다. 예를 들어 통번역사는 스스로 의뢰인, 독자, 사회 전체의 영향을 받는다고 생각하기 쉽다. Daniel Simeoni는 "번역사의 뿌리 깊은 종속(1998: 19)"에 관한 글을 남겼다. 이것이 사실이라면 다른 전문직에 비해 번역사들은 종속의 영향을 더 많이 받을 것이다. 이에 따라 할 수 있는 질문은,

Q. 번역사와 통역사에게 주체로서의 나-대상으로서의 나 피드백 고리의 역학은 무엇인가?

Q. 번역사의 거울상 자아는 어느 정도까지 영향을 미치는가?

Q. 번역사의 거울상 자아와 다른 전문가 혹은 의뢰인의 거울상 자아와의 유사점과 차이점은 무엇인가?

---

27 Mead의 모델은 사회화에서 생물학적 요소를 배제하고 순전히 사회적인 측면만을 다뤘다는 점에서 비판을 받아 왔다. 반면 Freud의 원초아는 개인 발달에서 순수하게 생물학적 요소를 가리킨다. 또한 Freud의 이론에서 원초아와 초자아가 갈등하는 반면, Mead의 이론에서 주체로서의 나와 대상으로서의 나는 협력한다.

다시 Mead의 이론으로 돌아가 보면, 사회 내에서 자아는 여러 발달 과정을 거친다. 발달은 타인의 입장에서 생각하도록 학습하는 것이다. 먼저 아동기에는 중요한 타자인 부모의 입장을 상상하도록 배운다. 점차적으로 한 번에 더 많은 타자의 입장을 고려하게 된다. 결국 그들은 문화적 규범이라는 점에서 본인과 타인을 볼 수 있게 된다. Mead의 용어에 따르면 결국 사회화된 개인이 일반화된 타자를 볼 수 있도록 하는 것은 문화이다.

> 자기 인식 공동체의 다양한 구조는 다른 사람에 대한 개인의 태도에 달려 있다. 이 과정의 발달은 […] 별개의 개인이 아니라 단체 내에서의 태도를 가지는 것에 달려 있으며 나는 이를 '일반화된 타자'라고 부른다. 이것을 구기 종목에 빗대어 설명하자면, 각 개인의 태도는 협력적 대응의 일부이고, 각각은 다른 역할을 가지고 있다. 한 개인이 단체에 속해 있는 한 그는 그룹의 다른 구성원들과의 관계를 가져야 한다. 그리고 충분히 적응이 되었다면, 모든 과정에 참여해야 한다.
>
> 1961c: 740

Mead는 새로운 사회적 경험을 흡수하고 받아들이면서, 자아가 계속해서 변화한다고 주장한다. 타인의 입장에 서는 능력은 점점 더 정교해진다. 이러한 능력은 본인이 속한 문화뿐만 아니라 전문 활동이 이뤄지는 다른 문화와의 관계에서 발전해야 하는 통번역사에게 매우 중요하다. 원문의 독자들이 생각하는 텍스트의 주제는 무엇인지 그리고 그 의견이 목표 독자들에게 어떻게 받아들여질지를 상상하지 못한다면 번역을 생산할 수 없다.

Erik H. Erikson(1902-94)은 사회화에 대해 보다 거시적인 관점을 취했다.[28] 그는 인간은 일생동안 다양한 종류의 사회적 도전에 직면한다고 주장했다. 영아기 때는 안전한 세상에 대한 신뢰를 수립해야 한다. 이 도전에서 가족의 역할이 매우 중요하다. 이후에는 자주성과 근면함을 바탕으로 자율적으로 세상을 대하게 된다. 상호작용의 범위는 점점 더 넓어져서 가족이나 동료집단(또래 집단) 이외의 사람들을 만나게 된다. 청소년기에는 정체성을 찾기 위해 노력하며 동시에 집단에 속하기를 원한다. 청년기에 그들은 사랑, 우정 등 타인과의 친밀한 관계를 구축한다. 중년기(일반적 성인)가 되면 자아도취나 침체의 문제에 직면한다. 이 단계에서 사람들은 가족 내에서 혹은 직장에서 야심차게 다른 사람의 인생을 위해 헌신하는데, 이는 더 큰 세계를 위한 일이다. 반면 본인의 생각이나 사소한 문제에 몰두할 수도 있다. 에릭슨에 따르면,

> "성인들은 […] *생식성(generativity)* 대 *자아도취 및 침체*의 대립 단계를 겪는다. 생식성은 […] *생식력(procreativity), 생산성, 창의성*을 아우르며, 정체성 발달에서 새로운 세대뿐만 아니라 새로운 제품, 새로운 아이디어, 자기생성을 고려한다. […이 단계의 미덕은] *살펴야 하*는 사람, 제품, 아이디어를 *돌보는 데* 폭넓은 헌신이 있다는 것이다."
>
> 1985: 67; 강조는 원문

---

28 Erikson은 '심리사회적 발달(psychosocial development)'이라는 용어를 사용했다(1985: 55-82).

이 발달단계에서는 전문가로서 공헌을 하게 되고 개인이 아닌 인류 전반을 위해 행동한다. 이것이 번역과 통역에서 작은 공동체 혹은 좀 더 큰 사회적 맥락에서 다른 문화와 의사소통하고 중요한 텍스트를 번역하게 되는 동기이다. 모든 통번역사가 단지 이타적인 이유로, 인류의 발전을 위해 일한다고 생각하는 것은 순진한 일이다. 그러나 훌륭한 전문가가 되거나 전문가로서의 명성을 얻는 것은 전문가로서 차이를 만드는 일이고, 전문가로서 명성을 얻는 것과 그것을 바라는 일은 Erikson이 말한 해당 사회화 단계의 특징이다.

Erikson은 모두 8가지 단계를 제시했다. 이는 영아기, 유아기, 초기 아동기, 후기 아동기, 청소년기, 청년기, 앞서 살펴봤던 장년기, 놓친 기회에 대한 절망 대신 자신의 성취를 돌아보기를 원하는 노년기이다. Mead의 문화화 모델을 보완하면서, Erikson은 사회에 소속된 인간으로서 발달하는 초기 단계를 이해할 수 있도록 했다. 모든 통번역사는 결국 자신이 속한 문화의 전달자이기 때문에 이는 전체 인생과 경력에 중요하다. 또한 문화화의 경험은 다른 문화를 받아들이도록 한다. Erikson은 차이를 만들어 내는 전문직으로서의 통번역에 대한 더 깊은 이해를 도와준다. 따라서 두 종류의 질문이 가능하다. 첫 번째는 번역의 문화화에 관한 것이다.

Q. 통번역사가 자국 문화에서 사회화되는 것과 다른 문화에서 사회화되는 것에 차이가 있다면, 어떠한 차이가 있는가?

Q. 번역사의 문화화에서 언어 학습은 어떠한 역할을 하는가?

Q. 다른 문화가 자국 문화처럼 느껴지도록 하려면 문화에 대한 어느 정도의 지식이 필요한가?

두 번째 질문은 번역사의 개인적 발달에서 전문가적 측면에 관한 것이다.

Q. 전문가 집단에 속하고 의뢰인과 전문적인 협상을 하려면 어떤 전문적 능력이 필요한가?

Q. 신진 통번역사들의 포부와 열망은 무엇이며, 이것이 실제로 어느 정도로 충족되는가?

Erikson의 모델은 개개인의 삶 속에서 사회화가 어떻게 이뤄지는지를 반영하지 못했다는 비판을 받는다. 이는 개인적 사례를 심리학적 특징으로 간주하고, 일반적인 패턴을 규명하고자 하는 사회학 이론에 대한 부적절한 비판이다. Erikson의 모델은 사회화가 주로 인생 초기 단계에서만 발생한다는 생각을 뛰어넘었다는 점에서 중요하다. 또한 그는 가족, 또래 집단, 학교, 직장 등 다양한 사회적 환경이 인간 발달에 미치는 영향을 강조했다. 이것이 다음 절의 주제이다.

2. 사회화의 주체

모든 사회적 경험은, 그것이 아주 작고 찰나일지라도 사회화에 중요한 영향을 미친다. 가정, 학교, 또래 집단 그리고 현대사회에서의 대중매체 등은 중요한 역할을 한다. 이러한 사회적 환경은 인격과 전문가로서의 사고방식에 영향을 미친다.

가정은 사회화의 첫 번째 주체이자 가장 많은 영향을 미치는 주체이다. 부모는 단지 생물학적으로 아이를 이 세상에 태어나게 할 뿐만 아니라 가족 문화라는 사회적 세상으로 인도한다. 아이의 종교, 민족성, 계급은 가족으로부터 비롯된 환경에 의해 설립된다. 사회학 연구는 인격의 어떠한 특징이 개발되고 권장되는지가 그 가정이 속한 사회적 계층에 따라 다르다는 것을 보여 준다. 자신들의 가치를 자녀들에게 투영하고 대부분 미숙련된 일을 하는 하위 계층의 가정에서는 순종과 순응을 권장하는 경향이 있고, 높은 학력과 창의력이 요구되는 직장에서 일한 경험이 있는 상위 계층의 가정에서는 아이들에게 더 열심히 공부하고 대학에 가도록 권장한다. 이것이 사회적 이동이 불가능하다는 것을 의미하지는 않는다. 예를 들어 평범하고 낮은 계층에서 자랐지만 그들의 부모보다 더 나은 교육을 받고, 더 많은 보수를 받으며 더 창의적인 일을 하는 사람들도 있다. 사실 사회적 계급이 높아지는 사람의 수는 계속해서 늘고 있지만, 전체 패턴은 유지되는 것처럼 보인다.

가정은 사람이 처음으로 언어를 배우고 문화에 노출되는 환경이다. 오늘날 세계화된 사회에서 하나 이상의 언어를 사용하는 가정이 더욱 늘어나고 있다.

> Q. 이것이 전문적인 번역 세계에 영향을 미치는가?
>
> Q. 통번역사들은 그들의 가정환경을 중요하게 생각하는가?
>
> Q. 얼마나 많은 통번역사들이 이중 혹은 다중 언어와 문화를 가진 가정에서 배출되었는가?
>
> Q. 전문적인 번역 사회에 영향을 미치는 다른 요소(예를 들어 가정환경에서 문화적 충성 등)들은 무엇인가?

학교는 다양한 배경을 가진 사람들에게 처음 노출되는 곳이다. 학교에서 아이들은 또래 집단과 교류하는 법을 배운다. 그들은 또한 민족성이나 젠더의 사회적 의미를 배운다. 사회학 연구에 따르면 아이들은 아주 초기 단계에 스스로의 특징에 대해 인지하고 같은 민족성이나 젠더를 가진 아이들을 선호하는 경향이 있다고 한다.

학교에는 아동이 학습해야 하는 기술이나 지식이 명시된 교육과정이 있지만, 드러나지 않는 교육과정도 존재한다. 예를 들어 아동은 경쟁이라는 사회적 가치를 학습한다. 학교에서 아이들은 요식 체계에 대해 처음 경험한다. 그들은 비인격적인 규칙, 학교 행정, 엄격한 시간표 안에서 행동하는 방법을 배운다. 학교는 공식적인 역사와 도덕적 우월성 등 국가의 공식적인 이념을 심어 준다.

학창 시절은 이후 전문가로서의 삶에 중요한 영향을 미친다. 번역사와 통역사의 삶에 학교가 어떠한 역할을 미치는지에 관련해 다음 질문들을 할 수 있다.

Q. 전문가의 프로필이라는 관점에서 통번역사들은 그들의 학창 시절을 어떻게 기억하고 있는가?

Q. 번역사가 단일 혹은 다중 문화를 지향하는 학교를 다녔는가? 이것이 그들의 경력에 어떠한 영향을 미쳤는가?

또래 집단은 구성원들이 같은 나이이고 적어도 몇몇 관심사를 공유하고 있는 집단이다. 이는 어른들의 직접적인 통제 없이 스스로 사회적 활동을 하는 환경이다. 또래 집단은 부모와 자녀의 태도에서 세대 차이를 야기한다. 이는 세대 간 번역의 경우 현저하게 나타난다(Habermas 1988: 148). 아동들은 그들의 부모나 다른 성인들의 관점, 전통, 전수된 삶의 방식을 해석한다. 그러나 또래 집단에서는 자신들 세대의 관점에서 전통에 대해 재고하도록 서로 격려한다.

보통 학교나 이웃은 또래 집단이 복잡하게 얽혀 있고, 그사이의 관계에도 복잡한 역학이 존재한다. 각각의 집단은 스스로를 긍정적으로 생각하고, 다른 집단을 매도한다. 이것이 청소년들이 사회적 집단의 불평등과 명망에 대해 알게 되는 첫 번째 주요한 가르침이다. 사람은 그가 속한 집단뿐만 아니라 소속되고 싶은 집단의 영향을 받는다. 이것이 '예견적 사회화

(anticipatory socialisation)'라고 부르는 사회 학습이다. 예견적 사회화는 성인이 되어서도 없어지지 않는다. 예를 들어 원하는 사회적 환경에 접근하기 위한 수단으로 번역이 사용되는 경우가 있다. 본인의 작품이 마치 더 명망 있는 언어에서 번역된 작품처럼 보이도록 원저자는 자신의 작품을 번역하기도 한다.

통번역사의 전문적 경험에서 초기 단계의 역할에 대한 분석은 회상을 통해서만 가능하다. 방법론적으로 이것은 통번역사의 기억에 의존해야 한다. 따라서 이러한 분석은 객관성이라는 측면에서 한계가 있지만, 통번역사의 발달에 대한 지식은 그들의 전문적 행위를 이해하는 데 기여한다. 사회적 역할은 대부분 사회화의 초기 단계에서 내재화되며, 비록 변화가 있거나 가끔 큰 변화를 겪을 수 있지만 삶과 경력에서 나타나는 발전은 특정 범위 내에서 일어난다. 연구 질문은 다음과 같다.

Q. 통번역사의 일생과 경력 궤도에서 관찰 가능한 역학은 무엇인가?

Q. (스스로 생각하기에) 통번역사들은 전문가로서의 경력 초기에 주입된 가치를 얼마나 따르는가?

Q. 통번역사가 생각하는 형성기가 미치는 영향과 연구자가 분석한 실제 전문 행위 사이는 어떠한 관련이 있는가?

Q. 통번역 프로젝트에 대한 주제를 선호하는 데 영향을 미치는 요소는 무엇인가?(참고: 남학생들은 경제, 물리, 컴퓨터 분야를 선호하는 반면 여학생들은 대부분 예술이나 인문 분야를 선호하는 것으로 나타났다) 번역의 행동 양식에서 사회화의 영향을 관찰할 수 있는가?

대중매체는 인간의 사회화에 영향을 미치는 또 하나의 요소이다. 매체(media)는 라틴어로 '중간(middle)'이라는 의미이며 '대중(mass)' 규모의 사람들을 연결해 준다는 뜻이다. 처음에는 신문, 그 이후로는 라디오, 텔레비전 그리고 지금은 인터넷과 새로운 의사소통 기술들이 중요한 역할을 하며, 오늘날 그 중요성은 더 커지고 있다. 대중매체는 관중들에게 내면화된 사회적 고정관념, 이데올로기, 도덕적, 심미적 관습을 보여 준다. 번역을 공부하는 학생은 통번역사의 형성기에 대중매체가 얼마나 영향을 미쳤는지를 질문할 수 있다(다시 한 번 우리는 회상의 주관성을 극복해야 하기 때문에 통번역사의 실제 행위와 비교해 봐야 한다).

번역을 사회적으로 연구할 때 질문을 던질 수 있는 다른 사회화의 주체들도 있다.

Q. 종교, 사교 모임, 공동체는 번역사의 사회화에 어떠한 역할을 하는가?

Q. 전문적 교육과 직장은 번역사의 사회화에서 어떠한 역할을 담당하는가?

앞서 언급하고 논의한 여러 사회화의 주체들과 관련해, 번역과 사회화 과정의 관계는 이 주체들이 사람들에게 영향을 미치는 과정에서 통역과 번역이 어떠한 역할을 하는지에 대한 것으로 확장되어야 한다. 다문화 학교 혹은 특별한 수요로 인해 수화를 사용하는 학교의 경우 번역은 학교와 함께 사회적 주체가 된다. 대중매체에서 번역과 통역은 매우 중요하다. 비중이 다르기는 하지만 종교, 사회적 공동체, 여러 직업 환경 등에서도 마찬가지이다.

Q. 다양한 사회화 환경에서 통번역사가 사회화 과정에 참여할 수 있는 방법은 무엇인가?

Q. 당신이 속한 이웃, 동네, 교육기관의 매체나 기관에서는 통번역을 어떻게 사용하는가?

3. 성인기와 전문가 경력

비록 앞서 언급한 것처럼 사회화가 일생에 걸쳐 계속되기는 하지만, 번역 사회학에서 가장 중요한 시기는 아동기와 성인기일 것이다. 사회학에서 사회화의 주요 모델들은 아동기와 청소년기를 중요하게 다루지만, 통번역사의 경력 중 성인기에 일어나는 사회화의 주요한 특징을 논의하는 것은 의미가 있다.

오늘날 성인기는 20대 초반의 청년들이 직장을 찾고, 전문적인 세계에 발을 들이며 시작된다. 번역사와 통역사도 예외는 아닌 것 같다(이에 대한 통계 연구가 필요하다). 학위를 마무리하면서 사람들은 직업적 경력을 시작하고 동시에 개인적 삶을 마련하려고 한다. 이 둘은 다양한 방식으로 서로 영향을 끼친다. 재정적 수입은 개인적 삶에서 가능한 여러 선택을 시행하도록 해 주며(결혼, 재산의 구입/임대), 개인적 삶 혹은 경력에서 부정적인 사건들은 서로 영향을 미친다(실업과 심각한 질병은 자아상에 부정적인 영향을 미칠 수 있다).

성인기에 있는 젊은 전문가들은 시간 관리, 프로젝트 관리, 우선순위 협상 같은 여러 실질적인 기술을 습득하고 중요한 사람들이나 일을 위해 시간을 써야 한다. 번역을 공부하는 학생들은 다음과 같은 연구 질문을 할 수 있다.

Q. 경력을 시작할 때 통번역사가 습득해야 하는 실질적 기술은 무엇인가?

Q. 이상적인 혹은 현실적인 경력 궤도는 무엇인가? 젊은 통번역사들은 프리랜서가 되기를 선호하는가, 번역 에이전시와 같은 기관에 속하기를 선호하는가? 그 이유는 무엇인가?

Q. 작업량 관리, 청구서 발행과 같은 직업 관련 업무에서 숙련된 전문가가 젊은 사람들과 다른 점은 무엇인가?

Q. 성별에 따라 다른 업무가 요구되는가? 만약 그렇다면 어떠한 점에서 그러한가?

4. 전문 번역: 몇 가지 강조점

통번역학은 번역사의 교육에 대해 다뤄 왔지만, 사회화의 관점에서 이뤄진 연구는 거의 없다. 이번 절에서는 다음과 같은 세 가지 측면을 강조할 것이다. 첫째로, 번역사의 전문적 사회화를 Alfred Schutz의 유형화(typification)의 관점에서 논의한다. 그다음으로는 통번역사의 윤리적 사회화를 인간의 친사회성(hypersociality) 발달과 함께 논한다. 마지막으로 사회적 행위로서의 번역과 유사한 행위의 관계를 통해 번역사의 사회화를 살펴본다.

(1) 세계의 유형화

Alfred Schutz(1899-1959)는 그의 현상학적 사회화 이론(8장에서 논의)에서 사람들이 실제 활동이 일어나는 주위의 세상을 어떻게 학습하는지를 연구했다. 그는 이 과정을 유형화(typification)라고 했다.

어떤 물체, 사람, 상황도 다른 물체, 사람, 상황과 완전히 똑같지 않다. 모든 것은 차이를 가지고 있다. 우리에게 현상을 이상화하는 능력, 즉 필요에 따라 현상에 나타난 차이를 무시하고 그것을 분류하는 능력이 없었다면 우리는 이 차이의 총량에 압도당했을 것이다. 우리는 학교 교육과 전문적 훈련을 통해 어린 시절부터 이상화하는 방법을 배운다. 우리의 언어는 이상화의 한 방법이다. 언어는 우리가 사물을 분류하고 개별적 특징을 무시할 수 있도록 해 준다. 품종, 이름, 행동, 기타 특징에도 불구하고 큰 개와 작은 개는 모두 개인데, 우리의 언어가 이것을 개로 분류하고 우리는 그 분류 체계를 받아들이기 때문이다.

또한 시간이 지날수록 우리는 비슷한 행동 방침을 추정하는 능력을 발전시키는데, 이는 과거에 겪었던 것과 비슷한 환경에 처했을 때 같은 방식으로 행동하는 것이다. 이전의 비슷한 상황에서와 같은 방식으로 행동하는 것은 가능한 결과를 예측하도록 해 주고 그렇게 함으로써 우리는 행동을 규제하게 된다. 예를 들어 우리는 현금이 필요하면 현금인출기(ATM)에 가야 한다는 것을 알고 있다. 직장을 얻고 싶다면, 지역 신문 혹은 인터넷에서 알맞은 자리를 찾아서 지원해야 한다. 어려운 텍스트를 번역할 때 우리는 번역 교육과정이나 번역 프로젝트 등에서 비슷한 문제를 해결했던 경험에 의존해서 단어와 구의 차이가 아니라 번역해야 하는 비유나 특정 통사적 구조를 봐야 한다.

다른 말로 하면 우리는 상황을 유형화하고, 이렇게 함으로써 개인으로서도 그리고 번역사로서도 더 풍부한 경험을 가지며 박식해진다. Schutz는 유형화의 과정을 다음과 같이 기술한다.

> A′라는 행동이 C′라는 환경에서 일어나며 S′라는 상황을 초래한다. 반복되는 행동 A″가 C″ 상황에서 시작되며 이에 따라 S″를 초래할 것이라고 기대할 수 있다. C″는 C′와는 다른데, A′가 S′를 초래한 경험은 축적된 지식에 속하고, 이것은 C″의 요소이기 때문이다. 반면 C′의 요소인 축적된 지식은 예측할 수 없다. 마찬가지로 S″가 S′와 다른 것처럼 A″도 A′와 다르다. 이는 C′, C″, A′, A″, S′, S″가 유일하며 돌이킬 수 없는 사건이기 때문이다. 하지만 엄격히 그것들을 유일하며 돌이킬 수 없도록 만드는 특징들은 […] 머지않아 무관한 것으로 여겨져 삭제된다. “I-can-do-it-again”이라는 문장을 이상화할 때 나는 부호 없이 단지 A, C, S의 전형성에 관심을 가진다. 비유적으로 말하면 이는 관련이 없는 ′를 숨기는 것으로 이뤄져 있고, 우연히도 이것이 모든 유형화의 특징이다.
>
> 1962: 21

이 설명을 통해 우리는 모든 인간의 경험과 학습 및 훈련은 무관한 세부 사항을 숨기고 같은 것으로 인지된 현상의 차이점이 아니라 유사점을 보는 것임을 알 수 있다. 번역 교육과 번역 경험을 쌓는 것도 예외가 아니다. Schutz의 유형화 개념은 번역사의 사회화가 일반적 의미에서 유형화의 한 종류이자, 세부적으로는 전문적 유형화의 한 종류임을 말해 준다. 한편으로 번역사와 통역사는 그들의 인간적 경험을 유형화한다. 그들은 주위의 세상을 어떻게 대할 것인지, 다른 상황, 다른 사람들을 대할 때 어떻게 행동해야 하는지, 일상 속에서 사용하는 여러 사물을 어떻게 다룰 것인지를 배우면서 성숙해진다. 다른 한편으로 번역사와 통역사는 전문적 경험을 유형화한다. 그들은 다양한 번역 상황을 파악하도록 배운다. 그들이 대면하는 문제들은 '문화적 현상', '용어', '유머', '문학 텍스트', '계약서' 등 다른 꼬리표를 달아 분류되고, 과거에 그들 스스로 혹은 동료들이 그 꼬리표와 관련해 찾았던 해결책을 찾아보도록 배운다.

(2) 친사회성

번역사의 전문적 사회화의 주요한 특징 중 하나는 부정적인 친사회성의 극복이다. *사회성(sociality)*은 *사회화(socialisation)*보다 광범위한 개념이다. 이는 사회화를 생존 방식으로 하는 인간의 기본적인 특성을 의미한다. 인류는 전체의 생존에 필수적인 집단성에 대한 문화적 학습을 해 왔는데 이는 유전적 혹은 정신적으로 내재된 것이 아니라 사회적 영역에서만 가능하다. 한 개체가 다른 개체를 통해 배우는 일은 동물도 가능하지만, 인간들이

하는 규모만큼은 할 수 없다. 생리학적인 경우를 제외하고, 사회가 없다면 인간은 인류의 구성원이 될 수 없다. 사회는 인간을 만들고 발전시킨다(Box 3.2 참고).

Box 3.2

친사회적 인간

대략 160,000-200,000년 전부터 인간은 서로를 모방하며 활발하게 학습하기 시작했다고 전해진다. 인류는 누적된 문화적 진화를 통해 발전했고 이것이 다른 종과의 차이를 만들었다. 문화적 진화란 계통발생론적(인류 전체적인 발전)으로 급진적인 변화를 의미한다. 인간은 서로 그리고 부모를 통해 배우며, 글자와 시공간을 넘어 지식을 전수할 수 있는 기술의 발달로 먼 세대나 멀리 있는 사람들로부터 배울 수 있게 되었다. 더욱이 이러한 문화적 학습 능력은 유전적으로 미리 결정된 프로그램에서 시작해 인간의 사회적 환경을 아우른다. 학습은 인류 전체와 개인에게 유전적 정보에 의지하는 것만큼이나 중요한 일이 되었다.

하지만 이러한 새로운 진화적 특성인 "사회적 학습의 습득은 인류의 시작일 뿐이다. 왜냐하면 이것은 사회적, 진화적 위기를 야기하기 때문이다. 이에 대한 해결이 심리학과 사회적 행동의 기초가 되며 미래를 만든다(Pagel 2012: 69-70)". 위기는 다음과 같은 딜레마로 인해 초래되었다. 인간은 축적된 지식을 가족이나 가까운 친족들에게만 전수할 수 있고, 이 경우 외부인에게는 공개되지 않는다. 또 다른 방법은 축적된 정보를 가족 외부, 즉 전체 부족이나 그 이상의 사람들에게 공개하는 것이다. 결과적으로는 두 번째 방법이 선택되었다. 이는 보편적으로 가능한 지식의 양을 늘리고, 인류 전체의 이익이 되는 지식의 빠른 증대와 발전의 기회를 제공했다. 좁은 사회(가족, 부족, 나라) 내에서 발명된 기술은 그저 하나의 기술일 뿐이다. 그러나 더 많은 사람의 생각이 보태지면 그 발전은 급진적으

> 로 가속화된다.
>
> 두 번째 방법은 우리의 사회적 의존을 불가피하게 한다. 집단에 소속되는 것은 진화적 특성이 되었다. 우리는 집단에 소속되거나 사회화되지 않고는 살아남을 수 없다. "우리 안에 내재된 자연선택에 대한 감정이 같은 목표를 공유하는 집단으로서 행동하도록 한다(Pagel 2012: 73)." 이러한 이유로 전체를 위해 죽음을 앞두고 있을 때도 인간은 매우 이타적으로 행동한다. Mark Pegal에 따르면 우리는 이러한 행동을 당연하게 여기는데, 이것이 "우리의 DNA 깊이 뿌리박혀 있기(ibid.)" 때문이다.
>
> 진사회성(*eucocial*, eu-의 의미는 '*좋은*', '*보통의*')을 가진다는 사회적 곤충들(개미, 흰개미, 벌)과는 달리 인간은 친사회적이다. 진사회적 종들은 가장 가까운 친족을 배타적으로 보호해 그들의 유전자를 지킨다. 친사회적인 인간은 친족을 보호하는 차원을 넘어선다. 그들은 생물학적인 친족보다 더 큰 범위의 집단을 위해 스스로를 희생할 수 있다. 한편 인간은 다른 사회로부터 온 사람들에게 적대적이거나 폭력적일 수 있는데, 이들은 다른 환경에 처해 있었다면 형제자매가 될 수도 있는 사람들이다. "이것은 사회성과 심리학의 약점이며 우리의 문화가 관련 없는 사람과 그들의 유전자의 생존을 위해 협력하기 때문에 발생한다(ibid.)."

사회성은 긍정 측면과 부정 측면을 동시에 가지고 있다. 한편으로 인간은 사회적으로 그리고 *친사회적으로* 자각하도록 내재되어 있다. 인간은 자신의 유전자만을 생각하지 않는다. 개미는 개미집과 여왕개미를 돌보고 심지어 그것을 위해 죽기도 한다. 제3의 개미집을 대항하기 위해 두 개미집이 서로를 보호하는 일 따위는 없다. 사자 무리에는 위계가 있고 서로 돌봐주지만, 다른 무리의 사자들이 오랫동안 굶주렸다고 해서 도움을 주지는 않는다. 오직 인간만이 이렇게 행동한다. 하지만 친사회적인 인간도 적으로 규정된 사람들에게는 적대적이며 심지어 살인을 하기도 한다.[29]

이것이 통번역사와 어떠한 관련이 있는지를 이해하기 전에 인간의 사회성에 대해 한 가지 더 언급하려고 한다. 그것은 Durkheim 이후로 사회학에서 연구되어 온 인간 사회의 분업이다. 직업으로서의 번역의 측면은 다음 장에서 논의가 되겠지만, 여기서는 인간 실존의 친사회적 현실이 우리가 속해 있고 공유하는 집단에서 살아남기 위해 필요한 모든 과업을 이해하는 데 도움을 준다는 것을 아는 것으로 충분하다. 초기에 누군가는 채집을 하고 누군가는 사냥을 했다. 이후에는 보다 세부적으로 전문화되어서 누군가는 요리를 하고, 누군가는 밭을 경작했으며, 누군가는 영토를 지켰다.

그 이후로 여전히 세부적인 전문화가 진행되고 있고 그중 몇몇은 전문직이라고 불리는 일생에 걸친 직업이 되었다. 어떤 직종은 사회성의 긍정적인 부분에 집중하며, 어떤 직종은 부정적인 부분에 집중한다. 군인들은 공

29 Erik Erikson은 이를 '의사종분화(pseudospeciation)'라고 했다. "생식성과 배제(타인을 돌보거나 돌보지 않는 것) 사이의 갈등은 일반적인 인간 성향의 강력한 개체발생적 추인데 이를 의사종분화라고 한다. Konrad Lorenz는 이를 반유사성(Quasi-Artenbildung)이라고 번역하는데 이는 다른 종류, 다른 집단, 다른 사람이 선천적으로, 역사적으로 또는 신의 뜻에 의해 자신의 종과 달라서 인류에 위협을 줄 것이라는 신념(충동이나 그로 인한 행동)이다(1958: 69; 강조는 원문)." Erikson은 그의 용어에서 접두사 'pseudo-'가 의미하는 것은 "거창하기만 한, 화려하고 특별한 존재가 되기 위해 보다 장난스러운 외모를 만들려는 인간의 잠재적 창조성 경향으로 초래된 가장 위험한 극단(ibid.)"이라고 했다. 의사종분화는 긍정적일 수도 부정적일 수도 있다. 자신이 속한 집단 내에서는 엄청난 애국심이나 영웅적 행위로 나타나지만, 다른 집단에 대해서는 적대감과 학대로 나타나는 것이다.

동체를 보호하며 적이라고 규정된 외부자를 거의 용인하지 않는다. 반면 통번역사들은 분쟁이나 전쟁 상황에서도 서로를 이해시키고 정보를 교환하도록 하면서 전쟁 당사자들 사이를 중재해야 한다. 이러한 점에서 편견을 가지고 있는 통역사라고 할지라도 일시적으로 어느 정도까지는 자신의 편향을 극복하고 상대편에 서야 한다. 번역이 친사회적으로 더욱 긍정적일 수도 있다. 번역은 서로 다른 집단들은 가깝게 해 주고 상호 이해와 협력을 증진시키며 장벽을 극복하도록 도울 수 있다. 이것이 인간 사회에서 가지는 번역의 친사회적 기능이다. 이는 번역이 친사회적이도록 하는 번역 윤리의 기초가 된다.

만약 번역이 친사회성에 부정적이라면 다른 집단에 대항해 내부라고 여기는 집단의 이익만을 보호하게 되는데, 이는 두 상호 당사자 사이를 중개하며 서로를 이해하도록 돕는 방식으로 사회적 기능을 한다는 번역 윤리에 맞지 않는다. 비윤리적이고 친사회적으로 부정적인 번역은 상대방에 대한 무시와 적대를 극복하도록 돕지 못한다.

통번역학의 연구는 번역이 항상 도덕적이며 친사회적으로 긍정적이라는 생각이 순진하다는 것을 보여 준다. 몇몇 상황에서 번역은 편향된 방식으로 이뤄진다. 그러므로 질문은 다음과 같다.

Q. 본질적으로 번역은 친사회적으로 중립적인가, 긍정적인가? 만약 친사회적으로 긍정적이라면 합류하기보다 해체하고, 가교를 놓기보다는 끊는 등 왜 친사회적으로 부정적인 기능을 하는가? 번역 교육은 신진 통번역

사들이 친사회적으로 긍정적이도록 통번역 윤리를 심어 준다. 그렇다면 실제로 부정적 친사회성이 나타나는 이유는 무엇인가?

Q. 번역이 사용되는 단체가 긍정적 혹은 부정적인지에 따라 번역의 친사회성이 달라지는가? 친사회적으로 부정적인 기관은 번역을 친사회적으로 부정적이도록 하는가? 친사회적으로 긍정적인 기관은 번역을 친사회적으로 긍정적이도록 하는가? 이것이 번역은 본질적으로 친사회적으로 중립적이라는 것을 의미하는가?

(3) 전환과 승화

통번역사의 사회화와 관련한 번역 행위의 또 다른 양상은 창의적 잠재성이라고 느끼는 것이 어떻게 실현되는지에 관한 것이다.

전환은 프로이트의 정신분석학 이론으로부터 온 개념이다. 이것은 자아가 원초아의 욕구와 이에 대한 초자아의 억압 사이의 균형을 통제하는 방식이다. 자아는 욕구를 사회적으로 용인 가능한 활동으로 전환하면서 이러한 욕구가 직접적으로 노출되지 않도록 개인과 사회를 보호한다.

방어기제 중 하나는 승화이다. 원초아의 기본적 본성은 사회에 이익이 되도록 만들어진다. 원초아의 파괴적 가능성과 사회적으로 긍정적인 발현 사이에 있는 스위치는 자아인데, 자아는 경계에 거주하며 세상과 원초아 사이를 중재한다(Freud 1961b: 944). 자아는 끊임없이 원초아의 에너지로 인한 문제의 발생을 막는데, “원초아의 실재와의 갈등 […] 초자아와의 갈등을 위장한다(ibid.)”. 이러한 위장의 하나가 승화를 통한 전환이다.

"승화"라는 단어는 '향상'의 의미가 있으며 다음과 같은 개념을 포함한다.

> '숭고'하고 향상된 활동들은 사실 직접적으로 표출할 수 없는 성적 충동에서 기인한 것이다. 기본적으로 이러한 욕구로부터 발생하는 에너지는 사회적으로 용인 가능한 방식으로 전환되고 이는 당사자에게 부분적인 만족을 제공하며 문화를 발전시킨다.
>
> Frosh 2012: 65

앞서 언급한 것처럼('사회화 모델'과 Box 3.1), 오늘날 Freud의 개념을 적용하기 위해서는 수정이 필요하다. 전환과 승화의 경우 충동은 성적인 것에서 기인하는 것이 아니라 위장해 나타내고자 하는 열망으로 이해되어야 한다.[30]

전환 개념과 수정된 '승화' 개념이 어떻게 번역에 적용되는지는 1960-70년대 구소련에서 이뤄진 번역은 기술인가 예술인가에 대한 통번역학 논의에서 찾아볼 수 있다. 이는 번역을 훈련이 필요한 직무로 보는 번역의 제도화에 문학 번역가들이 반대하면서 시작되었다. 문학 작품을 번역했던 대부분의 번역사들은 번역을 높은 차원의 예술로 여겼다. 잘 알려진 작가이

---

30 Erik Erikson 또한 '승화'를 넓은 의미로 사용했다. "[…] 승화는 좌절된 충동 에너지를 사용하는 최상의 방법이다(1985: 68)."

자 번역사인 Kornei Chukovskii(1882-1969)는 문학 번역의 문제를 다루는 그의 책에 '순수 예술(*A High Art*)'이라는 제목을 붙였다. 예술을 하기 위해서는 훈련이 아니라 재능이 필요하므로 전문 번역사를 위한 훈련은 예술로서의 번역에 위협이 되는 것으로 여겨졌다. 비문학 통번역과 세계화된 사회에서 늘어나는 언어 간 문화 간 중개에 대한 사회적 필요는 거의 고려되지 않았다.

번역이 예술이라는 주장은 그들이 처한 상황과도 관련이 있다. 그들은 창조적 힘을 번역으로 전환해 왔다. 이것은 이념적으로 억압되어 있던 구소련의 문학계에서 나타나는 일반적인 현상이었다. 원저자는 원전에서 자신만의 목소리를 표현할 수 없었다. 창조성을 위한 단 하나의 방법은 번역이었다. 그러나 번역은 문학 활동에서 항상 낮은 계급에 있었다. 그래서 억압받는 작가와 시인들은 번역 활동을 승화시키고, 예술의 경지까지 끌어올리며 번역이 기술이라는 관점을 진압했다.

전환과 승화가 과거에만 일어났다고 생각하면 오산이다. 예술 이외에도 번역사들은 그들의 번역 활동을 숨겨진 동기나 열망을 전환하고 승화시키는 데 사용한다. 중요한 것은, 이때의 번역의 동기와 열망은 다른 사회적 활동에서와 마찬가지로 사회적으로 내재된 가치라는 점이다.

이러한 점에서 승화의 수단으로서의 번역은 아직 충분히 연구되지 않았다. 하지만 정당한 사회적 인정을 받을 가치가 있는 행위로서 번역의 승화는 이러한 인식을 위한 통번역사들의 노력이라고 볼 수 있다. 이번 절의 강조점은 사회적 인식을 희망하는 번역사들의 동기들에 있었으나, 다음 장에서는 이러한 욕구를 실현(번역을 사회적으로 인정받는 직업으로 만드는 것)하기 위해 어떤 일이 일어났는지를 살펴볼 것이다.[31]

31 번역이 예술인가 기술인가의 논의는, 번역 행위가 대중들에게 인식되는 데 기여하는 전문화를 고려하지 않았다. 이러한 논쟁은 번역에 대한 사회적 인식이라기보다 번역이 원문의 문학 활동과 동일한가, 그보다 열등한가의 문제였기 때문이다. 많은 작가-번역가들은 전문가였다. 번역과 글쓰기는 그들의 생애에 걸친 직업이었다. 논의는 지식인들 내부에서 일어난 것이었다. 다음 장에서 논의될 번역의 전문화는 번역 분야와 전체 사회 사이의 관계에 초점을 맞춘다.

토론 주제 및 과제

1. 이 장을 여는 주요 질문들에 대해 논의하라.
2. 당신의 사회화에 대해 생각해 보라. 인생의 어떠한 요소들이 통번역을 직업으로 선택하도록 했는지, 통번역 학습을 더 쉽게 혹은 어렵게 만든 형성기(초기 사회화)의 요소는 무엇인지 생각해 보라.
3. Schäffner(2008)를 개인으로서, 전문가로서 혹은 이 둘 모두의 사회화라는 관점에서 분석해 보자. 사회화의 주체와 과정을 살펴보자.
4. Douglas Robinson의 '몸학(somatics)'과 '좌우(sway)'(1991 and 2011) 개념을 분석해 보자. 개인과 집단의 관계라는 점에서 이것은 어떻게 개념화될 수 있는가? 이것이 사회화에 어떻게 나타나는가?
5. Gentzler(2008: 180-7)가 제안한 것처럼 정신분석학을 번역과 통역 연구에 적용할 수 있는 방법에 대해 생각해 보자.

추가 주제와 과제는 www.routledgetranslationstudiesportal.com를 참고

추천 문헌

Erikson(1985); Newman and O'Brien(2013: 5장(99-126)); Pym(1997)(프랑스어); (2012, 영어)

4장

행위

주요 질문

- 전문적 혹은 직업적 집단이란 무엇인가?
- 전문직 프로젝트는 무엇인가?
- 무엇이 번역과 통역을 전문직으로 만드는가?
- 번역 전문가들은 전문직 프로젝트를 어떻게 수행하는가?

사회학적 관점에서 번역사와 통역사는 사회화된 인간이자 전문가이다. 앞선 논의, 즉 번역은 안과 밖에서 사회적이라는 내용에서 이 두 관점이 모두 어느 정도는 언급되었다. 지난 장에서 사회화와 관련한 논의의 중점은 번역사와 통역사의 존재, 첫째로 사회화된 인간이었고 둘째는 전문성이었다. 이번 장의 강조점은 전문성 혹은 전문가 집단을 형성하는 전문가로서 번역사와 통역사의 행위이다.[32] 우리는 늘 변화한다. 우리는 발전의 한 단계에서 다른 단계로 이동한다. 끊임없이 경험하며 자신과 타인 그리고 우리를 둘러싼 세상에 대해 그리고 그 안에서 어떻게 살아야 할지에 대해 배운다. 다른 한편으로 오랜 기간 동안 우리의 경험을 규정하는 지점들도 있다. 학창 시절은 청소년기의 경험을 오랫동안 규정하고 대학 시절은 청년기의 경험을 규정한다. 학생으로서의 경험은 전문인, 우리의 사례에서는 번역사와 통역사로서 경험하는 삶과는 매우 다르다. 이번 장에서는 우리 삶에서 전문가로서의 지점에 집중할 것이다.

1. 전문직 프로젝트

사회는 여러 집단이 경제적, 정치적, 사회적 보상을 위해 경쟁하는 장소로 규정될 수 있다. 여러 경쟁 집단 중에는 특정 직업으로 형성된 집단도

32 '전문적(professional)'과 '직업적(occupational)'은 서로 바꿔 쓸 수 있는 용어지만, 몇몇 맥락에서는 다음과 같은 차이가 나타난다. '직업적'이라는 용어는 실제로, 사실상 행위와 관련이 있다는 것을 강조하고, '전문적'이라는 용어는 행위에 대한 참여를 사회적으로 인식하는 것에 초점이 있다.

포함된다. 이러한 직업적 집단의 구성원들은 특정 기술을 가지고 있고, 현대 사회에서는 그들이 직업인이자 전문가이도록 만들어 주는 공인 자격 조건이 존재한다. 자격 조건은 보통 전문적인 교육 프로그램을 수료하거나 자격시험을 통과해서 얻을 수 있다. 전문가들은 공식적으로 증명된 기술을 가지고 수익이 되는 특정 종류의 서비스를 제공할 기회를 가진다.

이러한 점에서 번역과 통역은 전문화된 직업이 되고 있다. 어떤 국가 혹은 기관에서는 통역/번역 서비스 제공자와 통역/번역 결과물에 대한 특별한 요건이 요구된다. 이러한 국가 혹은 기관에서 번역사가 되려면 한 개인은 공인된 자격을 갖춰야 한다. 예를 들어, 보편적으로 이러한 자격은 학사 학위, 특히 관련성이 높은 언어학이나 문학과 같은 전공이 선호되지만 (전문 통역/번역 프로그램이 설립됨에 따라 점점 더) 통번역학 전공 학위 혹은 명성 있는 번역 프로그램의 수료가 요구된다.

오늘날 번역 서비스 시장에서 점점 더 중요하게 여겨지는 기술은 번역 메모리와 같은 컴퓨터 보조 번역(computer assisted translation, CAT)에 대한 지식이다. 번역사는 이에 대한 교육을 직접 받았을 수도, 온라인을 통해 배웠을 수도 있다. 이 교육은 수준에 따라 초급, 중급, 고급 등의 연속된 단계로 나눠진다. 또한 CAT 툴 개발 회사가 제공하는 개별 주제의 온라인 논의(webinars)도 많이 있다. 어떤 온라인 논의 혹은 교육 프로그램은 무료이고, 어떤 것들은 그리 비싸지 않은 가격에 참여할 수 있다. 최근 고용주들은 번역사가 CAT 툴에 능숙하기를 요구하기 때문에 교육과정에 참여하고 받은 수료증은 특히 신진 번역사들의 취업 능력, 구직 가능성을 향상시킬 수 있다.

결과물로서의 번역이라는 관점에서 특정 기관에서는 공인된 번역사, 즉 공인 번역사/통역사 단체에 속한 구성원의 서명이 있는 번역만을 인정한다. 번역사로서 이제 막 경력을 시작한 이들은 전문 서비스 시장인 통번역 시장에서의 기회를 늘리기 위해 해당 전문 단체 혹은 기관의 회원이 되기를 원하거나 상근 번역사 혹은 프리랜서로서 에이전시와 함께 일하려고 노력한다.

전문가 집단의 구성원들은 그들이 속한 직업의 제도화를 위해 노력하며, 그들의 직업이 사회적으로 인정받는 서비스가 되도록 한다. 전문직 사회학에서는 이러한 과정을 전문직 프로젝트라고 일컫는다. 해당 직업이 인정을 받게 되면 그 집단은 그 직업의 사회적 가시성을 유지하고, 가능하다면 지위를 강화하기 위해 노력한다.

직업 집단에서 가장 존경받고 경험이 많은 구성원은 목표를 설정하고, 이러한 목표를 달성하기 위해 무엇을 해야 할지 기술한다. 구성원 개개인이 각자의 계획을 가지고 있더라도 더 큰 규모로서의 집단은 하나의 단위로서 기능하고, 해당 직종의 제도화, 전문가 집단의 규정된 기준에 미치지 못하는 비전문가들로부터의 산업 보호 등 공유된 목표를 가진다. 전체 집단은 하나의 사회적 조직으로 받아들여진다.[33]

33 물론 각 분야, 세부 분야, 심지어 파벌도 존재할 수 있고, 전문 집단 내에서 하위 그룹 간의 갈등이 있을 수도 있다. 하나의 큰 사회 안에 속해 있다고 해도 각각의 분야들은 모두 연구 대상이 될 수 있다. 그러나 전체로서의 사회(지역, 국가, 혹은 전 세계적 시스템)라는 측면에서, 전문 집단은 동일한 직업을 가진 것으로 정의되며 일반 대중들은 특정한 전문 집단 내부의 세부 분야나 내부 문제에 대해서는 잘 알지 못한다. 이러한 무지를 특정 전문가나 특정 서비스를 원하는 의뢰인의 선호와 혼동해서는 안 된다. 전문가들은 일반적으로 동료의 전문 지식을 평가할 때 의뢰인과는 다른 기준을 적용한다. 후자는 가격에 관심이 있는 반면, 전자는 일의 품질이라는 전문적인 잣대를 적용한다. 서비스의 접근 가능성이 아니라 동료의 지위를 고려하는 것이다.

궁극적으로 집단은 두 가지 상호 관련된 목표를 위해 노력한다. 하나는 특정 서비스의 독점 공급이고, 다른 하나는 해당 직종의 사회적 지위 확보이다. 사회학적으로 볼 때 집단은 사회질서에 대한 그들의 공헌 인정을 염원한다. 이 두 목표는 불가분의 관계이다. 사회적 지위를 정립하려고 하는 것, 예를 들어 대학 학위 과정을 도입하는 것은 필요한 자격을 가지지 못한 자들의 접근을 막고 그렇게 함으로써 서비스를 독점적으로 제공하도록 한다는 점에서 사회적 가시성과 전문성을 동시에 높이는 것이다. 집단이 서비스를 독점할수록 사회에서 유일무이한 서비스 제공자로서의 지위는 높아진다. 근본적인 전략은 전문 지식의 신비주의와 전문가 집단이 가지는 사회적으로 인정된 독점성이다.[34]

전문직 프로젝트는 집단으로서 그들의 직업을 전문화하는 일련의 단계라고 할 수 있다. 먼저 집단은 행위의 수행을 독점하도록 설립된다. 일반적으로 특정 환경, 특정 사회의 역사적 한 시점에서 한 직업 집단은 행위의 독점을 주장할 수 있는 기회를 가져왔다. 다른 문화에서는 같은 상황이 다른 시기에 일어날 수 있고, 이는 여러 요소에 따라 다르다. 전문성은 고대 문화부터 존재했던 분업의 결과이지만, 우리가 현재 전문직이라고 부를 때의 전문성은 보다 더 이후, 특히 무역이 전문화되고 길드(guild)와 같은 강력하고 사회적으로 가시화된 전문 조합이 형성되었던 중세 시대와 관련이 있다.

번역과 관련해 어떠한 요소가 특정 문화의 역사 중 특정 시기에서 다

34 이러한 관점을 위해 번역사와 변호사를 비교해 보자. 누구도 형법을 읽을 수 있다는 이유로 법률 자문을 구하지는 않지만, 번역을 이중언어 구사자에게 맡기는 것은 여전히 허용되고 있다.

른 종류의 언어적, 비언어적 중개와의 차이를 가져오고 임시직을 넘어선 생애 직장이 되도록 하는지에 대한 연구가 충분히 이뤄지지 않았다.

번역의 전문화에 과정을 이해하기 위해서, '직업(profession)'이라는 용어를 자세히 살펴보자. 어원적으로 이 단어는 '선언하다', '주장하다'라는 뜻을 가진 라틴어 동사 *profiteri*로부터 왔다. 직업을 가진다는 것은 공식적으로 특정 업무를 위한 기술을 갖췄다는 것을 의미한다. '직업'이라는 개념은 보수를 받는 일을 의미하고 보통 특별한 훈련과 공식적인 자격이 요구되며, 삶에서 상당한 기간 동안 하는 주된 일을 의미한다. 직업으로서 번역의 특성은 시기마다, 장소마다 다르다. 러시아에서 전문 행위로서의 번역 역사를 분석한 나의 연구를 통해 사례를 살펴보자.

직업의 전문성에 대한 확실한 징후는 직업을 나타내는 용어의 출현과 직업을 생업으로 주장하는 사람들에 대한 파생 용어의 발생이다. 러시아에서는 14세기와 17세기 사이에 이러한 현상이 나타났다. 물론 그 이전에도 번역 활동을 지칭하는 용어를 발견할 수 있다. 우리는 11세기 문서 중 "누군가 그리스 법전을 러시아어로 편찬했다"에서 "slozhil(편찬하다)"라는 용어를 발견했다.[35] 이 편찬은 번역의 요소를 포함하거나 적어도 이미 번역된 문서를 활용했을 것이다.

---

35 이 구절은 Iaroslav 대공의 "법전(Legal Canon)"을 시작하는 문구이다(11세기 혹은 12세기). 원문은 "Se az, velikii kniaz' Iaroslav, syn Volodymerov, po daniu ottsa svoego s"gadal esm' s mitropolitom Larionom, slozhil esmi grecheskii Nomokanon [···]" (나 Vladimir의 아들 Iaroslav 대공은, 아버지의 뜻에 따라 Ilarion과 함께 그리스어 법전을 (러시아어로) 편찬한다[···]; Makarii 1995: 576). 이 구절의 의미를 해석하는 데 도움을 주신 캠브리지 대학의 Simon Franklin 교수님께 감사를 전한다.

또 다른 용어도 있다. 예를 들어 1073년의 문서에서, 대공(Grand Prince)[36]은 "premenu stvoriti rechi inako nab'diasha tozh'stvo razum", 즉 "표현은 다르지만 의미는 유지하도록" 명령했다고 전해진다(Sviatoslav 1880: 22). 이는 직역하면 '발화에 변화를 주어라'라는 의미지만 여기에서는 아마도 '다른 언어로 옮기라'는 뜻에서 '언어를 바꾸라'는 의미로 사용되어 번역과 유사한 언어 중개를 나타냈을 것이다.

하지만 이처럼 모호한 지칭이 아닌 정확한 용어를 사용한 것은 더 이후의 텍스트에서 발견된다. 14세기 러시아의 유명한 성직자였던 Stefan of Perm(1340/45-1396)은 기독교 서적을 우랄 지방의 언어인 코미지리안어(Komi-Zyrian language)로 번역했다고 전해진다. 그의 활동을 지칭했던 용어는 오늘날 러시아어에서 번역을 가리키는 '*pervesti*'와 같다. 이는 문자 그대로 '변환하다', '가로질러 가다'는 의미를 가진다. 또 다른 시대인 1493년에 일어난 사건에 대한 기록에는 '통역사' Matias Liakh에 대한 기록이 언급되어 있다. 러시아에서 당시 '통역사'를 지칭하는 단어는 '*tolmach*'이었다(PSRL 24: 211, 238).[37]

당시 러시아어에서 번역사와 통역사를 지칭하는 용어는 Stefan of Perm의 경우처럼 본래 성직자이지만 종교적 활동으로서 필요할 때만 번역을 하는, 단지 임시로 갖는 직업을 의미했다. 16-17세기에, pervesti라는 용어는 글로 쓴

36 이아로슬라프(Iaroslav)의 아들 스뱌토슬라프(Sviatoslov) 혹은 형인 이지야슬라프(Iziaslav)로 추측

37 이 단어는 오늘날 러시아어에서 더 이상 사용되지 않는다. 통역사는 '구어 번역사'라는 뜻의 ustnye perevodchiki라고 불린다. 이 단어는 문어 번역사들을 가리키던 용어 perevod와 같은데, 현재는 구어와 문어 번역 모두를 총칭한다. 두 행위를 구분할 필요가 있을 때는 수식 어구를 사용한다. 예: ustney(구어)

번역 혹은 구어와 문어 모두 의미했다. 반면 *tolmachit*는 통역의 경우만을 가리켰다. 이 두 동사와 파생어인 *pervodchik*(번역사), *tolmach*(통역사)는 정립된 용어로서, 전문 번역사로서 인정받기 위해 훈련 받고 검증을 거친 후에 번역사와 통역사로서 생계를 유지하는 사람들을 지칭했다(Tyulenev 2012b: 56-61).

대략적인 역사적 흐름을 정리하자면 러시아 역사 초기에 번역은 다른 문학적 활동과 구분되는 활동으로 여겨지지 않았고, 당연히 번역 활동과 그 활동을 하는 사람을 가리키는 정확한 용어가 존재하지 않았다. 후에 이 활동은 종사자들이 훈련받고, 검증받고, 보수를 받는 특별한 종류의 직업으로 여겨졌다. 특정 직종에서의 숙련됨을 선언한다는 의미에서 직업은 분명히 직업의 명칭과 관련이 있다. 이는 새로운 직업 출현의 조짐 중 하나일 수 있다. 이 과정은 상대적으로 직업 세계의 후발주자인 번역이 다른 직업의 종속에서부터 벗어날 수 있도록 해 줬음이 분명하다. 번역을 하는 성직자들은 종교적 기관에 소속되어 있기 때문에 생활이 보장된다. 그들에게 번역은 종교적 봉사이거나 여가 활동이다. 현대적 의미에서 전문 번역사/통역사는 의뢰인에게 보수를 받고 제공하는 서비스 외의 다른 생계 수단을 갖지 않는 것을 의미한다. 번역/통역은 의료나 법처럼 보다 전문적인 활동이 되었다.[38]

다른 직종으로부터 온 실무자들은 전문 훈련을 거의 받지 못했다. 이것

38 물론 비전문적으로 통역과 번역을 수행했던 사람들도 존재한다. 정도의 차이는 있지만 이는 모든 직업에 해당되는 것이다. 여기서 강조하고자 하는 것은, 공식적인 상황에서 나타나는 번역 전문화에 대한 일반적인 경향이다.

이 지금까지 그리고 여전히 번역 분야에서 일어나고 있는 현상이다. 전문 번역사 양성 프로그램은 상대적으로 최근에 설립되었다.[39] 번역사 양성 프로그램은 20세기, 대부분은 20세기 후반에 나타나기 시작했다. 그러므로 인접 학문인 언어학과 문학의 학위를 가졌거나 번역과 관련이 거의 없는 전공(물리, 화학, 생물학)을 한 사람들이 번역사나 통역사가 되었다. 때로는 두 언어를 구사할 수 있기만 하면 통번역을 수행했다(불행히도 이런 일이 여전히 일어나고 있다).

다른 직업과 마찬가지로 번역의 전문직 프로젝트는 행위를 수행할 자격이 있음과 없음의 경계를 나누는 것에서 시작되었다. 딜레마는 집단의 권리를 격하시키지 않도록 너무 많은 구성원을 포함해서는 안 된다는 것이다. 한편으로는 배제된 사람들이 경쟁 단체를 형성하지 않도록 너무 좁은 범위만을 포함해서도 안 된다. 정확히 이러한 경우가 영국의 건축 분야 전문가들에게 일어났다. 건축가 단체는 1791년에 설립되었다. 이 단체는 오직 왕립미술원의 동문과 저명한 외국 대학의 구성원만을 허용했다. 하지만 이 전문 집단의 경계는 너무 범위가 작았던 것으로 드러났다. 그 결과 경쟁 단체들이 생겨났다. 그 절충안으로, 더 포괄적인 영국건축가협회(Institute of British Architects)가 1834년에 탄생했다. 하지만 여전히 문제가 해결되지는 않았다. 건축가협회(Architectural Association)가 창설되어 경쟁 기관이 생긴 것이다. 이 두 기관은 지금까지 같은 분야를 공유하고 있다.[40] 경쟁 전문 단체와의 내부적 싸움은 안정되기까지 꽤 오랜 시간이 걸린다. 시장의 통제를 위한 경쟁

---

39 법이나 의료 분야와 비교했을 때

40 예시는 Macdonald(1995)에서 차용

과 관련해 번역 분야의 전문적 상황은 아직 충분히 연구되지 않고 있다. 이 상황은 나라마다 다를 것이고, 한 국가 내에서도 지역마다 다를 것이다.

Q. 당신이 속한 국가, 지역에서 번역 분야의 구조는 어떠한가?

신생 전문 기관에서는 새로운 구성원을 위해 시험을 제정하고(다른 방법이 없다면) 기존 구성원들이 감독하는 교육과정을 시행한다. 과거에 가장 일반적인 형태의 전문 훈련은 도제식 교육이었다. 훗날 대학과 기타 고등 교육기관이 교육 단체로 설립되었고, 이들이 새로운 세대의 전문가들을 교육하는 주요한 방법으로 떠올랐다. 번역은 비교적 최근에 학문적으로 인식된 직업이다. 대학에서의 번역 과정은 대부분 20세기 후반에 창설되어 상대적으로 늦게 시작되었다.

Q. 당신이 속한 국가에는 얼마나 많은 번역사 양성 과정이 존재하는가? 얼마나 오래되었는가? 그 역사는 무엇인가?

전문직 프로젝트는 직업의 대표자뿐만 아니라 사회적 공간의 다른 주체들을 포함한다. 아마 가장 중요한 주체는 정부일 것이다. 전문적 독점 이익은 정부의 승인으로부터 이뤄지며, 정부의 계획이 직업의 해방을 야기할 수 있다. 캐나다의 사례를 살펴보자. 1970년대에 프랑스어는 (영어와 함께) 캐나다의 두 공식 언어 중 하나였다. 이는 모든 공식 문서와 공식적으로 유통되는 텍스트 생산물이 프랑스에서 영어로 혹은 영어에서 프랑스어로 번역되어야 함을 의미했다. 의회도 두 언어로 진행되었다. 따라서 번역은 필수적이고 공인된 전문가에 의해 행해져야만 했다. 그 결과 1971년 오타와 대학의 통번역대학은 독자적인 교육기관으로 설립되었고, 캐나다의 다른 대학들에서도 통번역학과를 개설하거나 교육과정을 제공했다.

직업은 같은 관할 구역을 주장하는 다른 직업들과 협력적이거나 경쟁적인 구도를 이뤄야 한다. 예를 들어서, 교육기관은 전문가를 양성하기 위한 교육의 필요성을 인식했고, 더 높은 수준의 고등 기관에서 통번역 프로그램과 전문학과를 설립했다. 이는 직업의 설립 과정에서 협력의 예를 보여 준다. 번역 분야에서는 새로운 세대의 전문가들이 준비될 수 있도록 교육 분야를 설득하고, 교육 분야에서는 미래의 번역사와 통역사를 가르치는 것에 참여하도록 기존의 전문가들을 고용한다. 번역 에이전시도 신진 통번역사들에게 초기 전문 활동 기회를 제공하며 통번역사의 교육과정에 도움을 준다.

마지막으로 잠재적, 실제적 의뢰인인 일반 대중이 있다. 직업은 대중을 위해 반드시 필요한 서비스 제공자로 보일 필요가 있다. 이는 직업의 대중적 가시성을 높임으로서 이룰 수 있다. 예를 들어 번역 서비스는 가능한 한 널리 광고되어야 하며, 대중 및 대중을 상대하는 기관들에게 아마추어 통번역과 전문 통번역의 차이를 알려야 한다.

정리하자면, 사회 내에서 위치를 차지하고자 하는 모든 직업은 그 관할 구역을 정하고, 시장에서 독점적인 위치를 점유하며 수행하는 사람들을 선택하고 교육하고 사회화하는 '생산자를 생산(Larson 1977: 40)'하는 과정을 거친다. 전문 교육의 설립 또한 전문 지식의 독점을 보장해 준다. 직업은 중요한 잠재적, 실제적 의뢰인이 되는 일반 대중에게 선보인다. 이 모든 방법은 특정 직업이 사회에서 존중받을 수 있도록 해 준다.

전문직 프로젝트는 또한 직업이 거쳐야 하는 단계들을 지칭하는 용어 속에서 발견할 수 있다. 전문가 집단은 먼저 공식적으로 구성된 직업적 단체 혹은 단체들을 형성한다. 전문직 프로젝트의 초기 단계에서는 하나의 사회적 공간(국가, 지역, 도시)에서 여러 전문 단체가 경쟁할 수 있지만 시간이 지남에 따라 더 큰 단체로 통합되며 그 숫자는 줄어든다. 에이전시와 개인 통번역사들은 통번역 시장의 통제와 관련해 정부 조직에 대항하기 위해 특정 단체를 형성할 수도 있다. 예를 들어, 그들은 번역과 통역 서비스가 그들이 속한 집단에 의해서만 제공되어야 한다고 생각할 수 있다.

Q. 당신이 속한 국가의 전문 번역 기관은 어떠한 역사를 가지는가?

전문직 프로젝트의 또 다른 단계는 작업 규모의 변화이다. 규모가 큰 집단은 국가 차원의 작업 그리고 인터넷의 발달과 함께 국제적 차원의 작업을 위해 노력한다. 번역 에이전시는 국제적으로 전 세계의 의뢰인들과 번역 계약을 수립하기 위해 번역사들, 특히 소수 언어 조합을 사용하는 번역사들과 하청 계약을 시작했다.

전문가 집단은 새로 형성되었거나 근대 이전 시대로부터 살아남은 것이다. 후기 단계에서는 전문 집단의 학문적 요소가 생겨나서 새로운 전문가들에게 전문 교육을 제공하며, 존경받고 사회적으로 드러나는 직업의 창출에 중대한 기여를 한다. 결국 사회적으로, 학문적으로 인정된 자격과 전문 분야에서 집단(기관)과 개인의 존경은 사회적으로 그리고 법적으로 인정된다.

각 국가에서 통역과 번역의 전문화가 어떠한 상황으로 이뤄지고 있는지에 대한 경험적 연구가 필요하며, 그 연구는 국가의 번역 상황에 대한 지식에 기여할 수 있다. 그 자료들은 다음 질문이나 그와 비슷한 것을 다룰 것이다.

Q. 통번역의 전문화에 대한 국가/지역/주의 상황은 어떠한가?

Q. 법정, 이민처럼 정부 조직과 관련한 공식적인 상황에서 누가 통번역사로 일할 수 있는가?

Q. 공인되지 않은 비전문가 혹은 협회에 가입하지 않은 통번역사의 통역과 번역은 정부 기관 혹은 기업 및 조직과 같은 공식 기관에서 받아들여질 수 있는가?

구직을 시작하기 전에는 전문 분야에 대해 조사해 볼 필요가 있다. 또한 경험이 있고, 인간관계가 좋으며, 전문적으로 자리를 잡은 번역사와 통역사들은 새로운 사업 기회와 새로운 의뢰인을 위해 그들의 영토를 지속적으로 정찰해야 한다.

이 절을 마무리하기 전에, 전문직 프로젝트와 관련해 중요한 사항을 한 가지 더 짚고 넘어가야 한다. 직업의 높은 지위를 형성하기 위해서, 어떤 기관들은 다른 기관과는 다른 수단을 사용해야 한다. 이러한 수단 중의 하나는 과시적 소비를 하는 것이다. 예를 들어 전문가들은 멋진 외관과 호화로운 가구로 본사를 꾸민다. 번역 분야에서도 이러한 과정이 나타난다. 번역 에이전시는 시각적으로 더 눈에 띄는 웹사이트를 만든다. 그들은 연락처 정보와 구성원들의 명부를 목록화해서 배포한다. 또한 인터넷 기술을 사용해 누군가가 번역에 대한 정보를 검색할 경우 검색 엔진에서 그들의 회사 정보가 나타나도록 한다(Google AdWords).

번역과 통역은 전문화된 학술지와 대중을 위한 출판물을 통해 학문적, 사회적으로 더욱 가시화되었다. 백과사전이나 이와 비슷한 책들(handbooks of 혹은 companions to translation studies)이 출간되었다. 게다가 이 책들은 저명한 학술 출판사인 라우틀리지(Routledge), 옥스퍼드 대학 출판사(Oxford University Press), 맥밀란(Macmillan) 등을 통해 출판되었다. 이 출판사들은 통번역학 시리즈를 출간하고 있다. 통번역의 이론적 작업을 정전화하려는 강력한 경향이 보인다. 모음집, 선집, 교재들은 과거 그리고 통번역학이 완전한 학문 분야로 시작한 시점부터의 번역 관련 작업들을 모아서 출판한다.

또 다른 수단은 영국의 러셀 그룹 대학교(Russell Group universities)의 경우처럼 가장 명망 높은 대학과 학교에서 교과과정을 설립하는 것이다. 국제 대학 간 번역 아카데미(the European Master's in Translation)는 통번역 교육의 품질을 유지하고 향상시키기 위한 목적으로 시작되었다. 때로 이 프로그램은 최고의 통번역사 고용 기관인 UN, EU, 국회 등과 긴밀히 협력하거나 그 산하에서 일한다. 대학은 영향력 있는 정부 기관이나 기업 구조와 관련이 있는 교육 프로그램을 제공한다.

2. 번역 분야의 구성

번역 분야는 몇몇 전문 분야로 세분화할 수 있다. 예를 들어, 의료 분야의 경우 내과, 외과, 약학으로 나뉜다. 전문가, 비전문가 그리고 준전문인이 경계를 넘나든다는 점에서 전문 분야의 경계는 모호하다. 전문가와 달리, 애정을 가지고 행위를 하는 아마추어들은 상황에 따라 수입이 있을 수도 있고 없을 수도 있다. 준전문인은 전문적으로 숙련되었지만 전문성이 요구하는 깊은 이론적 지식을 가지고 있지는 않다. 의료 분야에서 내과의사, 외과의사, 약사는 전문가들이고, 그 외에 준의료직원, 조산사 그리고 어떤 사회에서는 주술사와 같은 치유사들이 여전히 활동한다.

(1) 비전문가

전문 번역 분야 또한 세부 분야 대한 경계가 모호하고 구조가 복잡하다. 전문 번역사와 통역사들은 아마추어 및 준전문인들과 전문 분야를 공유한다. 준전문가들은 번역 혹은 통역과 직접적으로 관련이 있지는 않지만 번역과 통역을 행하는 사람을 일컫는다. 예를 들어 외국어로 된 자료를 바탕으로 신문 보도를 준비하는 이중/삼중 언어 구사자인 기자는 자료를 텍스트로 번역하지 않고 단지 다르게 이야기한다. 이렇게 바꾸어 말하는 것은 분명 번역의 요소를 포함하고 있다. 언어적인 요소는 아닐지라도, 줄거리는 번역되었다. 이 기자는 번역을 했지만 통번역에 대해 잘 알지 못할 것이고, 그가 한 행위를 번역이라고 여기지 않을 수도 있다. 준전문가의 또 다른 예시는 다중 언어를 사용하는 환경에서 일하는 사람들이다. 비행기 승무원이나 유로스타(Eurostar)의 승무원들은 지속적으로 두 언어 사이를 전환하며 통역과 비슷한 기술을 사용하는 상황에서 일하게 된다.

아마추어 번역사들의 사례는 인터넷 커뮤니티에서 쉽게 찾아볼 수 있는데, 예컨대 자신들이 좋아하는 영화나 TV 프로그램에 자막을 다는 팬 자막이 있다. 과거에도 현재에도 좋아하는 문학 작품을 한 언어에서 다른 언어로 번역하는 사람들이 있다. Goubin Yan의 최근 저서는 지역의 사안을 외국어로 표현하는 중국 트위터 사용자들의 '번역적 행동주의' 사례를 보여 준다(2013: 178). 그들의 메시지를 영어로 표현함으로써 중국 트위터 활동가들은 국제적 청중들에게 호소한다. 또한 중국의 청중들을 위해 국제 뉴스를 중국어로 트위터에 올림으로써 중국인들은 최신의 정보를 얻게 되고, 국제 정세에 관심을 갖게 된다. 영어-중국어/중국어-영어의 양방향 번역은 중국 트위터에서는 보편적인 일이다. 어떤 경우에는 원문과 따로 작성되고, 어떤 경우에는 이중 언어로 작성된다. 대부분의 번역은 비전문가들에 의해 이뤄진다.

다언어 환경에 사는 사람들을 어떻게 분류해야 하는가는 더 어려운 문제이다. 하나의 공적인 장소에서 여러 언어가 사용되는 도시의 경우 사실상 통역과 관련한 일이나 의사소통이 나타난다. 사람들은 스스로를 위해 혹은 타인을 위해 통역한다. 단일 언어 사용자는 거의 없고, 모든 사람이 여러 언어를 구사하는 남아프리카공화국 같은 나라에서 통역은 국가 전체에서 나타나는 현상이다. 중국 트위터 번역의 사례처럼, 다언어 사회에서의 통역은 예술에 대한 애정으로 행해지는 것이 아니다. 이는 보다 실질적인 필요에 의해 행해진다. 한 언어를 사용하면 청중 중 누구도 그 언어를 이해하지 못할 수도 있는 남아프리카에서, 누군가는 자연스럽게 해당 메시지를 청중들이 사용하는 다른 언어로 옮기게 될 것이다. 공동체에 도움이 되고자 하는 이들의 동기와 한 공동체 내의 다른 언어 사용자와 소통한다는 점은 이러한 종류의 비전문가 통번역이 아마추어 혹은 준전문가와의 것과 다르다는 것을 보여 준다. 이러한 통번역은 통번역 행위에 대한 관심(아마추어)이나 주 업무에 의한 것이 아니다(준전문가들은 그들의 전문적 의무를 다하기 위해 번역하거나 통역한다). 그러므로 이는 현실적인 비전문가 통번역이라고 할 수 있다.

(2) 전문성

이제 전문적인 번역과 통역 행위에 대해 좀 더 자세히 살펴보자. 전문성은 행위 통제의 형식화가 얼마나 중요한지에 따라 특징지어진다. 예를 들어 대중 매체 분야에서,

형식화의 요소는 관리 상태의 다양한 종류를 포함한다. 이는 조세, 도량, 규제와 같은 정부의 방침과 정치·경제적 속성인 자본집약도, 제도화 등으로 좀 더

세분화할 수 있다. 이는 매체의 생산과 분배 활동을 구조화하는 기관의 논리를 나타내며 참여자의 동기나 욕구와는 대조적인 것이다. […] 이러한 변수들이 더 세분화될 수 있음을 기억하라. 예를 들어 규제의 범주는 중복되는 세부 범주로 나눌 수 있다. 내용의 규제(분류, 검열), 운송의 규제(국가 자격), 노동의 규제(노동조합), 긍정적인 문화 정책(문화 제작자를 위한 보조금), 부정적인 문화 정책(공교육과 미디어 정보해독력 캠페인), 자가 규제(전문 단체 및 협회) 등이다.

Laboto, Thomas and Hunter 2013: 7

이것이 통제의 변수들을 모두 포괄한다고 할 수는 없지만, 전문성과 전문성이 아닌 것 사이의 경계를 확인할 수 있도록 도움을 준다. 전문적 활동은 개인의 선호가 아니라 개인 외적 구조, 즉 정부의 방침이나 전문 단체의 규제 등에 의해 통제되고 규제된다. 예를 들어 통번역사들은 세금을 납부해야 한다. 그들의 작업은 공식적 혹은 비공식적으로 허가 혹은 검열의 대상이 된다. 특정 주제의 자료는 출판이 가능하지만 다른 것들은 그렇지 않을 수도 있고, 이를 번역한 통번역사들이 배포에 대한 책임을 질 수도 있다. 번역할 텍스트를 선택하는 것은 의뢰인을 위해 일하고 돈을 받는 통번역사들의 결정이 아닐 수 있다. 게다가 번역 분야에는 규제력을 지닌 메커니즘이 존재하는데, 이는 번역된 텍스트가 독자와 전문가 양쪽의 요구를 충족시켜야 한다는 윤리적인 규범적 요건이다.

직업윤리는 통번역 행위를 규제하는데 중요한 역할을 한다. 직업윤리의 역할은 번역 이론가들과 통번역 교육자들에 의해 알려져 왔고, 관련 논문 및 학술지 특별호가 발행되었다. 통번역사들의 활동은 원문, 원저자, 원천 문화뿐만 아니라 대상 독자와 문화, 전문 분야에 대한 통번역사의 책무와 관련해 논의되어 왔다. 번역 분야에서 직업윤리 고취는 일반적으로 사회적 가치를 획득하는 개인의 사회화 과정과 견줄 만하다. 이러한 가치가 개인의 행동에 얼마나 큰 영향을 주는지는 사회심리학의 자아, 원초아, 초자아의 관계(정신분석)와 도덕성 발달 단계의 단계별 이동(Kohlberg 이론)을 통해 기술되고 있다. 번역사 윤리에서 전문가적 윤리는 그렇게 강력하지 않은 것처럼 보인다. 저품질의 통번역이 다수 존재하고, 이들에 대한 제재도 다른 사회 분야의 도의적 위반에 비해 경미하다.[41] 그러나 통번역 전문가들 사이에서 번역사 윤리의 중요성은 점점 더 인식되고 있다. 번역사 윤리를 정립하는 것은 전문직 프로젝트의 일부이다. 직업윤리 기준이 높을수록 사회는 그 직업에 대해 더 존경심을 갖는다.

번역 활동에 대한 규제가 엄격하다고 해서, 번역사가 개인적 선택을 할 수 없는 것은 아니다. 예를 들어, 프리랜서 번역사의 경우 어떤 텍스트를 번역할지 혹은 하지 않을지를 선택할 수 있다(상근 통번역사는 이러한 선택이 불가능할 것이다). 통번역사는 번역 전략이나 방법을 선택할 자유가 있다. 물론 사회적, 전문가적 규범 혹은 특정 용어나 특정 종류의 문서를 어떻게 번역할지에 대한 합의에서 비롯된 제약이 있을 수 있다. 결론적으로 통번역사는 절대적이지는 않지만 어느 정도 자유를 가지고 있다. 또한 전문 통번역사가

41 문제는 비전문가 통번역에 대한 의뢰인들의 관용이 크다는 것이다. 일반적으로 전문 통번역사들은 더욱 책임감이 있고 많은 지식을 가지고 있다.

완수한 작업에 대해 갖는 책무는 비전문가나 준전문가에 비해 매우 크다.

다음과 같은 연구 질문이 있을 수 있다.

Q. 전문 번역사들은 그들의 윤리적 제약을 어떻게 기술하는가?

Q. 아마추어 번역사들에게 번역 윤리가 있다면, 이를 어떻게 기술하는가?

(3) 번역 분야의 전문가들

통번역 분야에는 여러 범주의 전문가가 있다. 프리랜서 혹은 에이전시나 기타 기관을 위해 번역을 수행하는 번역사들이 있다. 대학의 학과와 같은 다양한 통번역 교육과정에서 통번역사를 교육하는 교수자도 있다. 몇몇 학과 및 통번역 교수자들은 번역사 양성만을 전문으로 한다. 어떤 학과는 다른 과정과 협력해 번역과 통역을 가르칠 수 있다. 이러한 학과에서는 통역과 번역을 다른 과목과 연계해 가르치는데, 예를 들어 언어를 가르치면서 학생들이 번역 프로젝트에 참여하도록 지도할 수 있다.

번역과 통역을 연구하는 이론가들도 있다. 그들은 연구를 발표하고 논문을 작성한다. 이 학자들은 통번역을 가르치거나 논문을 지도하고 통번역의 다양한 이론적, 실무적 문제를 연구한다. 그들은 번역 분야 전체의 두뇌 집단이다.

다른 분야에서 왔지만 번역 분야의 전문가인 사람들도 있다. 문학 비평가가 좋은 예이다. 문학 비평가가 번역된 소설에 대한 서평을 내면, 그 비평가는 번역 분야에 기여한 것이다. 비교문학 전문가가 다양한 국적의 문학에 대해 논한다면, 그는 번역을 사용했거나 번역에 대해 언급한 것이다. 통번역 교육과정의 관리자를 생각해 보자. 엄밀히 말해서 그들은 교육 분야에 소속되어 있지만, 번역 교육에 공헌한다는 점에서 그들 또한 번역 분야에 속한다고 할 수 있다.

분명히 번역 분야에는 다양한 종류와 전문 분야를 가진 전문가들이 있다. 심심치 않게 한 개인이 여러 역할을 하기도 한다. 예를 들어 번역 실무자이면서 번역 교육자, 번역 이론가일 수 있다. 아마추어, 준전문가 그리고 인접 전문 분야에서 온 전문가들은 통번역을 이론화할 가능성이 적다. 반면 주로 혹은 오직 통번역 분야에 종사하는 전문가들은 깊은 열정과 이해를 바탕으로 번역과 그들의 활동에 대해 이론화할 수 있다. 의료, 법, 교육 등이 전문 직종에 대한 공식적인 목록을 가지고 있는 것과는 달리, 번역 직업에 대한 총괄적인 목록은 존재하지 않는다. 주요 국가들의 직업 목록을 살펴본다면, 번역 분야에서는 단지 '번역사'와 '통역사'만 존재할 가능성이 높다. 이는 번역 분야가 여전히 초기 단계임을 보여 주는 증거이다.

토론 주제 및 과제

1. 이 장을 여는 주요 질문들에 대해 논의하라.
2. http://www.proz.com/을 보라. 어떠한 직무들이 있으며 해당 직무에 자격을 갖추기 위해 통번역사에게 요구되는 조건은 무엇인가? 어떤 교육 기회들이 제공되는가? 해당 사이트에서 흥미로운 점은 무엇인가?
3. UN 사이트에서 "Language Outreach"를 찾아보라(http://www.unlanguage.org/Careers/default.aspx). 번역사와 통역사는 언어 분야 목록에 포함되어 있다. 통역, 번역과 함께 나오는 언어 분야의 다른 직업에는 무엇이 있는가("Language career" 메뉴)? 개요를 읽어 보고, 그것이 통번역과 어떠한 점에서 얼마나 유사한지 생각해 보라. 통번역 학위가 있는 사람은 해당 직무에 지원할 수 있는가?
4. 번역 분야의 전문가 두 명 이상에게 연락해서 이 분야에 속하게 된 계기를 질문하라.

추가 주제와 과제는 www.routledgetranslationstudiesportal.com를 참고

추천 문헌

Parsons(1954: 34-49); Macdonald(1995); Robinson(1997b); Gouadec (2010); Sela-Sheffy and Shlesinger(2011)

5장

행위 관찰하기

주요 질문

- 연구 설계란 무엇이고 그 구성 요소는 무엇인가?
- 연구의 종류에는 어떤 것들이 있는가?
- 사회학을 바탕으로 하는 번역 연구에 적용할 수 있는 연구 방법은 무엇인가?
- 당신의 연구 프로젝트에 적용 가능한 연구 방법은 무엇인가?

사회현상은 연구는 고사하고 관찰하기도 쉽지 않다. 사회학자들은 이와 관련해서 자신이 속한 사회를 연구하는 것은 탑승한 버스를 끌고 가는 것과 같다는 농담을 하곤 한다. 우리 개인은 각 문화에 깊숙하게 관여되어 있기 때문에 사회적인 것을 포착해 가시화하기 쉽지 않은데, 이를 해결하기 위해 사회학에서는 다양한 방법을 사용해 왔다. 이번 장에서는 그중 가장 효과적인 방법들을 살펴볼 것이다.

1. 연구

과학자들은 모든 것에 관심을 가지고 있지만 모든 것을 연구하는 것은 불가능하다. 그러한 이유로 어떤 과학자들은 자연현상, 특히 생물과 무생물에 집중하고, 어떤 과학자들은 인간 집단의 생산품인 언어, 경제, 사회 혹은 이들의 다양한 측면에 집중한다. 이것이 자연과학과 사회과학의 구분이다. 우리가 사는 세상과 그 주변을 둘러싼 것들에 대한 비밀을 풀기 위해 더 세부적인 전문 분야가 있으며, 연구는 더욱 전문화되어야 한다. 따라서 화학자, 물리학자, 언어학자 등 학문의 전문가들이 존재하는데, 번역학자들도 이러한 학문 전문가에 속한다. 이처럼 전문 분야를 통해 과학자들이 구체적인 현상에 집중하도록 함에도 불구하고, 연구를 효율적이고 효과적으로 조직하는 것은 여전히 어려운 일이다. 그러므로 과학자들은 하나의 학문 분야 안에서도 특정한 연구 방향을 전공하거나 하위 분야를 형성한다. 예컨대 번역학에서 어떤 학자는 통역을 집중적으로 연구하고, 또 다른 이들은 번역을 연구한다. 또한 우리는 더 세부적인 전문화를 목격하게 된다. 어떤 학자들은 경험적 연구에, 다른 이들은 이론적 연구에 관심이 있고, 누구는 통번역의 역사를, 누구는 통번역 과정에서의 생리적, 심리적 측면을 탐구한다. 특정한 방향 내에서 연구는 결국 프로젝트로 나눠진다. 예를 들어, 통번역 역사 내에서도 어떤 학자 혹은 단체는 특정 지역의 특정 시기에 대한 연구를 수행한다. 이는 프로젝트 단위이며, 학문적 관심이 분명해지기 전에 학생들은 학위논문이나 통번역 프로그램의 다양한 실무적, 이론적 과목을 위해 작성한 에세이를 통해 학문적 프로젝트에 기여할 수 있다.

모든 연구 프로젝트는 결국 무엇을 어떻게 연구할 것인가에 대한 질문이다. 이번 장에서 우리는 '어떻게'의 측면인 방법론에 대해 논의할 것이다. 방법론의 문제는 모든 연구의 전제 조건이며 번역학 공부를 막 시작한 학생들을 혼란스럽게 한다. 방법론을 확실히 하지 않고는 어떠한 연구도 불가능하며, 지도 교수의 승인도 받기 어렵기 때문에 학생들은 프로젝트의 초기 단계에서부터 연구 방법론을 형성하도록 해야 한다. 어떤 의미에서 이것은 어렵지 않은데, 방법론은 본질적으로 연구를 어떻게 해야 할 것인가의 문제이기 때문이다. 대학 수준에서의 모든 연구는 연구 문제를 해결하는 방안을 고안하는 것이다. 예컨대 어떤 문헌이 A언어에서 B언어로 어떻게 번역되는지를 연구하고자 한다면 어떻게 해야 할까? 우리는 원문과 번역 혹은 번역들을 가지고 비교한다. 이렇게 함으로써 우리는 눈에 띄는 차이를 발견하며, 이를 최선을 다해 설명해서 그 설명이 논리적이고, 정당해 설득력을 갖추도록 한다.

그러나 문제는 실제로 '어떻게 할 것인가'가 아니라 전문적이고 학문적인 설명 혹은 적절한 메타언어(분석 혹은 설명을 위한 언어)를 사용하는 일이다. 메타언어는 왜 필요한가? 때로 우리는 새로운 개념이 등장하는 방식에 좌절할지도 모른다. '전문 용어'로 지칭해야 할 것은 아주 많다. 더 간단히 표현할 수는 없을까? 분명 의도적으로 혹은 무심코, 이론을 명료하지 않게 발표한 죄로 기소당한 이론가들이 있을 것이다. 그러나 지도를 받고 있는 초기 단계의 학생들은 이러한 글을 읽도록 권장받는다. 이렇다 보니 학생들은 좌절한 나머지 새로운 이론을 접하거나 새로운 용어 및 개념을 배우는 데 어려움을 겪는다. 할 수 있는 유일한 조언은 인내하고 포기하지 말라는 것이다. 모든 사고, 특히 과학적 사고는 노력을 필요로 한다. 시간이 지날수록 우리는 그 학자가 왜 그 표현을 사용했는지를 이해하게 되는데, 더 정확하고 경제적인 방법으로 설명을 용이하게 하기 위해 해당 용어를 사용했음을 깨닫게 된다. 새로운 용어를 적절하게 사용하는 것은 이해를 가능하게 한다. 혼란을 가중시키지 않고 설명을 가능한 한 정확하게 하는 데 도움을 준다. 일반적으로 이러한 용어들은 기존에 명명되지 않았거나 해당 방식으로 표현되지 않았던 것들을 표현한다. 이들은 긴 설명과 완곡한 표현 대신 간결한 용어를 사용하기 때문에 학술적 담화를 경제적으로 만들어 준다.

메타언어를 배우는 것에는 또 다른 중요한 이점이 있다. 새로운 용어를 이해하면 그 용어를 사용한 학자의 논리를 이해할 수 있다. 용어는 그 용어가 표현하고 있는 개념을 이해할 수 있도록 돕는다. 그리고 개념은 새로운 사상의 세계로 우리를 이끈다. 우리는 그 사상에 동의하거나 동의하지 않을 수 있고 받아들이거나 거부할 수 있다. 중요한 것은 (메타언어를 통해) 어떤 사상이 소개된 후에야 우리가 새로운 것을 배울 수 있다는 점이다. 우리는 몇 년 혹은 평생에 걸쳐 익숙하게 봐 온 것들에 대한 다른 관점을 가질 수 있고 그 결과 그것에 대해 재평가하거나 태도를 재고할 수 있다. 적어도 우리는 다른 사람들이 현상에 대해 어떻게 생각하는지를 배울 수 있고 이를 통해 우리 자신의 관점을 시험할 수 있다.

2. 연구 설계

연구 프로젝트를 고민하기 전에 다음과 같은 사항을 고려해야 한다.

✓ 이론과 어떤 관련이 있는지

✓ 양적 연구인지 질적 연구인지, 어떤 점에서 그러한지

연구 프로젝트는 이론을 검증하거나 구축하는 것이다. 이론을 검증하고자 한다면, 기존의 이론이나 기존 이론의 일부(진술, 주장, 가설)를 가져와서 이론적 명제를 세운다. 자신이 가지고 있는 데이터 혹은 기존의 데이터로 이론을 테스트하고 이론이 데이터를 충분히 설명해 주는지를 관찰한다. 데

이터는 통계처럼 숫자로 나타낼 수 있는 것인데 이를 정량적이라고 한다. 반면 질적 연구는 예컨대 인터뷰 등으로 구성되는 것이다.

이론 검증 연구는 구조화된 데이터를 필요로 한다. 가설은 시작부터 명확히 진술되어야 한다. 설문 조사를 위해서는 표준화된 설문지를 사용할 것을 권장한다. 인터뷰를 시행한다면 각각의 인터뷰에서 비슷한 질문을 사용해야 한다. 모든 응답자에게서 비교 가능한 답변을 이끌어 내는 것이 목적이다. 결과는 표 혹은 통계를 보여 줄 수 있는 적절한 형태로 수량화해야 한다.

이론 구축 연구에는 참여자 관찰 혹은 인터뷰가 더 자주 사용된다. 참여자 관찰은 연구 대상이 되는 활동, 사건, 과정에 참여할 때 연구자가 이를 관찰하는 것이다. 연구자는 참여자의 관찰을 연구할 수도 있다. 이론 구축 연구 프로젝트는 보다 덜 구조화된 상태에서 수행되는데, 관찰을 바탕으로 현상에 대한 설명을 구축하는 것을 목표로 한다. 시작 단계에서 연구자는 관찰할 것에 대해 가설적 설명을 가지고 있을 수 있다. 데이터는 정성적 보고의 형태를 띠는데 인터뷰 혹은 연구자가 연구를 진행하는 동안 작성한 노트의 일부를 발췌할 수 있다.

이 두 종류의 연구—이론 검증/이론 구축, 정량적/정성적—는 보통 결합해서 사용된다. 경험적으로, 연구 과정의 통합 모델의 사용을 권장한다(그림 5.1 참고).

첫 번째 단계인 '이론(A 단계)'은 이론 검증 연구와 관련이 있다. 모델이 보여 주는 것처럼 이론 혹은 특정 이론의 전제로부터 연구 프로젝트가 시작된다. 연구자는 이 이론이 맞거나 틀림을 입증하거나 이론적 전제의 적용 가능성을 확인하고자 한다. 예를 들어 우리는 '번역된 텍스트는 목표 문화의 산물이다'라는 Gideon Toury(2012: 23)의 주장에 대해 논의할 수 있다.

하지만 이 주장을 측정 가능한 진술들로 나누지 않으면 어떠한 증거도 제시하기 어렵다(B 단계):

✓ 번역된 텍스트는 목표 문화의 정확히 누구를 위한 것인가? 이는 문화가 크게 보면 하나의 전체일 수 있지만, 더 자세히는 단체, 단계, 계층들의 집합임을 암시한다. 이러한 문화에 대한 관점은 초기에는 러시아 형식주의자들에

<그림 5.1> 연구 과정 모델(Rose 1982: 14를 바탕으로)

A **검증하고자 하는 이론적 과제(사회현상에 대한 설명적 진술) 혹은 연구하고자 하는 현상**

↓ ↑

B **이론적 가정**

(이론적 과제를 세분화해 얻은 특정한 진술) ↑

↓

C **조작주의**

(경험 연구, 자료 수집, 표집을 어떻게 수행할 것인지에 대한 결정/계획) ↑

↓

D **현장 연구**

(자료 수집)

↓

E **결과** ↑

↓ (수집된 자료 분석과 B,A에 대한 재해석 혹은 C의 수정)

게 이후에는 Itamar Even-Zohar에 의해 통번역 연구에 적용되어 국가의 문학 시스템을 다중 체계로 설명하는 데 영향을 줬다. 만약 문화가 다중 체계를 가진다면, 즉 문화가 여러 체계로 구성되어 있다면 번역된 텍스트가 단지 목표 문화의 산물만은 아니라고 주장하는 사람들이 있을 수 있다. 그들에게는 이것이 더 복잡한 일이다. 그들은 번역된 텍스트를 원문과 비교해 볼 것이다. 예컨대 세계문학 비평은 번역된 텍스트를 단지 목표 문화의 것으로 보는가?

✓ 어떠한 점에서 번역된 텍스트는 목표 문화의 산물인가? 만약 번역사가 이국화 번역을 해서 목표 문화를 대표하는 목표 텍스트의 독자들이 원천 문화와 목표 문화를 비교할 수 있다면 어떠한가? 급진적인 이국화와 자국화 사이 회색 지대에 있는 번역, 즉 양쪽에 모두 속하지 않지만 그사이 어딘가에 위치하는 번역도 있을 수 있다. 그렇다면 그들은 분명 목표 문화에 속하지만 원천 문화의 특징, 특히 목표 문화에는 없는 특징들을 어느 정도 반영하고 있기에 목표 문화에 소개된 원천 문화로 봐야 하며 이렇게 소개되었기 때문에 목표 문화의 산물이라고 말할 수 있는 것이다.

Toury의 주장이 어디까지 적용 가능한지는 더욱 다양한 시나리오에서 검증될 수 있다.

✓ 만약 번역된 텍스트가 제3 혹은 제4의 문화를 포함하고 있다면(A라는 언어에서 B라는 언어로 번역된 세계 연극의 역사책을 생각해 보라)? 어떠한 점에서 이러한 텍스트는 단지 목표 문화의 것이라고 할 수 있는가?

✓ 목표 문화와 관련된 내용을 가진 번역 텍스트를 다른 문화의 독자에게 소

개하고자 하는데, 번역하려고 선정된 텍스트들은 다른 문화의 독자들을 위해서 역번역되어야 하는가?[42]

이 단계에서의 서술은 오류가 있을 수 있다. 구체적인 환경하에서 타당한지 아닌지를 검증해 봐야 한다. 다양한 종류의 시나리오를 고려하는 것은 다음 단계인 이론 검증에 필요한 자료를 제시한다.

Box 5.1

사회학적 방법론의 몇몇 기본 개념들

사회학적 연구의 목적은 인간 집단행동의 패턴을 이해하는 것이다. 그러나 집단성은 매우 복잡해서, 모든 구성원 혹은 그들의 관계를 모두 다루는 것은 불가능한 일이다. 때문에 사회학의 데이터는 거의 항상 선택적이다. 전체는 표본을 통해서 연구된다.

사회학에서 전체는 **모집단(population)**이라고 부르는데 사람, 기관 혹은 사회적으로 관련이 있는 현상(책, 번역, 영화 등)일 수 있다. **표본(sample)**은 더 규모가 작

42 이 시나리오는 처음 접했을 때보다 덜 이국적이거나 덜 인위적일 수 있다. 예컨대 프랑스 여행자 Marquis de Custine의 La Russie en 1839 [Russia in 1839]는 프랑스 독자들에게 Nicholas 1세 시대의 러시아를 있는 그대로 보여 준다. 이는 러시아에서 항상 논쟁을 불러일으켰고, 최근에서야 러시아에서 전문이 두 권(Kiustin, A. de. 1996. Rossiia v 1839 godu)으로 나뉘어 번역되었다(부분 번역은 이전에도 존재했다). 이 경우에는 작품과 관련한 논쟁이 있었기 때문에 러시아 독자들이 프랑스어 텍스트에 접근할 수 없도록 번역되었다. 이 번역의 독자들은 그들의 문화에 관련된 것을 읽었지만, 이 텍스트는 프랑스어의 번역이었으며 러시아 독자들이 읽을 것이라고는 생각하지 않은 프랑스인 작가의 시선으로 쓰여 있었다.

기 때문에 전체 모집단에 비해 처리하기가 용이하다. 표본이 **대표성**을 가지는 경우 전체 모집단을 정확히 반영해 일반화의 기초로 활용된다. 표본이 대표성을 가지지 않는 경우도 있다. 예를 들어, 특정 장소와 시기에 생산된 번역처럼 쓰인 텍스트(pseudotranslation)를 연구하고자 할 때 이는 전체 번역 모집단의 한 부분에 불과하다. 이러한 점에서 해당 표본은 전체 번역을 대표한다고 말할 수 없다.

표집(sampling)은 분석을 위해 전체 모집단에서 일부를 선별하는 과정이다. 표본의 크기는 대표성을 가지기 위해서 신중히 계산되어야 하며, 연구의 목적에 따라 달라진다. 만약 연구 프로젝트가 남성 번역사와 여성 번역사 두 집단을 비교하는 것이라면, 표본의 크기는 비교하고자 하는 상대방 집단의 크기와 같아야 한다. 표본 크기를 신중히 계산하면 시간과 노력을 아낄 수 있다. 연구자는 과도한 수의 사례를 분석하지 않아도 되며, 너무 적은 사례로 인한 과오를 막을 수 있다.

표집은 영향을 미치는 **변수(variable)**의 수와 관련이 있다. 변수는 연구하고자 하는 단위의 차이를 일으키는 특성이다. 변수에는 다양한 종류가 있다. **명목 변수(nominal variables)**는 개인의 성(sex)과 같이 정도를 가지지 않는 특성을 지칭한다(남성 혹은 여성). 반면 **서열 변수(ordinal variables)**는 직업 지위에 대한 만족도처럼 명목 변수(만족 혹은 불만족)가 아니라 척도(매우 만족-만족-불만족-매우 불만족)에 따라 측정한다. 종종 서열 변수는 '1-4점 중에, …에 얼마나 만족하십니까?'처럼 숫자로 나타난다. 통계 목적, 특히 컴퓨터를 활용해 처리하고자 하는 경우 **문자열 변수(string variables)**는 **숫자열 변수(numeric variables)**로 변환되어 숫자로 표현된다(매우 만족=4, 만족=3 등). **인과 변수(causal variables)**와 **효과 변수(effect variables)**는 이미 밝혀진 변수들과 관련이 있다.

본 장에서 다루는 내용은 번역학을 공부하는 학생들을 복잡한 사회학적 방법론의 세계로 단지 초대하는 것에 불과하다. 사회학을 바탕으로 하는 번역 연구를 계획하고 있다면, 반드시 관련 문헌을 읽어야 한다(이 장의 뒷부분에서 '추천 문헌' 참고).

조작화 단계(C 단계)에서는 어떤 종류의 자료를 어떻게 수집할 것인지를 생각해야 한다. 이 단계에서 나올 수 있는 질문은 다음과 같다.

Q. 표집은 어떻게 할 것인가(Box 5.1 참고)? 분석할 텍스트 코퍼스는 어떻게 선정할 것인가? 참여자의 프로필은 어떠해야 하는가(프리랜서 번역사인가, 통역사인가, 특정 언어를 사용하는 번역사/통역사인가)?

Q. 분석의 단위는 무엇인가(예를 들어, 장르에 국한되지 않는 번역 텍스트인지, 특정 종류의 번역 텍스트인지, 번역 텍스트 전체인지 혹은 번역 텍스트의 일부인지 등)?

Q. 연구의 변수는 무엇인가, 즉 분석된 자료의 어떠한 측면을 고려할 것인가(특정 시기의 번역 혹은 특정 장르, 특정 학파에 속한 번역사들의 번역 등)?

이러한 모든 사항을 고려할 때 명심해야 할 것은 연구 프로젝트가 감당할 수 있는 정도여야 한다는 것이다. 가능한 한 정확하고 명료해야 한다. 분석된 자료 모두는 연구에 기여해야 하며 관련이 없는 자료들은 포함되지 않아야 한다.

현장 연구 단계(D 단계)에서는 C단계에서 내린 결정들이 시행된다. 자료를 수집할 때 타당성과 신뢰도를 항상 염두에 둬야 한다.

Q. 연구하고자 하는 문제의 복잡성을 어디까지 분석할 것인가?

Q. '관련이 있는' 자료와 '관련이 없는' 자료를 어떻게 구분할 것인가?

Q. 자료들은 얼마나 근거가 충분하고, 완전하며, 설득력을 가지는가?

Q. 수집된 증거들과 비교하거나 이를 보충할 수 있는 다른 종류의 증거들은 어떻게 수집하는가?

E 단계에서는 획득한 결론을 해석하고 초기의 명제에 대한 최종 결정을 하게 된다. 그리고 이에 기초해 이론적 명제에 대한 결정도 하게 된다. 이 단계를 진행하면서 어떻게 연구를 수행할 것인지(C단계)에 대한 수정이 있을 수 있다. 예컨대 설문 조사의 질문을 보다 구체적으로 만들거나 연구 대상이 되는 현상에 더 적합하도록 설계할 수 있다.

이론 검증 연구와 이론 구축 연구는 매우 다른 것처럼 보이는데, 연구와 이론의 관계라는 스펙트럼에서 두 연구 방법은 서로 다른 두 극단을 취하기 때문이다. 이 두 연구의 차이점은 이론적 부분이 언제 전개되는지이다. 이론 검증 연구는 잘 형성된 이론을 기반으로 하는 반면, 이론 구축 연구는 연구자의 머릿속에서 진행된다. 연구자는 어떤 현상에 대해 의문을 품고, 일정 시간 동안 현상을 관찰하며, 현상의 본질에 관해 연구하고 싶어 한다. 그러나 처음부터 연구자의 머릿속에는 어떠한 가정이 존재하고 연구는 그 가정의 타당성을 입증하기 위해 수행된다. 이러한 점에서 이론 검증 연구와 이론 구축 연구의 차이점은 잘 형성된 이론으로부터 시작하는지 단지 가정으로부터 시작하는지이다.

그러므로 어떻게 번역이 수행되는지와 관련한 기존 이론의 영향을 받든 번역이 어떻게 수행되는지를 이해하기 위해 이론을 구축하든, Rose의 모델(그림 5.1)을 기억하라. 이제부터는 이를 ABCDE 모델이라고 칭하겠다. 이 모델은 점검표로도 사용될 수 있을 것이다.

또 다른 예시를 생각해 보자. 먼저 무엇을 연구할 것인지가 명료해야 한다(예를 들어 특정 국가의 번역 혹은 통역). 그리고 이를 자세히 확대해 특정 국가 번역 역사에서의 특정 시기 혹은 시간을 뛰어넘어 통시적으로 있었거나 장소를 뛰어넘어 같은 시기에 있었던 공시적인 특정 문제를 확인해야 한다. 집중하고자 하는 문제가 뚜렷할 수 있다. 예컨대 특정 시기에 진행된 일반적이지 않은 활발한 번역 현상이나 반대로 번역이 소강상태였던 시기와 관련해 그 이유가 무엇인지를 이해하고자 할 수 있다. 반대로 보고자 하는 문제가 일반적이고 눈에 띄지 않을 수 있다. 예를 들어, 번역 활동의 일상적인 반복에 대해 연구할 수 있다. 이런 경우에는 번역 활동이 조직화되는 방식과 특정 행위의 조정력에 대해 탐구하고자 할 수 있다. 이들이 이론 구축 연구의 예시들이다.

이론 검증 연구에서는 이미 존재하는 이론, 예컨대 Even-Zohar의 다중 체계 이론에서 특히 시스템의 발전 단계에 대한 가정과 시스템 내부의 필요에 의한 번역에 대한 내용을 가져올 수 있다. 번역은 시스템이 구축 초기 단계일 때 혹은 위기를 맞았거나 특정 장르에 대한 부재가 있을 때 번역을 통해 해당 장르를 소개해 시스템을 발전시키고자 한다는 것이다(1990: 47). Even-Zohar의 가정이 각 국가의 번역 역사에 얼마나 적용되는지를 살펴볼 수 있다. 연구하고자 하는 현상이나 이론을 고려 중이라면, ABCDE 모델 중에 A단계에 있는 것이다.

그러나 연구 프로젝트가 실행 가능하려면 대략적으로 만든 연구 문제를 더 구체화해야 한다. 연구 문제를 더 작고 처리 가능한 문제로 세분화하는 것이 B 단계이다. 예를 들어, Even-Zohar의 가정 중 하나인 문학 다중 체계가 새로운 장르를 도입하기 위해 번역을 사용했다는 가정을 연구하기로 결정했다면, 아래에 나오는 이론적 명제들을 진술해야 한다.

- ✓ 번역을 통해 문화로 유입된 장르는 원천 문화의 흔적을 가지고 있다.
- ✓ 번역을 통한 장르의 소개는 보통 특정 장르가 없다는 것이 드러나고 이를 채우기 위한 노력이 형성되는 특정 시기(10년 등)에 일어나며, 특정한 장소(번역사 혹은 출판인이 외국 문학의 번역을 통해 장르를 소개하는 장소, 수도 혹은 중심가)에서 발생한다.
- ✓ 장르의 소개는 번역 스타일이나 업무 조건이 비슷한(같은 출판사에 고용된) 번역사들에 의해 이뤄진다.

C 단계에서는 연구를 계획하기 위한 구체적인 단계들이 실행된다. 표집의 기준을 신중하게 고려해야 한다. 추리소설이 어떻게 자국의 문학 다중체계에 소개되었는지를 연구하려면, 다음 요소들을 생각해 봐야 한다.

- ✓ **코퍼스**: 번역된 혹은 번역되지 않은 추리소설들 혹은 특정 시간과 장소에서 그것들을 번역한 번역사나 출판인의 프로필
- ✓ 연구의 **단위(unit(s))**는 번역되거나 번역되지 않은 하나의 소설이 될 수도 있고, 한 명의 사람(번역사, 출판인 혹은 추리소설을 연구 대상이 되는 문

화에 소개하는 데에 일조한 개인)일 수도 있음

✓ **변수**: 해당 텍스트가 번역된 혹은 번역되지 않은 텍스트로 받아들여지도록 하는 텍스트 요소들('~로부터, ~에 의해 번역된' 분명한 장르 정의, 이국의 문화 용어, 이국성이 드러나는 통사구조와 같은 언어적 현상, 등장인물의 행동 방식, 드러나거나 암시된 가치나 삶의 양식과 같은 언어 외적 요소들, 창작되고 출판된 특정 시기나 장소, 번역사와 출판인이 번역과 번역의 확산에 참여한 증거 등)

그리고 D 단계가 시작된다. 이 단계는 현장 연구 단계인데, C 단계에서 구체화된 자료들이 수집되고, 검증되며, 범주화된다. 자료들은 보통 연구의 새로운 관점을 제시하거나 초기의 연구 설계를 미세하게 조정한다. D 단계에서는 수정이 이뤄질 수 있다. 코퍼스를 줄이거나 확장하고, 연구의 단위를 재조정한다(예를 들어 텍스트 혹은 특정 출판사나 번역사에 의한 텍스트에만 집중하기 위해 번역사와 출판사를 연구 대상에서 배제시킬 수 있다).

도출된 결과는 연구자를 B 단계로 돌아가 이론적 가정을 검증하도록 한다. 결국 연구자는 A 단계로 돌아가게 된다. 초기의 이론적 명제는 확인되거나 수정되거나 반박된다.

이론 구축 연구를 수행하는 경우에 A 단계에서 연구자는 관찰된 현상에 대한 가정을 가지게 된다. B 단계에서 그 가정은 더 좁고 처리가능한 명제로 나뉜다. 그다음 단계는 C 단계이고 이렇게 계속 진행된다. 이러한 연구에서 검증될 이론은 특정 현상의 본질에 대한 연구자 개인의 추측일 수도 있고 검증할 작업가설로서 일반적인 통념일 수도 있다. 때로는 연구자가 어떤 현상을 관찰하고 그 현상이 무엇인지에 대해 대충 짐작해 비교 가능한 다른 현상과 어떠한 차이점과 공통점이 있는지를 확인한다. 이때의 연구는 연구자의 초기 직관을 검증하고 수집되고 연구된 경험적 자료를 통해 문제로 삼았던 현상에 대한 이론을 구축한다.

3. 사회학적 연구 방법론

사회학은 사회현상을 연구하기 위한 다양한 방법을 개발해 왔다. 사회현상으로서의 번역을 연구할 때 이러한 사회학의 연구 방법을 차용할 수 있다. 이제부터 가장 기본적인 방법들을 소개할 것이다. 모든 방법을 다루거나 자세히 설명하기는 불가능하다. 따라서 본 장에서는 모든 것을 다루기보다는 개요를 서술하고 향후 연구의 길잡이가 되도록 조감하고자 한다.

(1) 예비 단계

먼저 방법론(methodology)와 방법(methods)의 차이를 이해하는 것이 중요하다. 방법론은 방법의 체계이다. 방법론은 연구 방법의 이론적, 정치적, 철학적 기반이다. 이는 인식론적 혹은 정치적 가치를 내포하며, 연구하고자 하는 현상에 대해 연구자가 취하는 접근을 알려 준다(Seale 2012: 578). 예컨대 마르크스주의, 페미니즘, 구조주의 혹은 포스트구조주의 방법론이 있을 수 있다. 방법은 실질적인 연구 기법이다. 사회조사, 실험, 설문지 배포, 인터뷰 등이 방법에 속한다.

모든 방법론과 방법에는 장단점이 있으므로 특정 연구에 적용할 때 이를 고려할 필요가 있다. 연구자는 해당 방법론과 방법을 선택한 이유를 설명해야 한다. 해당 방법론 내 다른 방법 혹은 다른 방법론의 장단점을 생각해 보는 것은 연구하고자 하는 현상에 대한 새로운 양상을 발견하는 데 도움을 줄 것이다.

모든 연구의 중요한 요소는 연구 대상이 되는 사람 혹은 대상을 표집하는 것이다. 질적 연구를 수행한다면, 표본이 얼마큼 전체 모집단을 대표할 것인지, 즉 모든 사람을 대표하는지 특정 현상을 가진 사람을 대표하는지를 결정해야 한다. 만약 CAT 툴을 사용하는 번역사처럼 특정한 범주를 연구한다면, CAT 툴을 사용하는 모든 번역사에 대한 견해를 제시해 줄 대표 집단이 있어야 한다. 대표 표본은 전체를 정확히 반영해 연구자가 결론을 일반화할 수 있는 기초를 제공하도록 모집단에서 사례를 선택하는 것이다. 그러므로 연구의 범위에 대한 명확성이 요구된다. 위의 연구는 특정 지역, 기관, 단체에 한정된 분석이기 때문에 일반적인 것을 주장할 수 없다. 관련해 연구 대상자를 어떻게 선정했는지에 대해 기술해야 한다. 또한 남성과 여성 번역사, 프리랜서와 에이전시 혹은 다른 기관에 소속된 번역사의 비율이 같다는 것을 분명히 해야 한다. 표본이 되는 번역사들은 다양한 언어 조합을 가질 수 있다. 즉 선택한 표본이 CAT 툴을 사용하는 번역사 모집단을 어떻게 대표하는지를 고려해야 한다. 표본의 선택은 연구 질문에 따라 결정되거나 다양한 선택을 고려한 결과일 수 있다. 예컨대 당신의 연구 질문은 성별에 따른 CAT 툴 사용의 차이에 대한 호기심에서 시작되었을 수 있다. 그렇다면 해당 국가에서 실제 남성, 여성 번역사의 비율이 어떻든지 간에, 당신은 동일한 크기의 남성과 여성 번역사 표본이 필요하다. 연구의 기준은 성별이다. 혹 특정 장르의 문학에서 여성 번역사가 수행한 영어-헝가리어 번역에 대해 연구하고자 한다면, 표본에서 여성이 수행하지 않은 번역, 비문학 번역, 다른 언어 조합으로 수행된 번역은 모두 배제해야 한다. 표본과 관련해 다음과 같은 질문을 할 수 있다.

Q. 당신의 표집 근거는 무엇이며, 어떻게 전체 모집단을 대표하는가?

Q. 표본에 특정한 개인이나 대상을 포함하거나 배제한 기준은 무엇인가?

Q. 질적 연구를 하고 있다면, 표본은 어느 정도까지 모집단을 대표하는가(특정 부서뿐만 아니라 전체 도시, 지역, 국가 등)?

Q. 양적 연구를 하고 있다면, 표본의 크기는 얼마나 되는가? 무작위로 선택했는가, 기준에 따라 선택했는가? 표본이 관련된 데이터를 포함하지 않을 가능성이 있는가?

연구 방법에 대한 정당화는 타당성, 품질, 신뢰성에 대한 고려를 포함해야 한다. 이와 관련해 할 수 있는 질문은 다음과 같다.

Q. 해당 방법은 적절한가? 현상을 연구하는 데 최선인가?

Q. 해당 연구는 반복 가능한가? 그렇다면 다른 연구자들도 같은 결론을 이끌어 내는가?

Q. 다른 집단 혹은 다른 텍스트 코퍼스를 사용했다면, 결과가 달라지는가?

Q. 표본에서 모집단으로 결론을 일반화할 수 있는 가능성이 있는가?

연구하고자 하는 현상들은 서로 비교하거나 적어도 다른 비슷한 맥락의 현상 혹은 다른 맥락이지만 비교 가능한 현상과 비교해 봐야 한다. 그렇지 않으면 연구 대상의 규모를 이해하거나 원래의 상태를 파악하기 어렵다. 예를 들어, 특정 장르(법률 계약서)가 해당 언어 조합에서 어떻게 번역되는지를 연구하고자 한다면, 간단하게라도 다른 장르(비슷한, 예컨대 비즈니스 계약서 혹은 덜 비슷한 법률 뉴스에 관한 대중매체 텍스트)가 어떻게 번역되는지를 살펴봐야 한다. 연구하고자 하는 현상을 맥락화하는 또 다른 방법은 연구 대상에서의 비율과 다른 비교 대상에서의 비율을 비교해 보통의 상태를 파악하는 것이다.

무엇이 관심을 불러일으켰는지, 연구에 대한 태도, 참여자, 연구 대상, 연구 결과에 영향을 미친 것은 무엇인지를 생각해 보자. 과학적 연구의 목적은 최대한의 객관성이다. 그러나 우리 모두는 다른 사람과 사물에 대한 다양한 태도를 가지고 있다. 모든 태도를 완전히 밝혀내는 것은 불가능하다고 하더라도, 적어도 우리가 연구할 현상을 바라보는 렌즈에 대해서는 인지하고 있어야 하며, 연구를 수행할 때는 그 렌즈를 잠시 내려놓아야 한다.

아마 당신은 하나 이상의 방법 혹은 하나 이상의 방법론을 사용할 것이다. 특히 연구의 규모가 크고 현상에 대한 포괄적인 연구를 지향할수록 더 그려하다. 사실 프로젝트가 클수록, 연구하고자 하는 현상의 다양한 측면을 고려하기 위해 다양한 방법과 방법론을 사용할 필요성이 높아진다. 다양한 방법 혹은 방법론을 복합적으로 사용하는 것은 문제가 없지만, 어떤 방법과 방법론이 어떻게, 어떤 단계에서 무엇 때문에 사용되었는지를 명확히 해야 한다.

현실적으로 어떤 방법을 사용할지를 결정하기 전에, 사용 가능한 데이터가 무엇인지를 확인해야 한다. 당신은 기존의 데이터베이스를 사용할 수 있다. 예컨대 지역 전화번호부나 인터넷 자료에서 번역/통역 에이전시 혹은 프리랜서 통번역사 목록을 찾을 수 있다. 공개된 정보를 통해 번역사나 통역사의 서비스를 이용할 만한 기관(국제적인 기업, 정부/비정부 기관, 대중매체)을 찾을 수 있다.

모든 기관 혹은 개인이 협력적이지는 않다. 그러나 모든 상황에서 연구자는 재치와 이해심을 보여 주어야 한다. 윤리적 문제들이 적절히 고려되어야 한다. 잠재적 응답자에게 압력을 가하거나 속임수를 쓰는 것은 비윤리적이다. 민감하거나 잠재적으로 논란이 될 수 있는 문제(법적인 문제, 중요한 문서, 비밀리에 시행하는 연구 및 실험)를 다룰 때는 극도로 조심하고, 지도 교수와 상의해라.

연구자로서의 역할을 명확히 할 필요가 있다. 다른 사람 혹은 그들의 문서, 작업 등을 연구하기 전에, 당신이 누구이고, 무엇을 연구하며, 어떤 것을 요청하는지 설명해야 한다. 모든 참여자에게 연구 참여 동의서를 받아야 할 필요가 있다. 대학 기관에서는 일반적으로 인터뷰 전에 인터뷰 대상자의 동의서를 요구한다.

연구를 수행하는 동안에도 안전에 신경을 쓰는 편이 현명하다. 응답자나 인터뷰 대상자에게 필요한 연락처(이름, 기관명, 필요시 이메일) 외의 개인 정보를 주지 마라. 잘 알지 못하거나 믿을 수 없는 사람의 집에서 인터뷰를 수행하도록 초대받았다면, 신중하게 응해야 한다.

(2) 연구 방법

가장 대표적인 두 연구 방법은 양적 접근과 질적 접근이다. 양적 접근은 수치 데이터를 수집하는 것이다. 예컨대 얼마나 많은 여성 혹은 남성 번역사들이 일하고 있는지를 계산하거나 특정 시기에 특정 목표 언어에서 어떤 종류의 번역이 얼마나 출판/수행되었는지를 세어 본다면, 양적 연구를 하는 것이다. 반면 질적 연구는 인터뷰 텍스트, 설문지부터 연구자가 현상에 대해 관찰한 이미지, 영상, 청각 자료까지 수치화할 수 없는 데이터를 사용한다. 양적 연구가 식별 가능한 데이터에 집중하는 반면, 질적 연구는 의미에 집중한다(Box 5.2 참고).

Box 5.2

양적 연구와 질적 연구의 역사

'실증주의(positivism)'라는 용어는 '사회학'이라는 용어를 만든 프랑스 철학자 Auguste Comte에 의해 만들어졌다(Box 1.1 참고). Comte는 지식의 진화를 세 단계로 구분했다. 초기 단계는 이론적, 두 번째 단계는 형이상학적 그리고 마지막 단계는 실증적 단계이다. 실증적 지식은 비이성적이고 초자연적인 힘과 사변적 설명을 거부한다. 실증주의는 넓은 의미(이성주의로도 이해된다)에서 모든 사회과학을 포함한 현대 과학의 기반이다. 그러나 오늘날 '실증주의'라는 용어는 좀 더 좁은 의미에서, 과학적으로 증명 가능한 증거(식별 가능한 데이터)를 요구하는 인식론적 입장으로 이해된다.

경험주의(empiricism)는 경험을 지식의 원천이라고 주장한다. 경험주의는 이론적 추론에 기반을 둔 기존의 범주들을 배척한다. 경험주의는 17-18세기에 발전했다. 사회과학에서 '경험주의자(empiricist)'라는 용어는 종종 이론적 반영이 부족하고 연구하는 현상에 대한 폭넓은 이해가 요구되는 경우를 비하하는데 사용되었다('경험주의자'는 '경험적(empirical)'인 것과 구별되어야 한다. '경험적'은 중립적 용어로서 이론적 추론과 반대로 직접 얻은 정보에 기반을 둔 연구를 의미한다).

양적 연구 방법은 식별 가능한 현상에 집중하는 실증주의와 경험주의에서 비롯되었다. Durkheim은 사회학 연구에 실증주의 원칙을 최초로 적용했다. 이는 특히 유럽 국가들의 공식적 자살 통계에 의존한 그의 고전『자살론(*Suicide*)』(1897)에 잘 드러나 있다.

사회학에서 양적 연구 방법은 실증주의적 접근에 대한 반응이었으며, 순수 합리성은 충분하지 않으며 도달할 수 없다는 해석주의 및 오늘날의 포스트모더니즘과도 관련이 있다. Max Weber와 후의 상징적 상호작용주의자들은 식별 가능한 것을 넘어 의미의 영역으로, 즉 숨겨져 있지만 인간 세계에서 중요한 역할을 하는 것에 대한 사회학적 연구의 기법을 개발하는 데 중요한 역할을 했다(9장 참고). 오늘날 사회과학의 연구는 종종 양적 연구와 질적 연구를 혼합해 사용한다.

통계 연구(statistical research)는 아마도 가장 잘 알려진 사회학적 방법일 것이다. 누군가에게 사회학과 통계는 동의어이다. 물론 사회학에서서는 다양한 연구 방법이 사용되지만, 통계는 가장 현저한 방법 중 하나이다. 통계를 통해 우리는 한 개인으로서는 직접 관찰할 수 없는, 시간과 공간을 뛰어넘는 사회적 과정을 볼 수 있다.

역사적으로 통계는 국가에 대한 연구였다. 국가의 인구와 부를 다양한 측면에서 연구한 것이다. 오늘날 통계는 데이터를 수집 및 분석하고, 이를 이해 가능하도록 제시하고 해석하는 것을 의미한다.

연구자가 다루는 통계적 데이터는 연구자 스스로 수집하거나 다른 사람의 데이터를 사용하는 것이다. 예컨대 Durkheim의 자살 연구에서 그는 이미 존재하는 공식 데이터를 사용했다. 현대의 많은 국가는 다양한 목적으로 수집한 통계 데이터를 보유하고 있으며, 이를 사회학적 연구에 활용할 수 있다. 어떤 데이터는 공개되어 있고 어떤 데이터는 특별한 출원 절차가 요구된다. 어떤 데이터는 무료이고, 어떤 자료는 비용을 지불해야 얻을 수 있다.

기존의 데이터를 활용하면 시간과 노력이 적게 든다. 그러나 기존의 데이터 수집 목적이 새로운 연구의 목적과 다를 수 있다는 것을 기억해야 한다. 때문에 연구자는 누가 데이터를 수집했는지, 데이터가 지금의 연구와 어떤 점에서 관련이 있는지, 데이터가 수집되고 제시되는 방식에서 어떠한 편향이 나타날 수 있는지, 데이터가 얼마나 믿을 만한지, 어떤 모집단을 대표하고 있는지를 알아야 한다.

번역 학자들에게 가장 유명한 데이터 중 하나는 UNESCO의 번역 색인(UNESCO Index Translationum)이다(http://portal.unesco.org/culture/en/ev.php-URL_ID=22194&URL_DO=D0_TOPIC&URL_SECTION=201.html). 이 색인은 "세상에 번역된 도서 목록, 즉 전 세계적인 번역서 목록이다(ibid.)". 이

목록은 1979년 이래 UNESCO 100개 회원국의 데이터를 가지고 있다. 200만 권이 넘는 항목은 주제별(문학, 인문과학, 사회과학, 자연과학, 정밀과학, 예술, 역사 등)로 분류되어 있다. 이 데이터베이스는 지속적으로 갱신되고 있다. 이 색인은 "전 세계 규모에서 번역의 서지학적 목록을 구축하는 데 […] 참고 도서로 사용된다(ibid.)". 이 데이터는 UNESCO 회원국의 서지학 센터와 국립 도서관으로부터 수집되었다. 연구자는 여기에 정기 간행물이나 그곳에 실린 글들 특허권이나 안내 책자가 포함되지 않았다는 점을 기억해야 한다.

자신만의 통계 데이터를 준비하기 위해서는 정확한 표집과 문자열 변수를 숫자열로 전환하는 기술이 필요하다. 초심자에게는 기존의 데이터베이스를 활용할 것을 권장한다. 통계에는 두 가지 종류가 있다. 단일변인 통계(univariate statistics)는 하나의 변수만을 고려한다. 예컨대 시간과 공간에 따른 특정 현상(특정 국가에서 추리소설 번역 출판)의 빈도 분포는 단일변인 통계의 예시이다.[43]

빈도 분포는 도표로도 나타낼 수 있는데, 일반적으로 막대, 파이 그래프 혹은 선형 곡선으로 나타내거나 숫자를 표로 나타낸다. 통계의 장점은 데이터의 표현이 명확하다는 것이다. 통계는 특히 번역 흐름을 연구하고자 할 때 효과적이다. <표 5.1>은 단일 변인 통계의 예시로, 소비에트연방이 무너지기 전과 후, 러시아어에서 전 소비에트 공화국 언어로의 번역 역동성

43 이변량분석(Bivariate analysis)은 두개 혹은 그 이상의 변수들을 분석하고 그들 사이의 관계를 탐구하는 것이다. 이 분석은 보다 복잡하여 입문서의 성격을 갖는 이 책에서는 다루지 않는다. 이 주제에 관련해서는 Seale 참고(2012: 20장)

을 보여 준다. 각각의 칸은 세 가지 숫자를 보여 준다. 전체 번역의 수, 러시아어로부터 번역된 수 그리고 영어로부터 번역된 수이다. 표의 1979-91년 칸은 영어에 비해 러시아어로부터의 번역이 훨씬 많았음을 보여 주고, 당시 번역

<표 5.1> 러시아어에서 전 소비에트 공화국 언어로의 번역

러시아어로부터의 번역	*1979-1991*	*1992-2010*
우크라이나어	Σ3963 R2080 E228	Σ552 R43 E206
벨라루스어	Σ1049 R690	Σ681 R421
카자흐어	Σ1894 R1492 E34	Σ84 R3 E38
그루지야어	Σ2177 R1312 E163	Σ10 R3 E3
아르메니아어	Σ2130 R1557 E109	Σ10 R1 E6
에스토니아어	Σ2299 R1259 E189	Σ11849 R437 E7370
리투아니아어	Σ2695 R1653 E175	Σ8567 R424 E4489

범례: Σ는 번역 색인에 등록되어 있는 번역서의 총개수를 의미하며 전 소비에트 공화국에서 각각 제시된 시기(1979-1991, 1992-2010)에 출판된 것이다. 'R'은 러시아어를 의미하며 러시아어로부터의 번역을 가리킨다. 'E'는 영어의 약자로 이전 소비에트 공화국에서 러시아어와 견줄 만했던 영어로부터의 번역을 의미하며, 대조를 위해 제시되었다.

이 전성기를 누렸음을 말해 준다. 반면 1992-2010년 칸은 반대의 현상이 나타난다. 한눈에 보기에도 번역 흐름이 얼마나 급진적인 변화를 겪었는지 이해할 수 있다.

파이 그래프도 번역 흐름을 보여 줄 수 있는 편리한 방법이다. <그림 5.2>는 소비에트연방 몰락 이전과 이후에 아제르바이잔에서 가장 많이 번역 출판된 (그리고 번역 색인에 등록된) 상위 언어 5개를 보여 준다. 한눈에 원천 언어의 분포를 확인할 수 있다.

내용 분석(content analysis)은 구어 혹은 문어 텍스트, 시각 자료를 분석하는 방법이다. 이를 번역 연구에 적용하면, 그림이나 영상 자료를 분석해

<그림 5.2> 1992년(소비에트연방의 몰락) 이전과 이후 아제르바이잔의 번역에서 상위 5개 원천 언어와 목표 언어

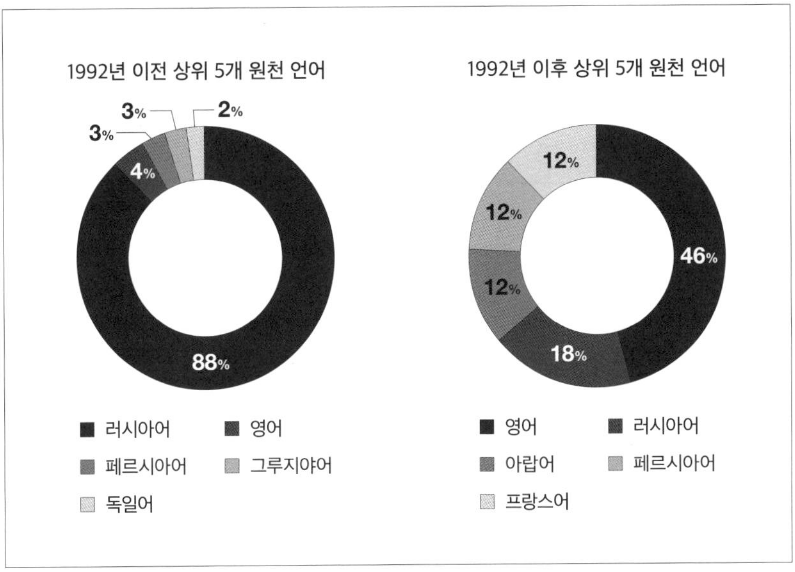

공적 행사에서 통역사가 어디에 위치하는지를 알 수 있고, 결과적으로 통역사의 사회적 지위를 확인할 수 있다. 출판물을 분석을 통해 번역사 이름이 어디에 위치하는지를 알아볼 수도 있다.

사회학에서 내용 분석은 주로 "특정 용어, 서사, 개념의 출현과 빈도라는 관점에서 시행하는 텍스트 분석(Seale 2012: 460)", 즉 양적 분석으로 여겨져 왔다. 내용 분석은 예컨대 연구 대상이 되는 텍스트 내에서 특정 단어의 빈도를 세거나 특정 주제가 차지하는 공간을 측정한다.

가장 일반적으로 텍스트의 내용 분석은 용어 색인이나 목록과 함께 사용된다. 우리는 Concordance(http://www.concordancesoftware.co.uk/에서 이용 가능)와 같은 프로그램의 도움으로 자신만의 용어 색인을 만들 수 있다. 예컨대 우리는 특정 텍스트 혹은 텍스트 집단을 사용된 핵심어를 통해 분석할 수 있다.

내용 분석적 연구에서 가장 중요한 요소는 표본을 정의하는 것이다. 문제는 현대사회에서 거대한 규모로 생산되고 유통되는 번역을 포함한 텍스트를 고려하면서, 어떻게 처리 가능한 연구 규모를 설정할 것인가이다.

비록 양적 연구 방법이 연구의 객관성을 높여 주지만, *어떻게(how)* 말하는지보다는 *무엇을(what)* 말하는지에 지나치게 집중한다는 비판을 받는다. 때문에 양적 연구는 주로 질적 연구와 함께 사용된다. 예컨대 통계는 숫자에 불과하다. 그 숫자는 그것이 반영하는 사회적 과정을 살펴볼 필요가 있다는 신호이다. 혹은 내용 분석에서 우리가 선택한 핵심어는 분석 대상 텍스트의 주제를 알려 준다. 이는 해당 텍스트의 일부분이 우리의 연구에 주제적으로 중요하다는 것을 짧은 시간 안에 알려 주지만, 핵심어가 어떠한 맥락에서 사용되었는지를 알아보기 위해서는 해당 부분을 더 자세히 봐야 한다.

설문지(quesionnaire)는 응답자가 구체적인 연구 주제와 관련해 특정 종류의 정보를 제공하도록 설계된 질문 목록이다. 한 프로젝트 내에서 설문지는 보통 전체 연구 대상에 맞도록 표준화되어 있다. 질문은 단순한 것에서 복잡한 것으로, 순서와 논리적 방식에 의해 진행된다.

다른 양적 연구 방법에서 표집이 문제였다면, 설문지는 여기에 한 가지를 더한다(이는 질적 연구에서 더욱 중요한 요소이다). 그것은 바로 문항의 단어 선택이다. 개방형 문항은 참여자들에게 자신만의 답을 쓰도록 요구한다('왜 번역사가 되기로 결심하셨나요?'). 폐쇄형 문항은 선택지 중에 답을 고르는 것이다('당신은 번역사가 되고 싶었습니까, 되고 싶지 않았습니까?'). 예상 답변 여러 개 중 하나를 고르는 질문도 존재한다('어떻게 번역사가 되었습니까? A. 늘 번역사가 되고 싶었다. B. 우연히 그렇게 되었다. C. 기억이 나지 않는다.'). 이러한 질문을 사용할 때는 가능한 모든 답변을 포함하는 것이 중요하다. 심지어 '잘 모르겠다', '답하고 싶지 않다', '해당 없음', '전혀 없음' 같은 답도 준비해야 하고, '기타' 항목을 넣어 응답자가 자신만의 답변을 제공하도록 할 수도 있다. 질문에서 특정 답변을 유도하는 유도신문은 피해야 한다('번역사가 되고 싶었던 것 아닙니까?'). 설문지는 직접 혹은 우편이나 이메일로 배포할 수 있다. 설문지 작성은 유선상으로도 가능하다.

유용한 팁을 하나 소개한다.

✓ 설문지는 짧고 간단하며 분명하게 작성할 것(모호하거나 길고 장황한 질문은 피할 것)

✓ 연구를 위해 답변이 반드시 필요한, 관련이 있고 핵심적인 질문만을 포함시킬 것

✓ 어떻게 답변할지를 스스로 점검할 것. 질문에 대한 적절한 답을 찾지 못하면 해당 문항을 포함시키지 말 것

✓ 연구의 주제와 목적을 나타내고 수집된 데이터를 어떻게 활용할지에 대한 설명이 드러나도록 도입 부분의 문구를 생각해 볼 것

✓ 설문지의 구성은 이해하기 쉽게 작성할 것

✓ 적은 공간에 너무 많은 문항을 넣으려는 유혹을 피할 것(예컨대 글자 크기 줄이기)

인터뷰(interview)는 질적 연구에서 특히 많이 활용된다. 질적 인터뷰는 특히 이론 구축 연구에서 유용하다. 인터뷰는 통계가 보여 주지 못하는 연구 분야 혹은 개인적 특성에 대한 깊은 탐구를 가능하게 한다. 인터뷰는 본질적으로 상호적이며, 이러한 특성 때문에 형태가 유동적이고 때로는 예측 불가능하다. 인터뷰 대상자는 인터뷰 진행자가 미처 생각하지 못한 주제를 꺼낼 수 있고, 어떤 부분은 준비한 것보다 더 많은 주의가 요구될 수 있다.

인터뷰의 상호적 특성은 다양한 변수를 일으킨다. 순수하게 양적인 연구에서 보다 인터뷰 진행자와 대상자의 프로필이 중요하게 고려되어야 한다. 누가 질문을 하고 누가 대답을 하는지를 이해하는 것이 중요하다. 때문

에 우리는 자신의 관심사와 연구 주제에 대한 태도를 비판적으로 바라봐야 한다. 연구자가 가진 개성을 고려하지 않는다면, 무의식적으로 수집된 데이터의 처리와 제시를 왜곡하거나 특정 인터뷰 대상자에게 편향될 수 있다. 연구 대상자의 개성 또한 중요한데, 우리의 질문에 대한 그들의 답변은 그들만의 관점에서 비롯된 것이기 때문이다. 이러한 관점이 비슷한지 다른지를 확인하기 위해, 전체 연구 대상에서 일정 수 이상이 확보되어야 한다. 수집된 데이터를 분석할 때는 인터뷰 장소가 어디였는지, 어떤 종류의 문항을 질문했는지를 고려해야 한다.

인터뷰 대상자가 특정 주제에 대해 더 많이 이야기할 수 있도록 격려하면, 인터뷰는 조금 더 자유로워진다. 특정 답변을 얻기 위해 구체적인 질문을 한다면, 인터뷰는 더 엄격해진다. 전자의 경우 인터뷰 진행자는 논의할 분야를 계획하지만, 후자의 경우 전체 인터뷰 대상자 집단에서 얻은 답변과의 비교 가능성을 높이기 위해 질문 문항에 표준화된 양식을 사용한다. 구조화된 인터뷰는 양적 연구의 일환으로 많이 사용되고, 데이터 수집의 과정으로 여겨진다. 인터뷰 진행자는 질문-답변 흐름을 안내하게 된다. 질적 연구에서는 자유로운 인터뷰가 보다 유용한데, 인터뷰 진행자가 인터뷰 대상자의 논리적 흐름에 따라가면서 데이터를 생성하는 것을 중요시하기 때문이다. 구조적 인터뷰와 보다 자유로운 인터뷰 모두 이메일 혹은 전화로 실시할 수 있다.

데이터를 수집할 때 연구자가 응답자의 태도, 의견, 입장에서 어떤 유사점을 발견했다면, 코딩을 시작하는 것이 유용하다. 코딩은 특정 기호를 사용해 빠르게 지칭하는 것이다. 이후의 데이터 분석을 편리하게 해 준다면, 어떠한 형식을 사용해도 상관없다. 예를 들어, CAT 툴을 사용하는 번역사들과 CAT 툴 사용을 원하지 않는 번역사를 연구한다면, 인터뷰는 '찬성'과 '반대' 두 집단으로 구성할 수 있다. 만약 찬성과 반대의 이유에 따라 하위 집단으로 나눌 수 있다면, 추가적인 기호를 사용할 수 있다.

만약 연구에 초점이 담화(단순히 찬성과 반대가 아니라 번역사가 자신의 관점을 표현하는)에 있다면, 가능한 한 녹음을 하는 것이 중요하다. 반대로 만약 연구의 초점이 일반적인 내용에 있다면, 인터뷰 도중 단순한 필기를 할 수 있다.

한 번에 한 사람씩 인터뷰를 진행한다면 Q&A 시간은 필요가 없을 것이다. **포커스 그룹(focus group)**은 또 다른 형태의 질적 연구 방법이다. 이 그룹은 연구 대상이 되는 현상에 대해 일반적으로 비슷한 의견을 가진 참여자들로 구성된다. 포커스 그룹은 비교적 짧은 시간에 풍성한 정보를 제공한다. 특정 현상에 대한 참여자의 태도와 관련 있는 정보를 이끌어 내는 논의는 포커스 그룹의 주요 요소이다. 그룹의 역동성을 살펴보는 것도 유용하다. 이러한 점에서 포커스 그룹은 단순히 집단적 인터뷰가 아니라 그룹 내의 논의이다. 연구자의 역할은 논의가 진행될 때 집중을 방해하거나 여담으로 흐르지 않도록 하는 것이다. 연구자의 주요 목표는 한 걸음 물러서서 관찰하는 것이다.

성공적인 인터뷰 혹은 포커스 그룹의 조직에서 가장 핵심적 요소는 연구자 본인이다. 참여자들로부터 정보를 이끌어내기 위해 연구자는 다음과 같은 자질을 가져야 한다.

✓ 연구 대상자/참여자에 대한 관심과 존중

✓ 참여자의 관점을 이해하고 받아들이는 능력

✓ 다양한 심리를 가진 사람들의 논의를 이끌고 인터뷰를 수행할 수 있는 유연성

✓ 그리고 동시에, 인터뷰와 논의를 진행함에 있어 집중을 방해하거나 이야기가 딴 길로 새는 것을 최소화할 수 있는 정중한 단호함

단연코 연구자의 가장 중요한 자질은 듣는 능력이다. 인터뷰와 포커스 그룹 논의의 목적은 참여자들이 어떻게 생각하는지에 대한 통찰임을 기억해라. 그들과 논쟁하거나 의견을 바꾸도록 설득하는 것이 아니다. 이렇게 인터뷰와 논의에 간섭하게 되면, 정보의 왜곡이 일어날 것이고 그 정보는 부정확하고 쓸모없게 된다.

또한 연구자는 다양한 환경에 민감하게 반응해서, 연구에 참여하는 개인들과 의사소통을 하는 과정에서 다양한 방식을 적용해야 한다. 인터뷰와 논의는 대화하듯 편안한 분위기에서 진행될 수도 있고, 엄격한 순서에 의해 질문을 하는 형식적인 자리일 수도 있다.

유용한 팁을 하나 더 소개한다.

✓ 연구의 목적, 윤리적 측면(개인정보, 기밀 유지, 가능하다면 익명성)에 관한 설명을 준비할 것. 자료가 어떻게 쓰일 예정인지, 연구가 끝난 후에 보관되는지 폐기되는지 등에 관해 설명할 것

✓ 주요 연구 주제와 관련한(적어도 10개의) 질문을 준비할 것

✓ 인터뷰 혹은 논의를 한 시간으로 계획할 것

✓ 인터뷰 대상자 혹은 논의 참여자들이 어떤 이야기를 원하는지, 어떤 이야기를 꺼리는지 생각해 볼 것

✓ 인터뷰/논의를 녹음할 방법을 생각해 볼 것. 테이프 혹은 비디오 레코더를 사용한다면, 인터뷰 대상자나 포커스 그룹 참여자들의 동의를 받아야 함. 녹음이 허락되지 않는다면, 필기를 할 수 있도록 허가를 받아야 함

관찰 연구(observational project)는 연구하고자 하는 현상이 자연적 상태에서 어떻게 기능하는지를 관찰하는 것이다. 예를 들어, 번역 에이전시가 어떤 기능을 하는지, 어떻게 사람들과 상호작용 하는지, 무엇을 하는지, 역할 분배는 어떻게 이뤄지는 등을 연구할 수 있다. 당신은 필기를 하거나 관찰한 것 중 가장 흥미로운 점들을 일지에 기록할 수 있다. 가능하다면 인터뷰를 시행할 수도 있다. 또한 기록된 문서(번역 혹은 그 초안, 작업 메모 등 접근 가능한 자료들)를 자료에 포함시킬 수 있다.

관찰 연구도 인터뷰와 같이 구조화의 정도가 다를 수 있다. 다른 두 에이전시의 조직 구성과 구성원들 사이의 관계를 비교하고자 한다면, 데이터의 비교를 위해 관찰 전 가능한 변수를 미리 생각해 봐야 한다. 예컨대 다양한 전문가(프로젝트 매니저, 번역사, 편집자)들 사이의 관계 혹은 동료들 사이의 관계(얼마나 많은 번역 결과물이 팀 작업인지), 고용주와 고용인의 관계 등이다. 이처럼 구조화된 관찰은 어느 정도 수량화되는 경우가 있다. 반면, 에이

전시가 어떻게 일하고 번역 생산 라인이 어떠한지가 궁금하다면 흐름, 즉 관찰하는 현상이 이끌도록 맡겨야 한다.

담화 분석(discourse analysis)은 언어의 사용을 연구하며, 번역 연구에서는 번역 언어를 사회현상으로 본다. 담화 분석은 Michel Foucault의 연구와 관련이 있는데, 그는 언어와 이미지 같은 기타 기호들이 지식과 실제를 표현하고 형성한다고 봤다. 언어는 "더 이상 단순화할 수 없는 사회생활의 일부이며, 변증법적으로 사회생활의 다른 요소들과 상호 관련되어 있기 때문에, 사회적 분석과 연구는 언제나 언어를 고려해야 한다(Fairclough 2003: 2)."

담화 분석은 질적 연구 방법이다. 담화, 특히 통번역에서의 담화는 발화 및 텍스트 혹은 발화 및 텍스트의 코퍼스를 의미하는데, 이때 언어는 사회적 규칙과 규범에 의해 기능한다고 본다. 담화 분석의 담화(의미의 비언어적 모드 포함)는 보다 포괄적인 의미이다. "[…] 때로는 일반적인 의미에서 모든 진술을, 때로는 개별화된 집단의 진술을 그리고 때로는 규제된 행위로서 일부 진술을 가리킨다(Fairclough 2003: 123에서 Foucault 재인용)."

> Q. 번역사/통역사가 사용하는 언어가 어떻게 지배적인/주변적인 담화를 재생산하는 데 기여하는가?
>
> Q. 번역사/통역사가 사용하는 언어가 어떻게 지배적인/주변적인 담화를 약화시키는가?

번역의 사회적 역할에 대한 다음과 같은 질문도 있을 수 있다.

Q. 번역/통역에 대해 말하는 것이 번역사/통역사의 사회적 지위에 어떠한 영향을 미치는가?

전문가들과 '전문' 언어를 분석하는 것은 언어, 지식 그리고 권력 간의 관계를 밝히기 위한 "분명하고 매우 생산적인 연구 분야(Seale 2012: 408)"다. 그러나 이 연구 방법이 위의 분야에서만 사용되는 것은 아니다. 예컨대 비판적 담화 분석은 언어의 정치적이고 이데올로기적인 함의에 집중한다. 이때 언어는 권력과 관련해 기능한다. 비판적 담화 분석에서 권력은 언어의 사용을 통해 구현되는 것이다. 이러한 점에서 정치 문서, 뉴스, 미디어 텍스트의 번역을 연구하는 것은 흥미로울 것이다.

담화 분석에 방법론적 절차가 전제되는 것은 아니다. 담화 분석은 데이터에 따라 달라진다. 최종적인 답을 찾기보다는 사회적 담화가 구성된 방식에 초점을 둔다.[44] 일반적으로는 **핵심 주제**를 확인하고, 관련 있는 현상과 사람들을 **연계**하고, 이러한 사람이나 현상의 **특징**을 밝혀내며, **역점**과 **정적**을 관찰한다.

핵심어를 찾는 것(위의 내용 분석 참조) 혹은 중요한 의미를 찾는 것은 특정 담화의 주요 주제를 찾는 것에 도움이 된다. 2장 '순응하지 않는 번역사는 어떻게 행동하는가'에 나오는 예시를 살펴보자. Jerome의 자기 방어는 담화로 볼 수 있는데, 번역사가 자신과 자신의 작업을 변호하기 위해 언어와

44 이러한 접근은 담화 분석을 민속방법론(ethnomethodology)에 가깝게 한다(8장 참조).

수사를 사용한 것이다. 먼저 번역에 대한 비평이 존재했으며, 그는 스스로를 보호했다(국가로부터 보호를 받는 당시의 정치적, 종교적 고위 관리와는 달랐다). Jerome이 실제 사용한 언어에 대해 분석해 보면, Jerome은 특정 개념이나 맥락을 사회적 도구로서 사용했다.

주제를 찾았다면, 분석을 위해 생각과 사물을 연관 지어야 한다. "Pammachius에게 보내는 편지"에서 Jerome은 그를 반대하는 사람들을 무지하고, 사악하며, 범죄자로 비유한 반면 그 자신과 지지자들은 그리스도교의 선("그리스도교의 고귀함과 고귀한 그리스도교", XII장), 지식과 연관 지었다. Jerome의 편지에서 이러한 연계는 반대편의 특징을 잘 이해할 수 있게 해 준다. 예를 들어 Jerome은 반대편의 사람들이 매우 다르게 행동한다는 것을 보여 주며 자신을 드러냈다. 그는 전문적으로 흠잡을 데 없이 일하고 행동한 반면 그를 반대한 사람들은 문서를 훔치고, 교육받은 비평가들(Jerome은 Pammachius에게 호소했다) 대신 무지한 폭도들에게 호소했다.

담화 분석가들은 또한 특정한 효과를 위한 다양한 언어적 전략에 대해 논의할 수 있다. 동사 대신 명사를 사용하는 명사화는 진술의 감정적인 긴장을 축소시킨다. "권력의 남용(An abuse of power)"은 "판사가 그의 권력을 남용했다(The judge abused his power)"보다 덜 효과적이다. 부동화(passivasation)는 능동태 대신 수동태를 사용하거나 의인화에 의한 추상 명사를 사용하는 것이다. "법정 심리에서 권력이 남용되었다(Power was abused in a court hearing)"라는 문장을 생각해 보자. 우리는 권력을 남용한 주체를 알 수 없고, 권력 남용으로 실제로 고통을 받는 피해자를 '권력'이 대체했다.

결론적으로 텍스트는 사실을 강조하거나 침묵시킬 수 있다. Jerome은 "Pammachius에게 보내는 편지"에서 번역사로서의 과업을 강조했다. 그는 저명한 전임자들이 일한 방식과 똑같이 일하고 주장했다. 그는 자신의 것보다는 다른 번역사들의 예문을 더 많이 사용했다. 그는 우리가 Augustine의 "Jerome에게 보내는 편지(Lefevere 1992: 16)"에서 배운 것처럼 현실에서의 번역 수용 역동에 대해 언급하지 않았다. Augustine의 편지는 서기 392년의 것이고, Jerome은 Pammachius에게 405년에서 410년 사이에 편지를 썼다. 이러한 이유로 Jerome은 그의 성경 번역의 수용에 대해 알고 있었으나 그러한 내용에 대해서는 언급하지 않았다.

(3) 방법의 결합 가능성

이 장을 마무리하면서, 오늘날에는 양적 연구 방법과 질적 연구 방법이 이분법적으로 나눠지지 않는다는 사실을 강조할 것이다(<표 5.2>). 먼저 사회현상의 복잡성 때문에 양적 연구 혹은 질적 연구를 완전히 배제할 수 없다. 둘째로, 어떤 방법도 순수하게 양적 혹은 질적, 이론 검증 혹은 이론 구축, 연역적(이론으로부터 실증 데이터로 진행) 혹은 귀납적(데이터로부터 이론적 설명이 발생)이지 않다. 위에서 언급한 것처럼 이론 구축을 위한 접근은 연구를 통해 확인되거나 반박되거나 발전될 짐작이나 추측 혹은 가설 없이는 이뤄질 수 없다. 질적인 해석 없이는 어떠한 통계 연구도 불가능하다. 게다가 이론에서 사실, 사실에서 이론으로의 선형적 절차를 따르는 연구는 거의 없다. 모든 연구는 항상 이론 해설과 데이터 수집 단계의 수정과 재수정을 거친다. "양적 접근이든 질적 접근이든 모든 연구는 실제로 인정과 불인정의 반복 과정을 거친다(Seale 2012: 482)."

<표 5.2> 주요 양적, 질적 연구 방법(Seal 2012: 408-1에 재인용된 Neil Spicer의 표를 바탕으로)

양적 연구 방법	질적 연구 방법
구조화된 인터뷰 설문지 통계적 분석 양적 내용 분석 구조화된 관찰	반- 혹은 비구조화된 인터뷰 포커스 그룹 담화 분석 참여 관찰

양적 연구 방법과 질적 연구 방법은 인위적으로 나뉘어져 있다. 사회과학의 많은 연구는 양적 요소와 질적 요소를 결합해 사용하고 있다. 이러한 결합의 종류는 다음과 같다(Neil Spicer, Seale 2012: 480, 484-90 재인용).

- ✓ 삼각검증법(triangulation): 한 방법으로 얻어진 결과를 다른 방법으로 검증하기 위해 하나의 현상에 대해 다양한 방법을 사용하는 것. 예: 어느 번역 부서에서 비구조화된 참여 관찰로 얻어진 결과를 검증하기 위해 설문지를 사용
- ✓ 양적 연구 방법과 질적 연구 방법은 하나의 현상에 대한 다양한 측면을 연구할 때 함께 사용되거나 연구 프로젝트의 다양한 단계에서 사용될 수 있음. 번역 현상이 처음에는 통계를 통해 연구되지만, 그 후에는 통계에서 보

여 주는 특정 현상에 집중해 질적 비구조화 인터뷰(사례 연구)를 실시할 수 있다.

✓ 일반화를 위해 양적 연구 방법과 질적 연구 방법을 모두 사용: 비구조화된 질적 인터뷰로부터 얻은 결과는 뒷받침하는 통계적 데이터를 통해 일반화할 수 있다.

특정 프로젝트를 위해 방법 혹은 방법들을 선택할 때 기억해야 할 것은 방법이 수단일 뿐이라는 점이다. 연구의 주된 목적은 특정 현상에 대해 더 잘 알게 되는 것이지, 양적 혹은 질적 연구에 대한 '충성'을 보여 주려는 것이 아니다. 만약 연구하고자 하는 대상이 결합된 방법을 필요로 한다면, 그것을 적용해야 한다.

토론 주제 및 과제

1. 이 장을 여는 주요 질문들에 대해 논의하라.
2. UNESCO 번역 색인에서 접속 가능한 논문 한 편을 읽어 보라(http://portal.unesco.org/culture/en/ev.php-URL_ID=22194&URL_DO=DO_TOPIC&URL_SECTION=201.html). 연구자가 어떻게 데이터를 사용했는지, 데이터 사용의 한계를 위해 어떠한 절차를 사용했는지, 결론의 타당성을 어떻게 측정할 수 있는지를 설명하라.
3. UNESCO 문화 다양성 및 문화 간 대화 관련 세계투자보고서는 UNESCO 번역 색인을 기반으로 하며, 전문과 요약문이 영어, 프랑스어, 스페인어, 아랍어, 중국어, 러시아어로 온라인상에 제공된다(http://www.unesco.org/new/en/culture/resources/report/the-unesco-world-report-on-cultural-diversity/). 이 보고서에서 언급되는 문화 다양성 및 문화 간 대화를 가능하게 하는 번역의 역할은 무엇인가?

추가 주제와 과제는 www.routledgetranslationstudiesportal.com를 참고

추천 문헌

Babbie(2013: Parts 2-4); Pym(1998); Seale(2012); Grbic and Pollabauer(2008); Moser-Mercer(2008); Hansen, Chesterman and Gerzymisch-Arbogast(2008) 중 'Empirical studies'; Katan(2011); Sapiro(2008, 프랑스어); Pym and Chrupala(2005).

6장

시나리오

주요 질문

- 모델(또는 패러다임), 이론, 관점이란 무엇인가?
- 주요 사회 모델에는 어떤 것들이 있는가?
- 관점의 사례로는 어떤 것들이 있으며, 각 사례는 해당 모델 및 이론과 어떻게 연관이 되는가?

5장의 '예비 단계'에서 마르크스주의, 페미니즘, (포스트)구조주의와 같은 방법론과 통계, 인터뷰, 관찰 등과 같은 방법의 차이에 대해 설명했다. 방법론이란 연구에 영향을 미치는 관점으로 설명할 수 있다. 사회학에서 방법론은 사회 모델 또는 사회적 서술(social description)의 패러다임과 관련이 있다. 명시적이건 비명시적이건 간에 사회 모델은 모든 사회학적 연구에—그 규모가 크건 작건 간에 그리고 연구가 일반화를 도모하건 소규모의 사례연구를 수행하건 간에—영향을 미친다.

사회 모델은 사회의 일반적인 이미지이다. 이 모델은 사회 구성 요소 관계의 패턴뿐만 아니라 구성 요소의 본질에 대한 생각들로 이뤄져 있다. 이는 사회화를 통해 내면화되며 비전문가들은 일반적으로 이를 당연하게 받아들인다. 그러나 학자는 모델을 비판적으로 다루는 방법을 배운다.

모델은 사회적 구성물(social construct)로 사회가 만들어 낸 사회의 이미지이다. 모델은 이론보다 큰 구성물이다. 사회 이론은 사회현상 또는 사회를 전체로 설명하고자 하는 생각들의 조직화된 체계이다. 하나의 모델에서 여러 이론이 생성될 수 있다. 모델과 비교했을 때 이론은 그 주제에 대한 접근법에 있어 보다 협소하며 정교하다. 이론은 사회현상을 서술하는 방법의 기저를 이루는 원칙과 질문들로 이뤄져 있다. 연구 중인 현상에서 관찰된 특성을 이론이 설명하지 못하는 경우에 그 이론은 틀렸다고 볼 수 있다. 그러나 5장에서 설명했듯이 이 틀린 이론을 바탕으로 측정 가능 및 입증 가능한 가정으로 나누어지는 구체적인 질문들을 제안할 수 있으므로 그 이론은 가치 있는 발견적 고안(heuristic device)이다.

모델과 이론이 한 선의 양극단에 위치해 있다고 가정했을 때 페미니즘 또는 탈식민주의 시각 등을 기반으로 한 사회연구는 양극단의 사이에 놓인다. 모델보다 협소하지만 이론만큼 정교하지 않은 페미니즘이나 탈식민주의와 같은 사상들을 '관점(perspective)'이라고 부른다. 관점은 특정 주제 또는 테마에 초점을 맞추며 해당 관점이 수용하거나 의문을 제기하는 모델, 해당 관점의 생성에 영향을 미치는 사회 모델에 의지한다. 일례로 페미니즘 또는 탈식민주의 관점 모두 현대사회의 특정 측면을 연구한다(이 장의 뒷부분에서 다시 자세히 알아볼 것이다). 그러므로 관점은 기존의 사회 모델 중 하나에 기초하고 있으나 사회가 이러한 방식으로 구성되어야 하는가 하는 질문을 던진다. 모델과 마찬가지로 관점에서 하나 이상의 이론이 생성된다.

6장에서는 일반적으로 사회과학 그리고 특히 통번역학에서 이뤄지는 많은 연구에 영감을 주는 여러 모델과 관점에 대해 알아본다. 기본적인 모델에 대한 지식과 이해가 없이는 개인의 연구와 그 함의 또는 타인의 연구를 맥락화하기 어려우며 다른 가능성을 보는 것도 어렵다. 모델에 대한 지식과 이해가 있어야 연구의 접근법에 있는 모순을 없앨 수 있다. 그러나 모델은 그저 일반적인 가이드라인일 뿐이라는 것을 명심해야 한다. 어떤 이론도 단 하나의 모델에만 적합하다거나 어느 한 모델의 소유물로 해석되어서는 안 된다. 모든 이론은 여러 모델의 특징을 보이는 경향이 있다.

1. 유기체로서의 사회

여기서 살펴볼 첫 번째 모델과 그 변형(variations)은 사회를 하나의 구조화된 전체로 보기 때문에 거시사회학적 모델이라 부른다. 이 모델은 개인보다 큰 구조에 중점을 둔다. 이러한 구조는 사회의 부분으로서 전체의 욕구를 충족시키는 방식으로 기능한다. 각 부분의 상호작용의 역학 관계는 조화에서 갈등에 이르기까지 다르지만 사회학적 서술(sociological description)의 규모는 동일하다. 거시사회학적 모델의 3가지 주요 유형을 살펴보자.

Box 6.1

유기체로서의 사회

사회를 유기체로 바라본 역사는 사회가 세 가지 요소로 구성되어 있다고 본 Plato로 거슬러 올라간다. 그 세 가지 요소는 이성적이며 사고하는 요소, 정신적인 요소, 그리고 욕구의 요소이다. 그 연관성은 개인인 인간을 기반으로 하고 있지만 Plato는 이 요소들이 각기 다른 사회 계층에 속한다고 봤다. 예를 들어 사회의 생활필수품을 제공하는 것은 노동자 계급의 일이라는 것이다. Box 1.1에서 간략히 언급한 바와 같이 생물학적 비유는 현대사회학의 가장 중요한 원천이다. 그리고 생물학적 진화라는 아이디어는 사회가 시간의 흐름에 따라 진화하는 것으로 보는 데 일조했다. 그리고 사회 전체의 부분을 신체의 부분과 비교할 수 있는 것으로 봤다. Comte와 Spencer는 전체 사회를 '구조'에, 부분을 '기능'에 관련하여 고찰했고, 후에 Durkheim이 이를 발전시켰다. Bronislaw Malinowski와 Alfred Radcliffe-Brown 같은 인류학자들은 사회를 기능하는 부분들로 이루어진 구조로 서술했다. 여기에 미국의 저명한 사회학자인 Talcott Parsons와 그의 제자들이 지대한 공헌을 하여, 오늘날 이들을 구조기능주의 학파(structural-functionalist school)라고 부른다(7장 참고). 또한 Parsons의 제자였던 독일인 Niklaus Luhmann의 사회학 이론은 번역 연구에 적용되어 왔다. 번역학에 자주 등장하는 다른 사회학 이론으로는 프랑스 사회학자 Pierre Bourdieu의 사회장(social fields) 이론이 있는데, 이 이론 역시 사회를 유기체 모델로 보고 있다(9장 참고).

(1) 조화된 유기체

가장 긴 역사와 여전한 영향력을 보이고 있는 모델 중 하나는 사회를 하나의 유기체로 보는 유기체적 모델(organismic model)이다(Box 6.1 참고). 이 모델은 사회라는 유기체의 다른 부분들이 전체 구조에서 한 자리를 차지하고 전체가 원활하게 작동할 수 있게끔 각자의 역할을 수행하고 있다고 본다. 여기서 역할을 '기능(function)'이라고 하며 이 전체 접근법을 흔히 구조기능주의적(structural-functionalist) 접근법이라고 부른다.

구조기능주의 모델에 기반한 모든 이론은 서로 다름에도 불구하고 기본적으로 전체, 즉 사회와 사회를 구성하는 제도를 강조한다. 개인 또는 집단은 전체와의 관계에 있어서 고려된다. 구조기능주의의 주요 질문은 '새로운 세대가 들어설 때마다 그 구성원이 바뀜에도 불구하고 사회질서는 어떻게 유지될 수 있는가?'이다. 사람들이 태어나고 사망하면서 세대가 새롭게 교체되는데도 사회는 그 형태와 질서를 어떻게 유지할 수 있을까. 구조기능주의는 이에 대해 사회가 그 부분들의 기능을 통해 자신을 재생산해 왔기 때문에 가능했다고 답한다. 이를테면, 가족은 성적 재생산과 기초 사회화를 통해 새로운 구성원을 제공한다. 교육 제도는 그 구성원의 사회화를 이어받는다. 그리고 정부는 모든 사회 기능체의 전체 화합을 책임진다.

사회의 부분들은 조직화되고 서로 밀접하게 연관되어 있다. 구조기능주의 모델은 사회를 구성하는 제도뿐만 아니라 이 제도들이 서로 그리고 전체에 어떻게 연관되어 있는가에 대해 연구하는 것이 중요하다고 강조한다. 사회를 서로 밀접하게 연관된 부분들의 구조로 이론화해 한 부분의 변화가 나머지 다른 부분들의 변화를 유발하는 사회적 삶의 역동성을 설명할 수 있다. 이 변화는 일부에서는 무리 없이 진행될 수도 있고 일부에서는 저항을 겪을 수도 있다. 이를 기반으로 하여 사회에서 더 높거나 더 낮은 위치가 전체 사회의 의사결정에 서로 다른 정도의 영향력을 미친다는 사회 계층에 대한 연구가 진행되었다.

구조기능주의 모델은 개인과 개인의 행위로 단순화할 수 없는 현상의 연구를 이끌어 냈다는 점에서 현대사회학의 발전에 크게 기여했다. 사회는 독자적이며 더 이상 단순화할 수 없는 하나의 현상으로 비춰졌다.

구조기능주의는 사회적 비교주의(social comparativism)라는 사상을 만들어 냈다. 다양한 사회제도는 보편적인 구조 및 기능의 구현으로 간주되기 때문에 표면상으로 다른 사회와 비교하는 것이 가능해졌다. 일부 사회는 다른 사회와의 공통점이 거의 없는 것처럼 보일 수 있지만, 구조기능주의 모델에 따르면 모든 사회는 사회질서를 보장하기 위해 충족해야 하는 기본적 욕구를 가지고 있다. 이 기본적 욕구란 모든 사회는 새로운 구성원을 생산해야 하며 일종의 정부 또는 경제 관리체가 있어야 함을 말한다. 우리는 이 패러다임 내에서 다음과 같은 질문을 생각해 볼 수 있다.

Q. 번역은 사회제도로서 어떻게 서술될 수 있으며 사회질서 유지에 이바지하기 위해 어떤 기능을 수행하는가?

통번역학에서 연구자는 이런 질문을 통해 번역이 각기 다른 사회에서 사회제도로서 가지는 다양한 형태 속에서 통일성을 보게 된다. 번역은 다른 사회에서 서로 다르게 수행되며 다른 명칭으로 불리겠지만 서로 인접해 있건 멀리 떨어져 있건 간에 모든 사회는 연결의 네트워크이며 상호작용한다. 상호작용은 한 언어 내 또는 다른 언어 간 또는 다른 기호 간에 이뤄질 수 있다. 정치제도 및 경제제도 간의 상호작용이 그 예이다. 상호작용이 어떻게 조직되는가와 상호작용하는 당사자들의 관계에 따라 번역 실무가 상당히 달라질 수 있다. 이에 관련해 다음과 같은 질문을 생각해 볼 수 있다.

Q. 번역을 대화 참여자 1 - 번역사 1 - 대화 참여자 2의 단순한 삼자 관계로 서술할 수 있는가? 아니면 번역학교, 번역 에이전시, 번역팀, 번역 관리 당사자(편집자, 출판인, 동료 번역사)들로 이뤄진 보다 복잡한 번역 구조들의 상호작용이라는 더 복잡한 유형인가?

Q. 번역사 또는 통역사라고 불리는 사람들과 번역과 통역이 주 수입원 또는

유일한 수입원인 사람들로 이뤄진 사회에서 번역은 별개의 제도, 즉 직업인가?

Q. 이 사회 또는 그 사회계층은 특정 욕구의 충족을 위해 번역을 어떻게 이용하는가(번역을 통한 다른 사회계층 또는 다른 사회와 상호작용)?

Q. 번역을 통한 상호작용에 참여하는 사회집단(번역사, 고객, 의뢰인, 출판인, 편집자, 프로젝트 매니저 등등) 간의 관계는 무엇인가? 그리고 이 관계가 번역 프로젝트의 결과물에 어떻게 영향을 미치는가?

구조기능주의에 대해 제기되는 주요 비난은 구조기능주의가 근본적으로 목적론적(teleological)이라는 것, 즉 집합체가 목적을 가지는 것으로 본다는 것이다. 이런 비난은 '기능'이라는 단어를 '목적'의 약식 표현으로 간주한다. 그러나 집합체의 조율된 노력이 단일 유기체라는 인상을 줬다 할지라도 집단은 목적을 가질 수 없는 반면 인간 개인만이 목적을 가질 수 있다고 주장한다. 그러므로 일부 구조기능주의 학자들은 '기능'이라는 용어의 사용이 '…의 결과로서'라는 표현과 같은 뜻을 가진다며 목적에 대한 질문을 피해 가려 한다. 즉 전체 기능의 다른 부분들과 그 기능에 대한 결과로 효과가 나타난다는 것이다.

보다 심각한 반론은 '기능적'이라고 불리는 것들이 무엇을 위해 기능적인지가 분명하지 않다는 것이다. 사회에서 한 집단에 기능적인 것이 다른 집단에는 기능적이지 않을 수 있다. 구조기능주의는 사회를 같은 이해 또는 욕구를 가진 하나의 항목으로 상정한다. 그러나 사회는 서로 다른 이해와 욕구를 가지며 적대적인 관계에 놓여 있을 수도 있는 많은 집단으로 구성되어 있다. 이는 근본적인 질문으로 이어진다. '사회'라는 용어는 정확히 무엇을 의미하는가?

구조기능주의는 보수적이라고 알려져 있다. 한 사회가 그 존재를 보장하는 기능을 가진다고 이론화하는 것은 그 기능이 무엇이든 그 사회를 위해 필수적이며 파괴되기는커녕 바뀌어서도 안 된다는 것을 시사한다. 이런 기능들이 멈추게 되면 사회는 불완전해지며 일부 욕구를 충족하지 못하게 된다. 사회가 필요한 모든 것을 갖추고 있는데도, 사회는 왜 끊임없이 변동하는가? 모든 욕구가 충족되면 사회는 안정되어야 하지 않을까? 정치적인 시각에서 보자면 사회를 이렇게 이론화하는 것은 보수주의와 현 상황에 대한 보장, 변화에 대한 저항을 지지하는 것이다.

마지막으로 구조기능주의는 무엇보다 사회적인 것, 즉 집합체를 보기 때문에 개인을 경시한다. 개인의 욕구 및 활동을 무시하거나 경시한다. 개인은 가장 강력한 사회구조 속에서 장난감으로 축소될 것이다.

구조기능주의를 비판하는 사람들은 많지만 실상 모든 사회학자는 어느 정도는 구조기능주의자일 수밖에 없다. 사회학자들은 사회적인 것은 질서와 조화의 문제라는 것에 모두 동의한다. 또한 사회질서를 유지하기 위해 특정 기능이 반드시 수행되어야 한다는 것에 모두 동의한다. 그 특정 기능으로는 사회 구성원의 재생산을 위한 성행위 규제(가족 또는 가족의 다른 형태), 어린이의 사회화(양육, 문화화, 학교 교육), (법과 경찰 등의 물리력을 이용한) 폭력 통제 등을 들 수 있다.

번역을 사회 활동의 한 형태로 이론화하는 데 기능주의 모델을 이용하기 때문에 이 모델은 통번역학에서 가장 잘 알려진 모델일 것이다. 이 모델은 번역이 사회 기능을 수행하는 것으로 본다. 번역의 언어학 이론에 따르면 번역은 언어 간 중개를 담당하며, 문화 이론에서는 문화 간 중개를 담당하는 것으로 본다. 그리고 일부 번역 학자들은 번역의 다른 사회적 역할은 1차 사회 기능인 중개(사회행동주의의 한 형태)를 넘어서는 것으로 본다. 이 모든 접근법에서 번역은 구조기능주의 사회에서 규정한 대로 이론화된다. 번역을 별개의 사회 기능으로 이론화하는 데 기울인 헌신이 항상 완전히 실현되지는 않기에 일부 학자들은 번역이 자격을 제대로 갖춘 사회적 영역(다른 용어로는 '분야' 또는 '기능적(하위)체계'라고도 함)인가를 문제 삼기도 한다. 만약 번역이 사회적 영역이 아니라면, 무엇을 근거로 하여 번역을 별개의 활동으로 구별할 것인가? 번역이 모호하거나 덧없거나 규정하기 힘들다 해도, 번역이 그 자체의 사회적 공간을 가진 사회 기능이 아니라고 한다면 번역 이론화의 기반은 사라져 버릴 것이다.

(2) 갈등 또는 균형?

사회의 유기체적 모델 또는 구조기능주의 모델은 사회의 균형 모델(equilibrium model)로 서술될 수도 있다. 균형 모델은 사회를 표현하는 방식에 있어서 모든 사회에서 관찰되는 갈등 및 긴장 그리고 이러한 갈등과 긴장이 유발하는 변화를 경시한다는 비판을 받았다. 20세기의 저명한 기능주의자 중 한 사람인 사회학자 Parsons와 그의 추종자들은 생리학의 항상

성 개념을 차용해 사회를 서술했다. 항상성 개념에서는 유기체는 상처나 질병을 치유하는 메커니즘을 가지고 있다고 본다. Parsons의 사회 모델은 이를 기반으로 해 자가 안정 사회(self-stabilising society)를 그려냈다. 위험이 발생하면 사회는 이를 해소한다. 예를 들어 범죄 발생 시, 경찰이 범인을 잡고 재판을 열어 범죄자를 감옥에 가두어 사회에서 격리시키면 사회질서가 회복되고 사회 가치가 존중된다. 이렇게 사회적 균형(social equilibrium)이 바로 잡힌다.

그러나 사회적 균형의 개념(concept)이 구조기능주의라는 정적 모델의 근원적인 문제점을 해결하지는 못했다. 사회에 닥친 문제들을 해결하지 못하거나 그 균형을 깨뜨리는 것들에 효과적으로 대처하지 못했던 증거는 무수히 많다. 또한 항상성의 개념(notion)을 사회에 적용하기 위해서는 사회 최적 상태의 개념(notion)을 정의해야 한다.

균형 모델에 대응해 갈등 모델(conflict model)이 등장했다. 갈등 모델의 주창자들은 항상성 사회라는 것은 환상에 불과하다고 주장한다. 사회가 일종의 균형을 회복하기 위해 투쟁하는 것처럼 호도하고 있다는 것이다. 사회는 지속적인 이해 갈등의 교차로이다. 일부 갈등은 숨겨져 있고, 일부는 명백하게 드러나 있다. 일부는 말로 싸우고, 일부는 피비린내 나는 내전으로 이어진다. 결국 이 갈등들은 결핍된 세상에서 힘 또는 이점을 누리기 위한 투쟁에서 야기된다.

통번역학에서 번역을 가교 놓기(bridge-building)로 개념화하는 것은 항상성 자가치료 사회를 제시한 Parsonian 이론과 같은 균형 모델에 부합한다.

번역은 사회적 균형을 바로잡고 사회질서 위반을 치유하는 메커니즘의 하나로 간주된다. 그리고 사회 내적으로 또는 사회 간에 기능한다. 예를 들어, 서로 다른 언어를 사용하는 집단 간의 사회에서 질서를 회복하는 데 도움을 줄 수 있다. 이 경우에 갈등 당사자들 사이를 중개하는 것이 언어 간 번역이다. 갈등 당사자들이 같은 언어를 사용하는 경우라면 언어 내 번역이 서로 다른 이해를 중개하게 된다.

최근 번역의 역할에 대한 시각이 달라지고 있다. 갈등 모델 패러다임 내에서 번역의 기능을 탐구하는 연구도 점점 더 많아지고 있다. 알고 보면 번역은 항상 간극을 메우지만은 않는다. 때로는 그 간극을 넓히기도 한다.

균형 모델과 갈등 모델 중 어느 것이 더 선호될까. 사회에는 갈등이 존재하며 합의에 이르고자 하는 시도가 존재하기 때문에 두 모델 모두 고려해야 한다. 마찬가지로 번역은 갈등의 조정역이 될 수도 있고 갈등을 악화시키거나 심지어는 갈등을 유발하는 하나의 요인이 될 수도 있다.

(3) 진화하는 유기체

생물학에서 영감을 받은 유기체적 모델을 변형한 진화 모델(evolutionary model)이 있다. 진화 모델은 다른 모델에 비해 많이 알려져 있지 않다. 하지만 사회를 진화하는 유기체로 보는 시각에 기반을 둔 이론에는 여러 가지가 있다.

Box 6.2

진화하는 사회

오랫동안 생물학적 진화론의 영향 하에서는 사회가 초기 원시사회부터 보다 발전된 문명 단계로 나아가고 있다고 봤다. 스코틀랜드의 철학자인 Dugald Stewart(1753-1828)는 "우리의 학식, 견해, 방식 및 제도를 미개한 부족들 사이에 만연해 있는 것들과 비교했을 때 그 전이가 최초의 단순한 노력에서부터 놀라울 만큼 인위적이며 복잡한 단계까지 어떤 단계를 거치는가 하는 흥미로운 의문을 갖게 된다(1987:4에서 재인용)"고 했다. Comte는 사회 발전이 신학적인 것에서 시작하여 형이상학적인 것을 거쳐 종국에는 실증철학에 이르는 것으로 봤다. Spencer는 사회학을 가장 복잡한 단위인 사회의 진화를 연구하는 학문으로 봤다. 그래서 초기의 사회학은 가장 복잡한 형태의 진화에 집중하였다.

진화에 대한 또 다른 변형으로는 다양한 사회진화 단계의 연속을 규정하는 자연법이 있다는 믿음이다. Karl Marx와 Friedrich Engels가 전개한 사회학이 바로 그 예이다. Marx와 Engels에 따르면 사회는 고대 그리스와 고대 로마의 노예 사회에서 시작하여 중세 유럽의 봉건주의, 근대 유럽 민족국가의 자본주의, 사회주의를 거쳐 공산주의에 이르는 단계로 발전해왔다.

진화는 인간사회 전체를 하나로 간주하는 *보편(universal)* 이론이다. *단선적인(unlinear)* 사회진화론은 개별 사회가 연속적인 단계를 거친다고 상정한다. *다중선형적인(multilinear)* 진화론은 개별 사회의 진화도, 전체 인류의 진화도 고려하지 않는다. 이 이론은 한정된 연속 사건에 중점을 두며 '농사법의 변화가 가족의 영향에 항상 영향을 미쳤는가'와 같이 사회제도에 대한 경제 및 기술 발전의 종속성에 대해 질문한다. 사회구조의 한 부분에서 일어난 변화가 다른 부분의 변화를 가져온다는 사회학적 사고는 진화 모델과 구조기능주의 모델을 이어준다.

일부 이론은 직접적으로 진화를 언급하지 않지만, 이런저런 점에 있어서 사회를 진화하는 것으로 간주한다. 예를 들어, Durkheim은 분업의 측면에 있어서 사회를 진화하는 것으로 봤다. 두 종류의 사회가 있는데 "기계적 연대(mechanical solidarity)"에 기반한 사회는 사람들이 1차 사회제도(가족, 친족, 종교)에 묶이는 작은 공동체이고, "유기적 연대(organic solidarity)"에 기반한 사회는 공통의 이해, 계약 및 보다 추상적인 표상('조국', 애국심, 시민성)으로 구성원을 묶는다. 후자에서 분업이 증가하며 사회를 유기적으로 묶는 전문화도 증가한다.

20세기 미국의 저명한 인류학자인 Leslie White(1900-1975)는 사회가 기술(technology)를 다루는 방식에 따라 사회를 진화하는 것으로 봤다. 원시사회에서는 농사를 짓지 않았다. 이후 농업혁명이 일어나 인류는 앞으로 나아갔다. 다음은 19세기에 시작된 연료 시대(the Fuel Age)였다. White는 모든 인류가 이 진화를 함께 겪었다고 믿었다(그러므로 White의 이론은 보편진화론이다). 게다가 사회들은 획기적인 기술 발전의 확산을 통해 서로의 진보에 도움을 주게 된다. White는 인류가 더 높은 정도의 통합에 이르게 되어 "지구 전체와 전 인류를 아우르는 하나의 정치 단체(1964:32에서 재인용)"가 될 것이라고 주장했다.

William Fielding Ogburn(1886-1959) 또한 사회 발전에 있어서 발명의 역할을 고찰했으며 문화지체현상(culture lag) 법칙을 정립했다. 이 법칙에 따르면 기술의 발전은 항상 사상, 사회제도와 같은 비물질문화의 발전에 선행한다.

Q. 새로운 사상의 전파와 사회 진화에 있어서 번역의 역할은 무엇인가?

독일의 사회학자인 Niklas Luhmann은 법, 과학, 예술, 경제 등과 같은 사회 기능 체계의 경계가 지정학적 국경을 극복하게 되면 사회 기능에 있어서 세계 통일은 진화를 시사한다고 설명한다. Luhmann은 정치만이 국민국가의 분리를 유지시킨다고 봤다. 그러나 유럽연합이나 초국가적인 정치 연합체 같은 세계 정치의 새로운 국면은 정치적 하위체계가 국가 영토를 초월한다는 것을 시사한다. Luhmann은 기능적 세계화(functional globalisation)에 있어 "사회 전체를 영토 경계로 제한하는 것은 불가능해졌으며, '현대사회(modern societies)'를 복수형으로 말하는 것은 더 이상 이치에 맞지 않다(1990: 178)"고 말한다.

이 주장은 세계화(globalisation) 이론으로 이어진다. 세계화는 세계사회의 출현으로 간주된다. 그 과정은 언어와 문화를 통한 상호작용과 관련되어 있으므로, 번역이 세계화의 결정적인 요인으로 간주되는 것은 지극히 당연하다(Cronin 2003; Bassnett 2005).

2. 행위 모델(Action model)

앞서 서술한 거시사회학적 모델에 대응해 사회의 행위 모델이 전개되었다. 행위 모델은 사회가 개인을 아우르는 구조가 아닌 사회를 개인의 집합체로 간주한다. 개인은 상호작용하며 상호작용의 네트워크를 구성한다. 거시적 차원의 모델은 사회가 개인의 행동에 영향을 행사하는 것으로 보는 반면 미시적 차원의 모델은 사회를 개인 상호작용의 근원이라기보다는 결과로 논한다. 거시적 차원의 모델에서 사회질서는 독자적 실재인 사회에 의해 확보되며, 미시적 차원의 모델에서 사회질서는 인간의 상호작용으로 협의 및 재협의된다.

일부 인간 행위는 무의식적이며 전적으로 생리적이거나 외부 자극에 의한 생리적 반응이다. 우리는 재채기를 할 것인가 또는 두려움을 느낄 것인가를 선택하지 않는다. 그러나 인간 행위의 대부분은 자발적이며 목적 지향적이다. 우리는 이렇게 또는 저렇게 행위할 것을 선택하며 목적을 달성하기 위해 행위한다. 우리가 취하는 행위와 다른 사람의 행동을 해석하는 방법에서도 이를 확인할 수 있다. 행위 이론가들은 사람들이 특정 상황에서 어떻게 행동할 것인가를 결정하기 위해 먼저 상황을 파악한다고 한다. 예를 들어, 우리가 아는 사람을 만났을 때 우리는 그 사람이 지인 또는 동료임을 인지한 다음, 그에 따라 인사를 건네고 안부를 묻는 등의 행위를 한다. 사업 협상 자리에서 통역을 하는 경우라면 통역사가 응당해야 하는 행위, 즉 한쪽이 말하는 것을 듣고, 그 말을 다른 언어로 통역하는 행위를 한다. 이 과정에서 우리는 협상 당사자들이 말하지 않은 것을 말하지 않는다. 특정한 상황에서의 의상, 제스처, 자리-취하기(place-taking) 등은 해석될 것이므로 우리는 타인에게 우리의 의도, 지위 등을 알리기 위해 옷을 갖춰 입고 행위한다.

행위 모델 이론은 개인의 행위에 대한 사회적 관습과 사회적 실재에서 개인을 관장하는 요인에 대한 영향을 간과한다는 비판을 받는다. 행위 모델이 그리는 사회란 마치 아무 제약도 없었던 혹은 약간의 제약이 있었던 것처럼 그리고 마치 다른 행위자의 우발적인 행동만이 상황을 결정하는 것처럼 인간 행위의 비구조 이론으로 귀결된다. 그러나 다른 사람들과 교섭하지 않고 학습한 대로 행위하는 특정 상황이 있다. 교실에서 학생의 행동을 생각해 보자. 어느 정도의 자유가 있어 심지어 학생이 관습적인 질서에 반기를 든다 할지라도 학생은 교수자처럼 행위하지는 않는다.

또한 행위 모델로는 각각의 사회가 존속하기 위해 충족해야 하는 부정할 수 없는 기본적 욕구, 즉 정부 형태, 법 집행 등을 설명할 수 없다. 이러한 사회 메커니즘을 서술하는 데는 기능주의 모델이 보다 적합한 것으로 보인다.

행위 모델에 기반한 이론들은 인간이 상황 및 다른 사람의 행위를 해석해 행위한다고 보기 때문에 해석 이론(interpretative theories)이라고도 한다. 행위하는 개인 또는 행위자는 자신을 둘러싼 사회적 환경을 이해해 행위를 결정한다. 다른 사람들은 같은 상황을 다르게 정의해 다르게 행위할 수도 있다. 여기서 중요한 것은 상황에 대한 특정 인물의 해석이 옳은가 그른가를 따지는 것이 아니라는 점이다. 많은 상황에 있어서 '옳은' 해석이 없을 수 있다. 중요한 것은 인간은 상황을 해석할 수밖에 없고 그 해석에 따라 어떻게 행동할 것인가를 결정한다는 것이다.

행위 또는 해석 모델은 암묵적이기는 하지만 일부 중요한 이론들에 영향을 미친다. 그 예로 스코포스 이론(skopos theory)과 번역 행위론(*Translatorisches Handeln*)(Reiss and Vermeer 1984; Holz-Mänttäri 1984)이 있다. 통번역학에서 이 이론들을 기능주의적이라고 부르지만 '기능주의적'이라는 용어의 의미를 사회학의 기능주의와 혼동해선 안 된다. 통번역학에서 기능주의란 문화 간 의사소통의 전문가인 번역사가 원천 텍스트의 기능을 이해해 목표 텍스트의 기능을 결정한다는 생각에서 나온 것이다. 번역사는 번역명세서 또는 목표 텍스트의 목적, 즉 스코포스에 따라 목표 텍스트의 기능을 유지하거나 변경할 수 있다.

3. 두 가지 관점

다음으로는 모델에 대조되는 관점의 사례로서 중요한 담화연구법(discourse approaches)인 탈식민주의와 페미니즘에 대해 알아보겠다. 여기서 '관점(perspectives)'(그다지 만족스럽지 않은 표현이지만)이라는 것은 사회적 실재 전체를 표현하려는 시도를 한 모델에 비해 보다 덜 완전하고 포괄적인 생각의 덩어리이다. 관점이란 견해(페미니즘, 탈식민주의[45]) 또는 방법론적 접근법(포스트구조주의, 해체주의)이다. 관점 내에서 통합된 이론의 부재로 인해 '탈식민주의'와 같은 용어가 "장황하고 모호(Gandhi 1998: viii)"하다는 평을 듣게 되었다.

(1) **탈식민주의**(Postcolonialism)

탈식민주의를 논하기 전에 식민주의에 대해 알아보자.

---

45 6장에서 관점의 사례로 페미니즘과 탈식민주의 관점을 선택했는데, 이 두 관점이 통번역학에서 보다 중요한 역할을 하기 때문이다.

> '탈식민(post-colonial)'이라는 용어는 식민지화의 순간부터 현재까지의 제국적 과정에 의해 영향을 받은 모든 문화를 다룬다. 이는 유럽 제국주의의 침략으로 시작된 역사적 과정 내내 선점이 지속되기 때문이다.
>
> Ashcroft, Griffiths and Tiffin 2003: 2

탈식민주의는 제2차 세계대전 기간에 시작된 해방운동과 연관되어 있으나 르네상스 시기부터 북미, 아프리카, 아시아, 호주 및 뉴질랜드에 있는 원주민들을 학살하고 진압하던 유럽 팽창의 역사시대까지 아우른다. 식민지화는 근대 세계에 가장 과격한 영향을 미쳤다. "1500년부터 1950년에 이르기까지 홀로코스트과 디아스포라를 초래한 세계 지배를 향한 유럽의 비상은 세계 권력을 구조화하는 가장 중대한 사건이었다(Schwarz and Ray 2000: 2)."

그러나 이 용어는 식민자의 관점을 반영하고 (접두사 '탈(post)'의 사용으로 인해) 식민주의의 종말을 시사한다는 점에서 비판을 받는다. 사실 식민지의 정치적 독립이 경제, 문화, 정치 등과 같은 다른 형태의 지속적인 식민적 탄압을 막지는 않는다. 그러므로 신식민주의(neo-colonialism) 또는 새로운 형태의 오리엔탈리즘(orientalism)을 생각해 볼 수 있다(Spivak 1999; Vukovich 2012; Barlow 1997).

신식민주의나 오리엔탈리즘과 같은 모든 변형(variations)의 관점은 근대사회를 권력관계의 불평등에 다음과 같이 이론화한다. 식민자는 피식민자를 정치적이고 경제적으로 착취하고 문화적으로 영향을 미치는 힘을 행사한다.

탈식민주의 연구에서 이론화에 대한 언급은 전혀 없으며 다양한 식민 관계에 대해 논하고 있다. 주제가 광대하기 때문에 접근법을 통합하기가 어렵다. 다른 형태의 식민 관계가 존재하는데 유럽인들이 원주민들을 그들의 영토에서 몰아냈던 정착민 사회(북미, 호주 및 뉴질랜드)나 천연자원의 공급처로 이용된 다른 식민지(아프리카와 아시아)는 서로 다른 식민 관계의 사례가 그것이다. 여기에는 엄청나게 다양한 인종, 계급, 종교 및 그 외 요인이 다수의 방식으로 연루되어 있다.

탈식민주의 연구의 창시자로 불리는 팔레스타인 학자 Edward Said (1935-2003)는 1978년 출판한 고전 『오리엔탈리즘(*Orientalism*)』에서 유럽 식민자들이 동양을 표현하는 데 사용한 주요 전략의 개요를 서술했다. 동양은 불가사의하고, 이국적이며 먼 곳이었다. 이에 Said는 탈식민주의 관점의 토대가 된 표현과 담론의 문제를 제기했다.

> 동양(the Orient)은 유럽 [⋯] 문명 및 문화의 필수 부분이다. 오리엔탈리즘은 제도, 어휘(용어), 학문, 이미지, 교리, 심지어는 식민 정치 및 식민 방식을 지지하는 담화의 방식으로서 그 부분을 문화적으로 심지어는 이념적으로 나타내고 가리킨다.
>
> 1995: 2

탈식민주의 연구의 다른 학자로는 Homi Bhabha가 있는데 저서 『문화의 위치(*The Location of Culture*, 1994)』에서 탈식민주의 연구의 중심이 되는 두 가지 개념인 모방(mimicry)과 혼종성(hybridity)을 제시했다. 모방은 식민자가 피식민자들을 복종시키는 과정을 가리킨다. 예를 들어, 식민자가 피식민자에게 식민자의 언어를 배우고, 문화, 종교 등을 모방할 것을 장려하거나 심지어는 강제한다. 그러나 이는 식민자의 문화에도 영향을 미치는데, 그 모방의 결과물은 "흐릿하며" "식민 지배의 확신에서 틈을 찾아내는" 흉내에 불과할 수도 있다(Ashcroft, Griffiths and Tiffin 2002: 139).

혼종성은 문화 상호변형의 교류, 즉 문화 이식(transculturation)을 의미한다. Bhaba는 본질적으로 잡종인 문화 정체성에 대한 미묘한 접근법에 찬성한다. 혼종성은 교류하는 두 문화 사이에 존재하는 '제3의 공간(Third Space)'에서 형성된다. 이곳은 "식민 또는 탈식민적 기원"의 공간이며 "나라 *간* 문화"의 장소이다. 여기서 "간(inter)"은 "문화의 의미가 가지는 부담을 안고 있는 번역과 교섭의 최첨단이자 *사이-공간(in-between)*이다(2003: 38)".

탈식민주의 관점에서 다음과 같은 질문을 생각해 볼 수 있다(Schwartz in Schwarz and Ray 2000: 5).

Q. 문화적 상호작용의 과정에 있어서 모든 형태의 폭력은 얼마나 견딜 수 있는가/용인될 수 있는가/용서할 수 있는가/불가피한가? 번역이 없이는 문화 간 의사소통이 불가능한데 문화 간 폭력에 있어서 번역의 윤리적인 입장은 무엇인가?

Q. "[탈식민주의]는 여러 집단이 합치거나 상호작용하는 환경에서 정체성의 본질을 재고해 갈등을 끝내거나 전달하는 실천적인 모델을 제안한다. 예

를 들어, 인간을 특정 인종 집단 또는 국가 집단에 귀속된 것으로 보고 다른 집단에서 제외하는 것이 진실로 충분한 것일까? 어떤 조건 하에서 그러한가?" 문화 간 맥락에서 번역은 정체성의 문제를 어떻게 해결 또는 강조할 것인가?

Q. "한 집단이 다른 집단에 강요하게 되는 때는 언제인가?" 문화 간 강요의 맥락에서 번역은 어떻게 자리매김을 하는가?

Q. "상호작용과 강요의 차이는 무엇인가?"

Q. 인류를 지역('서양' 대 '동양', '서양' 대 '나머지 지역' 등등)에 따라 나누는 것이 얼마나 타당한가? 인간을 '타인'으로 생각하는 것은 불가피한 것인가? 본질적인 것과 구체적인 것의 관계는 무엇인가? 이 모든 대조 카테고리는 번역에 어떤 영향을 주는가?

탈식민주의 관점은 관점이 어떤 것인가를 잘 보여 주는 전형적인 예이다. 탈식민주의는 거시사회학적 범위에서 세계와 그 부분을 보는 모델에 기반한다. 실제로 탈식민주의가 다루는 카테고리에는 '오리엔탈리즘', '서양', '동양', '식민자', '피식민자'가 있다. 이 점에서 미시사회학 또는 행위 모델과 다르다. 탈식민주의 이론가들이 개별 사례를 연구할 수도 있지만, 항상 하는 연구는 확립된 사회적 관행과 사회구조의 전형적인 사례나 그 예외, 기본 법칙과 패턴을 증명하는 연구라는 것을 알아야 한다.

좀 더 구체적으로 말하자면, 탈식민주의는 여러 거시 모델 중 갈등 모델의 변형이다. 갈등 모델은 세계를 양립할 수 없는 것으로 본다. 부분들은 서로 충돌하고, 사람들의 이해, 관점과 이상은 조화를 이루지 않는다. 탈식민주의는 그 균형을 바로잡거나 적어도 기존의 불균형에 대해 경고하고자 한다. 탈식민주의 관점은 식민자와 피식민자 사이의 불균형, 세계의 다른 부분 및 인종에 관련된 불균형과 같은 주제에 초점을 맞추고 있다.

탈식민주의 사고의 발전에 영향을 준 글을 쓴 Frantz Fanon(1925-61)은 탈식민주의 관점의 명백한 전략을 제시했다. 1952년에 출판된 『검은 피부 하얀 가면(*Peau noire masques blancs*)』에서 Fanon은 식민주의자의 외형을 묘사하는 문장으로 글을 시작한다. "백인은 자신의 흰색에 갇혀 있다. 흑인은 자신의 검은색에.(Le Blanc est enfermé dans sa blancheur. Le Noir dans sa noirceur.)"(1995:7; 노서경 역 2014:10) 그리고 책의 마지막을 탐구심이 많고 편견이 없는 인간 사이에서 사라지는 인종 장벽의 문구로 맺는다.

> 나는 어느 날, 그런 세상에 내가 있다는 것을 알게 되고, 스스로 단 하나의 권리만을 인정한다: 타자에게 사람다운 처신을 요구할 권리. 의무도 단 하나뿐이다. 내 선택을 통해 내 자유를 버리지 않을 의무. […] 내 삶이 검둥이의 가치를 결산하는 데 바쳐져서는 안 된다. 백인의 세상이란 없고, 백인의 윤리도, 더구나 백인의 지능이란 것도 없다. 세상 여기저기서 무언가를 찾는 사람들이 있다. […] 우월? 열등? 왜 그저 단순히 타자를 만지고, 타자를 느끼고, 나에게 타자가 모습을 드러내도록 해 보지 않는가? […] 내 최후의 기도는 이것이다: 오 나의 몸이여, 내가 언제나 질문하는 사람이 되게 하기를!
>
> 1995: 186, 188; 노서경 역, 2014: 221, 223

(2) 페미니즘 관점

이 세계에 존재하는 다른 형태의 갈등을 페미니즘 관점에서 찾아볼 수 있다. 탈식민주의와 마찬가지로 페미니즘 관점은 학계 밖으로 나와 페미니스트 사회운동과 그 궤를 함께한다. 페미니즘 역시 거시 갈등모델에 기반하고 있는데 여기서 갈등은 가부장제와 여성 간에 일어난다. 페미니즘은 18세기 말로 거슬러 올라가는 그 긴 역사에 있어 가부장제를 사회현상으로 해석하거나 가부장제를 다수의 사회현상과 관련시켰다. 교육, 법적 문제, 성생활, 투표 및 정치 참여 등과 같은 사안에 있어서 불평등이 존재했다. 마르크스주의 페미니즘은 가부장제와 자본주의를 연결해서 봤다. 급진적 페미니즘의 성 계급 이론은 가부장제 또한 성별이 계급인 사회질서로 고찰했고 성별 간의 긴장이 경제 계급 간의 긴장과 비슷하다고 봤다. 탈식민주의와 마찬가지로 페미니즘 역시 통합된 패러다임이나 운동과는 거리가 있다. 페미니스트들은 다소 과격할 수 있는데, 자본주의와 성차별주의로 대표되는 가부장제에 맞서 싸우고, 여성을 침묵하게 하고 억압하는 사회구조 또는 특히 남성 폭력에 저항해 싸운다. 그러나 이 모든 변형에서도 페미니즘 관점은 하나의 주제에 초점을 맞추고 있다. 바로 여성의 억압과 균형을 바로잡는 것이다.

비록 "페미니즘의 역사를 하나도 빼놓지 않고 다 쓰는 것은 절대 불가능(Eva Gamarknikow in Mann 1983: 129)"하지만, 페미니즘을 여러 물결로 구분할 수는 있다. 첫 번째 물결은 여성들의 프랑스혁명 참여와 Mary Wollstonecraft(1759-97)의 1792년 저서 『여성의 권리 옹호(*A Vindication of the Rights of Women)*』에서 시작해 20세기 초까지 진행된다. 이 첫 번째 물결의 유명한 결실 중 하나는 여성의 투표권을 위해 싸운 영국의 참정권 운동이다. 마르크스주의 페미니즘은 1917년 이후 구소련에서 번성했다.

1960년대와 70년대에 걸쳐 일어난 페미니즘의 두 번째 물결은 대중의 관심을 여성에게 돌린 중요한 시기였다. 개인적인 것이 사회적으로 그리고 정치적으로 유의미했다. 이 기간에 하위 주체로서 여성은 말하는 법(목소리를 내는 법)을 배웠고, Spivak(1988)의 유명한 에세이에 영감을 줬다. 다분히 가부장적이었던 학계에 페미니즘이 도입된 시기가 이때다. 페미니즘이 학술 프로그램으로 논의되었으며 여성학이 고등교육 커리큘럼에 도입되었다.

페미니즘의 세 번째 물결은 1980년대 후반에 시작되었다. 세 번째 물결은 보다 다양하고 분화된 형태로서 그 학문적 해석에 있어 사회운동과는 직접적인 관련이 줄어든 것처럼 보였다. 이 시기의 페미니즘은 젠더 연구와 빈번하게 관련되고, 다른 하위 주체에 대한 학문적 탐구의 일환으로 받아들여지며, LGBT 연구의 성소수자와 밀접한 관련을 맺는다.

명확하게 *여성*-번역사(*women*-translators)로 활동하는 여성 번역사들이 알려진 것은 첫 번째 물결[46] 때였지만 페미니즘 번역(feminist translation)이 번성한 시기는 두 번째 물결 때였다. 이후 통번역학에서 페미니즘 번역에 대한 연구가 시작되었고(Simon 1996; Flotow 1997; Delisle 2002), 최근에는 번역사로서 여성에 대한 연구가 증가하고 있다(예, José Santaemilia와 Luise von

46 1860년대 재정 러시아에서 여성들은 여성작가들의 책(주로 번역서)을 출판하는 출판사를 설립하였다(Tyulenev, 2011b: 92-94).

Flotow가 편집한 *MonTI*, 특집호, 2011(3)).

정리하자면 페미니즘과 페미니즘 연구는 거시 갈등모델의 영향을 받았다. 갈등(여성 대 가부장제)을 해결하겠다는 희망은 모든 지식은 사회적으로 구축된다는 상정을 기반으로 한다. 이와 같이 지식은 위치-취하기(position-taking)나 위치-배정하기(position-assigning)에 영향을 미친다. 페미니즘은 여성은 그간 위치를 배정받아 왔고 따라서 사회에서 특정 위치를 차지하는 경향이 있다고 설명한다. 젠더 역할을 부여하는 사회적 지식은 전체 사회구조와 사회 전체에 있어 불균형을 초래한다. 사회 전체의 한 부분으로서 여성은 사회생활의 주변부로 쫓겨났고, 여성들의 문제와 걱정은 '사적인'(사회적으로 적절한 '정치적인'의 반대) 영역으로 밀쳐졌다. 페미니즘 관점의 목표는 여성을 사회의 동등한 구성원으로 만들어 균형을 바로잡는 것이다.

4. 모델과 관점의 결합 가능성

마지막으로 어떤 이론도 하나의 모델 또는 하나의 관점에만 기반을 두고 있지 않다는 것을 다시 강조한다. 사회학 이론을 바탕으로 하는 연구는 다른 모델과 관점의 특징을 결합해 연구를 수행한다. 예를 들어, 탈식민주의와 페미니즘은 식민화와 가부장제를 지배의 형태로 볼 수 있다는 점에서 높은 양립 가능성을 보여 주고 있다.

> 백인 남성이 바라보는 여성과 아시아인 및 아프리카계 카리브인의 소수민족 집단의 유사점을 생각해 보면 1970년대와 80년대에 벌어진 극렬한 토론에서 여성과 소수민족 집단이 서로를 아주 유사한 처지에 놓인 존재들이라고 봤다는 것은 그리 놀라운 일은 아니다. 그래서 이 두 집단은 기회균등, 차별 철폐조치, 비례대표제, 교육의 불이익에 관한 서로의 용어를 차용했을 것이다.
>
> Watson 2000: 8

앞서 여성학이 종종 젠더 연구의 한 부분으로 간주되고 있음을 언급했다. 탈식민주의는 페미니즘, 해체주의, 포스트구조주의와 함께 결합될 수 있다(예, Spivak 2012).

연구 현상의 다른 측면에 접근하기 위해 필요한 경우에 여러 모델을 결합할 수도 있다. 대규모의 미시 연구는 미시 사례연구로 보완할 수 있다. 사실상 하나 또는 다른 모델 또는 관점에 전념하는 것은 사회조사의 이전 단계에서 보이는 특징이다. 이 뒤에 나오겠지만, 사회학과 사회과학에서 경향은 패러다임 그리고/또는 방법의 순수성의 논리보다는 연구 중인 현상의 효과적 연구의 논리에 좌우된다(5장, '방법의 결합 가능성' 참조).

토론 주제 및 과제

1. 이 장을 여는 주요 질문들에 대해 논의하라.
2. 어떤 모델이 Levy(1967)의 의사결정 실무로서 번역 이론에 영향을 줬는가?
3. 어떤 모델이 Nord(2007)의 번역을 바라보는 시각의 기저를 이루고 있는가?
4. Snell-Hornby(2006)와 Pochhaker(2008)가 통번역학의 역사를 소개하는 데 어떤 모델이 기저를 이루고 있는가?

추가 주제와 과제는 www.routledgetranslationstudiesportal.com를 참고

추천 문헌

탈식민주의 관점: Robinson(1997a); Fanon(1995, in French); Gandhi(1998); Niranjana(1992); Schwarz and Ray(2000); Spivak(1999).
페미니즘 관점: Flotow(1997); Simon(1996); Santaemilia and Flotow(2011).
해체주의 관점: Game(1991); Derrida "*From* Des Tours de Babel" in Schultre and Biguenet(1992: 218-27).
결합된 접근법의 사례: Bartolovich and Lazarus(2002, "a strong and visible *Marxist* postcolonial study"(p. 1)); Gentzler(2008).

7장

거시사회학 이론

주요 질문

- 기능주의란 무엇인가?
- 기능주의를 통해 우리가 사회에 할 수 있는 주요 질문은 무엇인가?
- 번역 연구에 기능주의적 패러다임이 필수인 이유는 무엇인가?
- 기능주의의 한계는 무엇인가?
- 어떤 갈등이론을 알고 있는가?
- 권력, 지배 그리고 비판이란 무엇인가?
- 번역학에 거시사회학 모델을 적용한 것에는 어떤 것들이 있는가?

1. 연구의 사회학적 단위를 찾아서[47]

어떤 현상을 과학적으로 연구하기 위해서는 조사의 단위를 설정해야 한다. 이는 무엇을 연구하느냐에 따라 연구 방법이 달라지기 때문이다. Durkheim은 사회학에서 '사회적 사실(social fact)'을 사회학적 탐구의 단위로 상정해야 한다고 주장했다. 사회적 사실이란 "행위하거나 사고하는 방식으로 개인의 의식에 대해 강압적인 영향력을 행사할 수 있는 특징이 있다(Durkheim 2004: 56)"고 정의했다. Durkheim은 사회적 사실을 인간의 마음에 대한 외부 현상으로서 '물질'로 연구할 것을 제안하고, 사회적 사실을 연구하는 데 있어서 텍스트, 도덕률, 통계 등과 같은 외부 증거를 찾아야 한다고 주장한다. Max Weber에게 사회학적 조사 단위는 '사회적 행위(social action)'이다. 사회적 행위란 "주체(agent) 또는 *다*른 사람의 행동에 연관된 주체들이 의도한 의미 있는 행위(1978: 7)"를 가리킨다. 사회적 행위의 유의미함은 조사자의 상황 및 행위자에 대한 '이해(*Verstehen*)'를 요구한다. 앞에서 연구의 두 가지 다른 단위와 두 가지 다른 방법에 대해 살펴봤다(5장의 양적 연구 방법 및 질적 연구 방법 참조). 앞으로 보게 되겠지만 사회적 행위자가 연구 또는 행위의 단위가 되건 아니건 간에 사회학의 길고 복잡한 궤적은 이 접근법 사이의 균형 유지가 용이하지 않으며 여전히 논란의 대상이 되고 있음을 보여 주고 있다.

---

47 7장을 읽기 전에 6장의 '유기체로서의 사회'를 읽어 볼 것을 권고한다.

서구 사회학에서는 전통적으로 조사의 단위가 '개인'이었다. 이는 전체 인류학적 전통 때문인데 철학자인 Protagoras가 인간은 모든 사물의 척도라고 선언한 고대 그리스로 거슬러 올라간다. 실제로도 그러하다. 서구 사회는 대체로 개인에 중점을 두고 있다. 법전에서는 개인을 인정하고 있으며 정부는 개인에게 고유의 번호를 부여해 데이터베이스에 등록하는 것으로 개인을 대하고 있다. 사회학 연구에서 개인을 다루는 것은 곧 개인의 자기 존중, 선택의 자유, 책임, 행동주의 등등을 고려하는 것을 의미한다.

번역 연구의 상황은 크게 달랐다. 번역사가 아닌 번역이 연구의 단위였다. 오늘날 번역사에도 많은 관심이 쏠려 있지만 번역사가 수행하는 사회적 기능으로 번역사를 식별하지 않는 이상 번역사를 이론화하는 것은 불가능하다. 이것이 번역사를 통번역학 연구의 단위로 만드는 것에 있어서 근본적인 문제이며 사회학적 기능주의는 이를 아주 분명하게 보여 준다.

Box 7.1

기능과 기능주의

'기능(function)'이라는 용어는 사회학에서 두 가지로 사용된다. 그 엄밀한 사용에 따르자면 기능은 다른 변수와의 관계에서 보이며 그 관계에서 가치가 결정되는 하나의 변수로 간주된다. 예를 들어, Durkheim은 자살 유형을 통계적으로 분석하는 과정에서 자살률이 종교적 믿음, 가족 간의 유대 등과 같은 사회현상의 기능임을 관찰했다. 즉, 자살률은 이러한 요인에 의해 좌우되고 결정된다는 것이다.

'기능'의 두 번째 의미는 생물학에서 빌려왔다. 여기서 기능은 한 부분이 전체 유기체에 이바지하는 기여로 정의된다. 예를 들어, 심장, 피부, 소화계, 신경계는 각각의 구별되는 기능을 가지고 있다. 즉, 전체를 향한 각 체계의 기여가 하나의 전체를 작동하고 살아남게 돕는 것이다. 영국의 사회인류학자인 Alfred Reginald Radcliff-Brown(1881-1955)과 Bronislaw Malinowski(1884-1955)는 사회 기능을 사회 조직의 주요인으로 보기 시작한 학자들이다.

사회학에서 기능주의는 많은 저자가 공유한 패러다임이다. 기능주의는 1940년대부터 60년대까지 융성했으며 그 정점에는 아주 저명한 기능주의자인 미국의 사회학자 Talcott Parsons(1902-79)와 그의 제자들, 추종자들이 있었다.

그러나 훨씬 이전인 초기의 사회학은 근분적으로 기능주의적인 사회 학문으로 여겨져 왔다. Comte는 '사회학'이라는 술어를 조어한 『실증철학(*Course of Positive Philosophy*(1830-42)』에서 사회현상을 사회 전체에 대한 기여에 있어 연구할 것을 제안하고 사회학적 지식은 사회 문제를 해결하고 사회 통합을 용이하게 해야 한다고 주장했다.

기능주의는 사회 문화 현상의 다양성을 구조화된 체계로 조직하는 대조적 관계를 강조하는 패러다임인 구조주의에 가깝다. 기능주의는 구조주의와 마찬가지로 전체론적 방법으로 사회를 바라본다. 즉, 사회를 하위체계를 구성하는 상호 의존적이며 서로 관계가 있는 실천의 체계로 보는 것이다. 기능주의의 목표는 기능주의자들이 주장하는 관찰 가능한 실천의 기반을 구성하는 잠재적 기능과 구조를 발견해 내는 것이다. 기능주의는 행위성(agency)과 의도적인 인간 활동의 역할을 최소화한다. 구조주의와 기능주의가 서로 다른 접근법이기는 하지만 종종 단일 접근법인 구조기능주의로 융합되기도 한다. 이 패러다임의 주요 지지자로는 Spencer, Durkheim, Radcliffe-Brown, Malinowski, Parsons와 Robert King Merton(1910-2003)이 있다.

Spencer와 Durkheim의 저술에서 기능주의 담화의 고전적인 예시를 쉽게 찾아볼 수 있다. Spencer는 사회적 및 생물학적 '유기체'를 명확하게 비교했고 중요한 유사점을 찾아냈다. 이 두 유기체는 성장하고 발전하며, 기능에 있어 보다 복잡해지고 차별화된다는 점에서 무기물과 다르다. 또한 이 유기체들은 상호 의존적인 부분들로 이루어져 있으며 한 부분에서 발생한 변화가 전체에 영향을 준다.

Durkheim은 Spencer의 사상 중 다수를 발전시켰다. 그중 하나가 구조와 기능의 구별인데, 구조는 전체의 요구를 충족시키는 기능들을 갖는다. 그러나 사회체계적 요구의 개념이 불합리한 목적론(teleology, '목적'을 의미하는 그리스어 'telos'에서 차용)의 문제를 초래하기 때문에 논쟁의 여지가 있다. Durkheim은 이론상으로 사회구조가 충족하는 '욕구'를 밝혀내는 것과 그 욕구의 원인을 찾아내는 것이 같지 않다는 점을 이해했지만 실제 분석 과정에서 이 차이를 관찰하지 못했다. 그 예로 근대사회에서 사회체계의 통합에 필요하기 때문에 분업이 생겨났고 그 통합에 대한 욕구가 그 욕구를 충족하는 현상을 야기한다는 점을 들었다(Turner and Maryanski 1979:17-21).

Durkheim은 모든 사회 기능이 충족하는 단 하나의 욕구, 즉 통합에 대한 욕구를 봤다. 실증인류학자인 Bronislaw Malinowski는 자신의 현장 연구를 기반으로 하여 모든 사회가 반드시 충족해야 하는 욕구를 추가했다. 1944년 욕구의 위계를 서술했는데 이 위계는 생물학적인 것에서 문화적인 것까지, (가장 기본적인) 선행 요건에서 (선행 요건이 충족된 이후 나타나는) 파생적 욕구에 이른다.

Parsons와 제자들 및 추종자들은 기능주의의 발전에 지대한 공헌을 세웠다. 선배 학자들의 사상에서 출발해 이를 발전시키고 개선하여 기능적 하위체계로 충족되는 요건들을 갖는 복잡한 사회 이론을 만들어 냈다. Robert Merton은 사회를 균형체계(equilibrium system)로 보는 Parsons의 시각(1959)을 넘어서 사회 또는 그 부분에 긍정적인 기능, 아무런 영향을 미치지 않는 기능 또는 부정적인 영향을 미치는 기능을 구별했다.

포스트파소니언(Post-Parsonian) 사회학적 기능주의는 신기능주의(neofunctionalism)로 알려져 있다. "현 시점에서 Parsons 연구의 주요 주제(구조적 차이, 문화, 인격과 사회구조의 상호작용에 대한 사상 등)를 무시하고 현대사회를 이론화하는 것은 사실상 불가능하기" 때문이다(Alexander 1998:4). 신기능주의는 문화의 사회학, 전문직의 사회학, 페미니즘 연구, 정치과학 등의 분야에서 매우 다양한 사회학적 연구를 수행하는데 영향을 미쳤다. 신기능주의의 주요 학자로는 Anthony Giddens, Jürgen Habermas, Niklaus Luhmann, Pierre Bourdieu 등이 있다. 초반에 신기능주의의 주요 목표는 포스트파소니언 사회학의 분열을 극복하는 것이었다. 1980년대 초반, Durkheim의 고전 『사회학적 방법의 법칙(*The Rules of Sociological Method*, 1895)』을 떠올리게 하는 Giddens의 『사회학적 방법의 새로운 법칙(*New Rules of Sociological Method*, 1976)』과 같이 이전 기능주의의 아이디어를 재건하려는 시도가 있었다. 이 이후에 일부 신기능주의 학자들이 이론을 제시하기 시작했다. 그 학자와 저서, 이론으로는 Giddens의 『사회구성론(*The Constitution of Society*, 1984)』, Bourdieu의 『실천이론의 개요(*Outline of a Theory of Practice*, 1977)』, Habermas의 『의사소통행위 이론(*Theory of Communicative Action*, 1984-1987)』 그리고 Luhmann의 사회체계이론(1995)이 있다. "전 기독교적인 야망"에 있어 신기능주의는 "다양하고 종종 적대적인 현대 및 고전적인 사상"을 포용했다(Alexander 1998:9). 그래서 신기능주의는 "기능학파의 비판적 재평가이며 확장이고, 특히 파소니언들에게는 유산"이다. 그리고 "파소니언 통설을 육분의로 차용하면서 종래의 사회 기능주의에 대한 비판을 전부는 아니지만 많은 부분을" 받아들여 "이론적이며 실증적인 정수를 지키고 지속적 가치의 정수를 보여 줬다(Colony 1990: xi)."

현재 기능주의는 지난 20세기 중반 전성기 때처럼 중요한 사회학적 패러다임은 아니지만 여전히 사회학에서 이론적 토대의 아주 중요한 부분을 담당하고 있다. 사회학자라면 누구나 자신의 이론적 경향과 무관하게 어느 정도는 기능주의자이다. 이는 모든 사회현상이 일부 다른 사회현상과의 관계('기능')에 있어서 의미, 인과관계 또는 영향이 있다고 간주되기 때문이다.

번역사 개인에 대한 연구가 이뤄져야 함은 물론이다. 그러나 사회학에서처럼 번역사를 사회학적 번역 연구의 단위로 설정하게 되면 문제가 발생한다. 번역사는 남성일 수도 있고 여성일 수도 있다. 각기 다른 사회에서 다른 성별의 개인들은 다른 취급을 받아 왔으며 이 차이를 무시해서는 안 된다. 여성과 남성은 서로 다른 사회적 지위를 가지고 있다. 그러므로 번역사의 사회적 역할 분석에 번역사들의 젠더(성별에 따라 사회적으로 인용되는 행동방식)와 성적 취향(개인의 성적 성향)과 같은 복합적인 문제를 반드시 고려해야 한다. 이는 페미니즘 및 젠더 연구에서 잘 확인된 바 있다. 그러므로 사회학적 번역 연구에서 '번역사'라는 것은 없다. 정확히 말하자면 번역사는 타당한 연구 단위가 되기에는 통합될 수 없는 요인과 특성의 복합적인 묶음이다.

번역사를 연구의 단위로 고려하는 것에 있어서 또 다른 문제는 번역사의 의사결정에 있어서 번역사를 고려하는 접근법은 의도성과 합리성, 즉 사회제도로부터의 자유를 지나치게 강조할 수 있기 때문이다. 학자는 사회 활동으로서 번역의 사회적 길들이기(social conditioning)를 반드시 고려해야 한다. 사회는 개인 활동의 전제 조건이며 사회를 벗어나서 행위하는 번역사는 없다.

마지막으로 번역은 '온전히' 개인의 수준에서만 수행되는 것이 아니라 개인의 하부(infra) 및 개인을 넘어서는(supra) 수준에서 수행되기 때문이다. 실상 번역은 정신적인 과정의 부분으로서 또는 팀으로 행위하는 인간 집단에 의해 수행되는 것으로 기술될 수 있다. 한 예로, 최종 텍스트가 여러 사람—번역사, 프로젝트 매니저, 편집자, 교정인 등등—이 참여한 공동 작업의 결과물인 경우라면 그 번역 과정을 어떻게 기술하겠는가?[48]

사회학에서는 개인을 연구의 단위로 만든 것에서 복잡한 문제들이 발생하자 이를 재고해 '행위'를 사회학 연구의 중심에 놓았다. 심지어 행위자의 동기를 이해하는 것이 중요하다고 강조한 Weber도 사회학이란 "사회적 행위의 의미를 해석하는 목적을 가지고 그 행위가 진행되는 방식과 해당 행위가 만들어 내는 결과의 인과관계를 설명하는 과학"이라고 설명했다(1978: 7). 이 접근법을 이용해 심리학과 사회학 간의 경계를 그어 개인의 개념으로 문제들을 해결할 수 있다. 사회학에서는 행위자와 관계없이 행위를 고찰할 수 있으며 행위자의 합리성 정도를 보다 잘 평가할 수 있는데 이는 행위의 의미가 의도되거나 의도되지 않은 것으로 볼 수 있기 때문이다. 이는 번역사에게도 적용된다.

그러나 이 접근법에도 문제가 없는 것은 아니다. 이 접근법은 문화 및 사회 패턴의 역할을 지나치게 강조하는 것일 수 있다. 사회학에서는 이를 사실상 개인을 '문화적 얼간이(cultural dopes)'로 만드는 기능주의의 주요 문제로 봤다. 이 문제를 극복하기 위해 Alain Touraine은 개인의 사회화된 본성과 선택 능력 모두를 고려하는 '사회적 행위자(social actor)'라는 개념을 제안했다(예, Touraine 2000).

Touraine의 제안이 보다 균형 잡힌 접근법이기는 하지만 Martin Albrow는 사회학 연구의 단위로서 사회적 행위자가 "사회를 경시하고 사

48 다시 말하지만, 번역사 개인에 대하여 연구를 할 수도 또는 해서도 안 된다는 것이 아니다. 번역사는 특정 사회 기능을 충족하는 번역을 생산해 내는 사람임을 명심해야 한다.

람들의 희망에 대한 사회적 구성의 저항을 경시한다"고 보고 이를 "모든 시대의 모든 사회에 [있는] 사회적인 것의 사실성"이라고 했다(1999: 77). Durkheim은 사회적인 것의 객관성과 개인과의 관계에 있어서 그 강압적인 본질에 대해 얘기하면서 사회의 사실성을 강조했다. 그러나 Albrow는 Durkheim의 결정론을 피하기 위해 사회적 관계를 사회학 연구의 단위로 제안하며 "이는 기본적인 인간 경험이며, 객체를 정의하고 구분하며, 생각보다 선행하는 것이다. 인간 간 관계의 전체성은 사회의 구성이다"라고 말했다(1999: 77).

사회학 연구의 단위에 대한 탐구는 개인과 사회 사이의 연속체를 차지하고 사회적 관계에 관심을 두게 했다. 모든 사회학자가 Albrow의 의견에 동의하는 것은 아니겠지만 분명한 것은 사회학적 단위의 현대적 개념이 사회화된 인간과 사회적 행위 사이의 균형을 찾으려 한다는 것이며 특히 개인의 전문적인 행위를 이론화하는 데 있어서 후자인 사회적 행위는 우위에 있다고 봐야 한다는 것이다.

2. 번역의 기능성

텍스트 또는 활동으로서 번역은 기능을 수행한다. 예를 들어 원천 텍스트/문화/체계를 독자에게 가져오고 그 반대로 독자를 데려가거나 목표 사회체계의 욕구를 충족한다. 번역이 기능을 수행하는 것으로 보는 경우에 기능주의 패러다임이 적절하다. 통번역학에서 기능주의 패러다임은 사회에 대한 아주 중요한 시각을 제시하는데 이는 모든 번역 이론화의 기저에 번역이 특정 사회 욕구를 충족하는 활동이라는 이해가 깔려 있기 때문이다. 번역이 사회에서 특정한 역할을 담당하는 사회적 행위가 아니라면(사회적 행위로 보지 않는다면) 번역에 대한 어떤 논의도 이뤄질 수 없다.

그렇다면 번역이 담당하는 특정한 사회적 역할은 무엇일까. 생각해 봐야 할 문제다. 번역이 사회에서 충족해야 할 욕구가 하나 이상이라는 것에는 이견이 없다. 한 예로, 번역은 특정 집단 또는 세계화된 세계에서 초국가적인 행동주의의 사회적 가시성을 높여 줄 수도 있다(Tymoczko 2006: 16; Yang 2013: 178-81). 하지만 번역의 주요 기능은 직접 의사소통이 불가능하거나 어려운 당사자들 사이를 중개하는 것이다. 그러므로 각기 다른 형태의 사회적 욕구를 구별하는 것이 필요하다. 바로 이 부분에 있어서도 기능주의가 도움이 될 수 있다.

번역의 사회적 기능 수행에 관련해 논의해야 할 다른 문제가 있다. 바로 번역이 중개하는 서로 다른 언어와 문화 또는 하나의 동일한 언어 또는 서로 다른 기호 영역 간의 매체에 대한 것이다(Schleiermacher 2012: 43; Jakobson 1959; Petrilli 2003: 19 참조). 번역의 다른 구현을 통합하는 것은 기능주의적 관점에서만 가능하다. 다시 말해, 모든 형태의 번역은 동일한 사회 기능인 중개를 수행한다.

근본적으로 사회 기능이론은 사회를 특정 사회 임무를 수행하거나 특정 사회 요구를 충족하는 각기 다른 사회 활동의 상호 관계의 네트워크로 보여 준다. 이러한 활동은 사회의 특정 측면의 운영을 보장해 전체 사회질서가 가능하게끔 한다. 기능주의는 사회 전체가 보이는 패턴의 영향을 연구해 지속적이며 일상화된 사회 활동의 사회적 패턴을 발견하고 설명한다. 그 함의로 사회 전체는 하나의 통합된 체계로 존재해야 하며 체계로서 사회는 균형 상태에 있도록 노력한다는 것이다. 이는 우리를 궁극적으로 사회적 균형과 생존의 기능적 요건에 도달하게 한다.

기능주의의 주요 질문은 '특정 사회 활동은 사회 전체를 위해 무엇을 하는가?'이다. 번역에 있어서 주요 질문은 '번역은 사회를 위해 무엇을 하는가?'이다.

이 질문은 번역이 일회성 활동이 아님을 보여 주지만 '번역'이라는 하나의 카테고리에 포함되는 다수의 활동이 있음을 암시한다. 여기서 다음과 같은 질문을 생각해 볼 수 있다.

Q. 이 활동을 어떻게 정의할 것인가? 어떤 특징이 이 활동의 모든 개인적 구현(번역물)을 동일한 활동(번역)으로 만드는가?

Q. 번역은 사회의 어떤 전제적인 기능을 충족하는가?

Q. 번역이 충족하는 다른 추가적 기능에는 무엇이 있는가?

Q. 두 기능 유형 간의 역학은 무엇인가? 어떤 기능이 주 기능이고 어떤 기능이 부차적 기능인가?

Q. 서로 다른 유형의 사회에서 번역은 어떻게 기능하는가?

3. 욕구에 대한 모든 것

우선 통번역학에서 기능주의 패러다임이 어느 정도로 활용될 수 있는가에 대한 이해가 필요하다. 사회학에서는 기능주의 패러다임이 비역사적이며, 보수적이고, 변동을 설명할 수 없다는 점을 비판한다. Jonathan H. Turner와 Alexandra Maryanski는 *Functionalism*(1979: 113-32)에서 위의 세 가지 비판에 대해 기능주의는 역사와 관련된 것이 아니며(이는 기능주의가 역사적으로 사용될 수 없다는 의미는 아니다), 그 목표는 인간의 사회 조직에 있어서 일반 법칙을 찾아내는 데 도움을 주는 것이라고 주장한다. 기능주의는 본질적으로 보수적이지 않다. 기능주의 학자들이 사회질서가 어떻게 유지되는가에 관심이 있는 것은 사실이지만 누군가가 무질서에 관심이 있다 해도 기능주의가 문제의 소지가 될 일은 없을 것이다. 기능주의가 사회의 변동을 설명하지 못한다는 주장에도 같은 대답을 할 수 있다. 현대의 기능주의자들은 실패한 사회화 케이스의 이유나 사회 통제 메커니즘의 비효율성에 치중하지 않는다. 기능주의자들은 그러한 메커니즘의 실패로 유발된 불완전 통합, 아노미 등을 유발한 조건을 분류하지 않았다.[49] 더욱이 기능주의는 전체의 부분의 작용에 대한 결과에 중점을 두고 있기 때문에 사회 변동을 조사할 수 있다. Turner와 Maryanski는 "기능주의에 대한 세 가지 실질적인 비판은 […] 비판하는 사람들의 주장보다 가치가 없다. 조사자들이 연구를 선

49 Durkheim의 자살 연구에 나와 있듯이 할 수 있었음에도

호하는 것은 이론적 접근법이 조사자들에게 연구를 강제하는 것과는 다른 문제다(1979:117)"라고 결론지었다.

그러나 이 두 학자는 기능주의의 논리에서 여러 문제를 발견했다. 그 중 하나가 불합리한 목적론이다(Box 7.1 참고). 그리고 다른 문제는 "변수들이 서로와의 관계 속에서 정의되어 인과관계가 모호해지고 평가가 어려워지는(ibid.: 124)" 반복(tautology) 또는 순환론이다. 예를 들어, 전체의 지속성은 구조를 유지하는 반면, 한 구조는 전체의 특정 요구를 충족시킨다고 말할 수 있다. 체계의 생존 또는 균형에 대한 선택적 이점을 지님으로써 구조의 지속성을 설명하는 사회도태(social selection)를 감안해 그러한 반복을 피하려는 시도가 이뤄진다. 따라서 체계가 구조를 계속 필요로 하는 한, 구조는 체계에 남아 있다. 그러나 그 주장을 유효하게 만들기 위해서는 문제가 되는 구조가 없는데도 생존하지 못했거나 균형을 잃어버린 비교 체계를 보여 주거나 '생존'과 '균형'의 개념을 명확하게 확립해야 한다. Turner와 Maryanski는 이러한 문제들을 해결하는 방법 중에서 기능주의를 발견적 고안과 방법론적 도구로 볼 것을 제안한다. 이 두 학자는 Malinowski와 Goldschmidt처럼 기능주의를 사용할 것을 제안한다. 신기능주의자들은 고전적 기능주의를 보다 포괄적으로 적용하는 것에서 그 잠재력을 봤다(Alexander 1998; Colomy 1990). 현대사회학은 기능주의가 특히 거시규모의 연구에서 인식론적 호소력을 유지하고 있음을 보여 준다. 이 부분은 Niklas Luhmann의 사회학 이론의 번역 적용 부분에서 자세히 알아볼 것이다.

(1) 기본적 욕구 및 파생적 욕구

모든 기능주의 연구의 중심은 '체계'의 개념, 더 정확히 말하자면 '사회체계'이다. 사회체계는 그 부분들 간의 내부 질서를 유지하고자 노력한다. 사회질서를 보장하려면 특정 욕구들을 충족해야 한다. 처음에는 단 하나의 기본적 욕구만이 사회의 통합 또는 Durkheim의 용어를 빌리자면 '결속(solidarity)'으로 이론화되었다. Durkheim에게 분업 또는 종교는 사회의 욕구를 충족하는 것이었다. 이 분업과 종교는 구성원들을 결속시키고 잘 통합된 사회체계를 유지하는 데 도움을 줬다.

사회생활의 복잡성을 관찰한 실증인류학자 Bronislaw Malinowski는 사회적 욕구 항목을 늘리는 데 중요한 역할을 했다. Malinowski는 인간의 기본적인 육체적 욕구를 구별했다. 사회에서 이러한 기본적 욕구의 충족은 각각 다른 제도가 담당한다. 예를 들어 인간은 재생산의 의무가 있으며 사회는 친척 관계를 마련한다. 그러나 기본적 욕구를 충족하는 사회제도는 그 제도의 요건을 맞추기 위해 결혼 규칙과 같은 새로운 '파생적' 욕구를 만들어 낸다. Malinowski의 기본적 욕구 및 파생적 욕구에 대해 다음의 질문을 생각해 볼 수 있다.

Q. 번역은 인간의 기본적 욕구를 어느 정도 충족하는가? 그 욕구는 무엇인가?

Q. 번역은 인간의 파생적 욕구만을 충족하는가? 그렇다면 어떤 욕구인가?[50]

---

50 '토론 주제 및 과제' 섹션에 나와 있는 항목을 살펴보기 바란다.

의사소통은 기본적 욕구로 간주되어야 한다(그러나 Malinowski는 이를 기본적 욕구에 넣지 않았다; 1944: 91). 인간은 사회를 벗어나서 제대로 성장할 수 없다는 많은 증거가 있으므로 적어도 언어 내 번역은 이 기본적 욕구에 대한 문화적 대응으로 간주되어야 한다(3장 '친사회성'과 Box 3.2 참조).

번역 역시 성장 욕구를 충족하는 훈련의 부분이어야 한다. '성장 훈련(growth-training)' 과정은 "기술 훈련, 해당 문화의 언어 및 다른 상징적 문화장치의 사용법 [교육], 어린이가 완전한 성인이 되었을 때 온전한 구성원이 될 사회의 제도[의 소개]에 관한 것이다(Malinowski 1944: 107)." 여기서 훈련은 언어 내 및 기호 간 형태의 번역을 비롯해 아직 이론화가 덜 된 개인 내 및 세대 간 번역을 포함한다. 훈련 과정에서 어린이는 다양한 사회/문화 현상을 접하게 된다. 생물학적, 심리적, 사회적인 측면의 복잡한 상호작용은 유년기를 연구하는 학자들의 주요 관심사이다. 통번역학은 이 상호작용에 있어 번역 과정의 역할 연구에 기여해야 한다(3장 참고).

그 용어에서도 명확하게 드러나듯이, 세대 간 번역은 사회의 성인 구성원과 어린 구성원 간에 존재하는 간극을 메우는 것을 목표로 한다. 사회적 가치는 세대에서 세대로 전해져 내려오며 이 가치는 반드시 해석된다. 사회에서 일어나는 가치의 급격한 변화 또는 진화의 여러 이유 중 하나로 성장 과정에서 '훈련받은' 규범의 수용 또는 거부를 들 수 있다. 이 과정에서 번역 현상에 대한 연구에 지대한 관심이 주어질 수 있다. 훈련을 통한 성장 욕구는 모든 사회화된 개인에 의한 개인 내 그리고 세대 간 번역을 해내고자 하는 파생적 욕구를 포함한다. 그러므로 이 요건은 성장의 기본적 욕구의 파생적 욕구이다(Malinowski의 용어).

(2) Malinowski의 딜레마와 Goldschmidt의 해결 방안

기능주의에서 번역을 공부하는 학생들에게 유용할 수 있는 사회적 욕구의 다른 부분이 있다. 이는 기능적 요건과 불확실한 기능 간의 차이이다. 미국의 사회인류학자인 Walter Goldschmidt(1913-2010)은 Malinowski의 의견에 대해 제도란 각각의 독특한 문화의 산물이기 때문에 모든 문화는 자신의 용어로 이해되어야 한다고 말했다. 그리고 사회인류학에서 Malinowski의 제안을 기반으로 하는 연구는 사회 속의 인간의 지식을 과학적으로 일반화하는 데 도움이 되지 못한다고 비판했다. Goldschmidt는 인간의 사회적 존재에 대한 연구는 사회들을 비교해 수행해야 한다고 주장했다. 그러나 Malinowski의 논리와 같이 연구자가 한 사회의 제도를 서술하는 것으로 연구를 시작하고 마친다면, 인간의 사회적 존재에 대한 연구는 거의 불가능하다.

제도는 사회마다 다르며 다양한 형태로 존재한다. 각각의 제도가 어떤 욕구를 충족하는지 비교하는 것은 가능하다. 욕구는 보편적이며 다소 짧은 목록으로 열거할 수 있다. 예를 들어, 모든 인간에게는 영양분과 보호가 필요하며, 모든 인간 사회는 재생산을 해야 하고 통치 및 조정을 받아야 한다 등이다. Goldschmidt는 비교를 통한 일반화의 요구와 각 사회의 특수성에 대한 과밀화 사이의 불일치를 'Malinowski의 딜레마(Malinowskian dilemma)'라고 불렀다. Goldschmidt는 이 딜레마에 대해 "보통 말하는 그런 제도"를 사회학 연구의 일차적 관심사로 두기보다는 "제도가 응답이 되는 기능의 보편성을 인정하는" 것을 본질로 두는 "모델"을 규명할 것을 제안했다(1966: 5).

Goldschmidt는 다른 사회에서 충족되는 욕구와 방법에 대한 분석을 통해 음식 나눔 및 성적 행동 규제와 같은 "사회생활의 보편적 요소"와 국정 운영, 사회 관리 등과 같은 "부차적 제도"를 구분했다(1966: 107). 예를 들어, 통치의 기능과 정부의 제도를 구분할 것을 제안했다. 각 사회는 그 구성원들의 관계 및 사회 활동을 규제해야 하지만 이 규제를 책임지는 제도는 원로회의 또는 조언자를 둔 부족 통치자에서 의회 및 국가원수가 있는 복잡한 정부까지 모든 범위를 아우른다. 그러므로 제도는 불확정적, 즉 변형되기 마련이지만, 이 제도가 수행하는 필수 기능은 보편적이다. 제도에 초점을 맞추게 되면,

> 그 최종 결과는 분류의 상세한 서술이거나 술어에 대한 논쟁의 확산 중 하나이다(또는 두 가지 모두). 후자인 논쟁은 절대 해결되지 않지만, 전자는 종종 아주 복잡해져서 각각의 가능한 하위의 하위유형(subsubtype)은 오직 하나의 단일 경우만 포함하게 된다.
>
> Goldschmidt 1966: 16-17

Goldschmidt가 그 해결 방안으로 제시한 것은

> 우리가 알고 있는 정부 기능(집행, 행정, 법원, 군사, 조세)을 가져와 이를 다른 언어로 옮기는 것이 *아니고* 그 기능이 다양하게 수행될 수 있을 뿐만 아니라 각기 다른 사회에서 아주 다르게 수행되고 있다고 [확인하는 것] 이다.
>
> ibid.: 115

Goldschmidt의 기능적 요건과 불확정적 기능 간의 구분은 통번역학 내에서 번역을 어떻게 규정할 것인가와 그 엄청난 가변성에 있어 번역을 어떻게 알아볼 것인가라는 논쟁에 유용하게 사용할 수 있다. 전 세계에서 사용되는 번역의 명칭부터 시작하거나 번역 활동으로 적절한 것의 기술을 모으는 경우라면 Goldschmidt가 기술한 사회인류학자의 오류를 반복하고 Malinowski의 딜레마와 같은 덫에 빠지게 될 것은 자명하다. 우리는 번역을 사회현상으로 이해하며 다른 문화에서 다르게 구현되는 것을 비교하기까지 하지만 이는 번역의 보편적인 사회적 요건 기능을 확인하고 그 불확정적 구현과 구별하지 않는 한 불가능하다.[51]

51 최근 통번역학에서 각기 다른 시대와 장소에서 수행된 번역실무의 특이성과 번역의 본질에 대한 일반화 간의 관계에 대한 역사기록학적 연구의 방법론에 대한 토론에서 Malinowski의 딜레마의 변형이 나타났다 (Translation Studies, Vol. 5 (2012), no. 2: 232—48).

4. 체계에서의 기능들

사회적 욕구는 충족되어야 한다. 그러므로 사회적 욕구를 충족하는 사회구조가 있어야 한다. Max Weber의 '사회적 행위' 개념을 기반으로 하는 Talcott Parsons의 사회체계이론은 기능주의 패러다임의 정점이다. Parsons의 이론은 가혹한 비판을 받고 인기를 잃었지만, 사회적인 것을 이론화하는 데 중요한 기여를 했고 많은 연구에 영감을 줬다.

Parsons는 AGIL로 축약되는 가장 기본적인 사회 욕구—적응(adaptation), 목표 달성(goal-gratification), 통합(integration), 잠재성(latency)—를 제창했다. 사회체계는 그 환경에서 자원을 끌어온다. 이것이 적응의 욕구이다. 이 욕구는 사회체계를 하나의 전체로 보는 시각에서 경제, 즉 경제적 기능 체계를 통해 충족된다. 사회체계는 그 자신을 위한 목표를 세우고 그 목표를 달성할 방법을 생각해 낸다. 이것이 목표 달성의 요건이다. 이 욕구는 정치의 기능 체계를 통해 충족된다. 사회체계는 통합될 필요가 있다. 즉 그 부분들 사이의 일관성 있는 상호 연관성을 유지해야 한다는 것이다. 이 통합의 문제는 신뢰 기능 체계를 통해 충족된다. 마지막으로 전체 체계는 그 구성원을 위해 가치를 확립해야 한다. 이것이 잠재성(항상 드러나 있지 않지만 언제나 존재하고 있기 때문에 잠재적인)의 요건이다. 이 욕구는 문화를 통해 충족된다. 이 각각의 기능 체계는 고유의 작동 매체를 가지고 있다. 경제에서는 화폐, 정치에서는 권력, 통합 영역에서는 영향력, 잠재성 부문의 상징 매체는 헌신이다.

Q. Parsons의 AGIL 중 무엇이 번역에 해당하는가? 신뢰 또는 잠재성 같은 AGIL 기능 체계 중 하나에 속한다고 볼 수 있는가? 아니면 그 기능은 보다 복잡한 속성을 제안하는가?

Parsons는 다른 체계와의 상호작용을 강조하는 것이 아니라 일차적으로 체계 그 자체에 초점을 맞추고 있다. 그러나 기능주의에 있어서 번역을 이론화하기 위해서는 강력한 체계 간 요소를 가진 이론이 필요하다. Parsons의 AGIL은 모든 단계의 사회체계에 적용할 수 있으며 '체계'라는 용어가 개인 간 상호작용에서부터 국가와 같은 대규모의 구조에 이르기까지 모든 형태의 사회구조를 아우르고 있으나, Parsons의 사회적 기능은 가장 기본적인 사회적 욕구에 국한되어 있다. 그래서 번역을 공부하는 학생들에게는 다른 기능주의 이론이 보다 적절하다. 그 기능주의 이론은 바로 Niklas Luhmann의 사회체계이론(Social Systems Theory, 이하 SST)이다. 이 이론은 Parsons의 이론을 발전시킨 것으로 사회체계와 환경을 구성하는 다른 체계 간의 관계를 다룬다. 이 장에서 계속 다루겠으나, 지금은 SST의 정교한 개념 장치를 통해 번역을 필수적인 중개 관련 사회현상으로 인식할 수 있게 하는 체계 간 관계를 논의할 수 있다. 번역은 탁월한 '간(inter)' 현상으로 차이를 중개한다. 그리고 이런 의미에서, 언어 내 번역조차도 언어의 관점에서 봤을 때 '간' 현상이다. 번역의 본질과 번역이 사회에서 기능하는 상황을 고려하면 번역은 서로 다른 사람들, 다른 집단들, 모든 종류의 차이를 중개한다. 번역은 결코 '내(intra)' 현상이 아닌 언제나 '간' 현상이다.

(1) 체계로서의 번역

독일 사회학자 Niklas Luhmann(1927-98)의 사회체계이론(Social Systems Theory, 이하 SST)을 통해 우리는 번역을 사회체계로 또는 전체 사회체계의 맥락에서는 하위체계로 볼 수 있게 되었다. Luhmann은 현대사회를 뚜렷한 기능을 가진 하위체계[이런 이유로 '기능 하위체계(function subsystems)'라 부름]로 구성된 하나의 체계로 이론화했다. 기능 체계에는 종교, 정치, 교육, 예술 등등이 있다. 따라서 번역을 사회의 하위체계의 하나로 서술할 수 있다.[52]

Luhmann은 사회체계를 그 환경과의 관계 속에서 봤다. 체계는 서로 밀접한 연관을 맺는 요소들로 이뤄진 하나의 독립체이며, 그 환경은 체계가 아닌 모든 것이다.[53] 체계는 경계에 의해 환경과 분리된다. Luhmann의 이론이 유기체적 모델의 전형적인 사례이기 때문에 사회체계를 인체와 비교하

---

52 통번역학에서 SST를 적용하려는 시도가 여러 번 있었다. 그 첫 시도는 1993년 Andreas Poltermann의 논문이었다. 그 이후에 Theo Hermans는 번역에 적용된 SST에 대한 논문과 책을 여러 편 출간했다. Hans J. Vermeer는 자신의 스코포스 이론을 보다 심화시킬 수 있겠다는 생각에 SST를 연구했다. Tyulenev는 SST의 번역 적용에 대한 심도 있는 단일 주제의 논문을 작성했다(2012a and 2012b).

53 Luhmann은 생체, 정신 및 사회체계를 구별했다. 인류는 생체(신체), 정신(마음) 그리고 사회라는 세 개의 체계의 교차로에 서 있다. Luhmann은 사회를 의사소통 체계로 해석했는데 그 체계의 기본 요소는 의사소통이며 사회는 개인의 집합체로 간주되어서는 안 된다고 했다. Luhmann은 이러한 견해를 오래된 인류학적 전통의 무비판적 관성적 수용으로 보고 거부했다.

는 것은 당연하다. 사회를 바라보는 Luhmann의 시각을 이해하려면, 한 사람의 몸을 그 환경 그리고 사람의 피부를 유기체와 외부 사이에 놓인 경계로 보면 된다.

모든 사회체계는 자가 증식한다[Luhmann은 *autopoietic*(자기 생성적)이라는 생물학적 용어를 차용했는데 이 용어는 그리스어 어원인 *auto*(저절로)와 *poiesis*(생성)로 이뤄져 있다]. 사회체계는 그 하위체계의 기능을 통해 자기 자신을 재생산한다. 이를 요소의 구조화된 클러스터로 규정할 수 있다. 예를 들어, 법과 법률 활동에 관련된 모든 사회 요소가 무리를 이뤄 법의 하위체계를 구성하는데, 바로 이것이 사회의 질서 있는 작동을 보장한다.

각 사회적 기능 하위체계는 고유한 의사소통 수단—요소들 간의 관계를 통제하는 고유한 작동 유형—을 가지고 있다. 예를 들어, 법은 해당 사회에서 유효한 법전에 따라 옳고 그름에 대한 구별에 기반해 작동된다. 그 외의 다른 방법으로는 운영되지 않는다. 법은 죄수의 눈물을 고려하지 않으며 뇌물을 받는다고 해서 그 판결을 바꾸지도 않을 것이다.[54] 법은 고유의 원칙에 의해 작동될 뿐이다. 자비는 정치(대통령은 유죄를 선고받은 죄인을 사면할 수 있다) 또는 종교 같은 다른 하위체계가 행하는 것이다. 종교에서는 신을 대신해 죄를 사해 주는데, 이는 죄인이 죄가 없어서가 아니라 신이 자비를

54 만약 판사의 동정심이나 뇌물 수수에 따라 법적 결정이 내려진다면 그 결정은 불법적인 것, 즉 잘못된 것이 된다. 그리고 그 결정은 법 집행 과정에 있어서 하나의 사안이 될 것이다.

보여 주기 때문이다. 돈의 경우도 법의 하위체계가 아닌 경제의 영역에서 다뤄진다. 법은 자비와 돈에 대해 알지 못한다. 그저 옳고 그름의 증거를 따져 볼 뿐이다. 그러므로 법은 작동상 닫혀 있다.

작동상으로 닫힌 체계는 자신의 환경과 상호작용한다. 사면의 경우에, 법적 관점에서 대통령의 사면이 법이 허용하는 범위 내에서 결정되었는가 하는 점에 대해 검토가 이뤄지겠지만, 그 사면에 관한 정치적 결정은 법적 판결에 영향을 미친다. 그 역학은 우리 몸과 밖의 세상과의 관계와 매우 흡사하다. 우리의 몸은 세상과 상호작용한다. 예를 들어, 먹는다. 그러나 이는 엄밀히 말해 그 내부의 '규칙' 또는 작동 의사통신(operative communication)에 따라 외부로부터 들어온 음식을 소화하는 것이다. 사회체계와 하위체계는 작동상 닫혀 있지만 자신의 환경과 상호작용한다.

번역을 사회체계로 서술할 수 있다. 이는 번역이 사회체계의 모든 속성을 가지고 있다고 볼 수 있기 때문이다. 모든 사회체계는 그 기능, 효능, 코드, 프로그램, 매체를 가진다. 앞서 설명했듯이 번역의 기능은 중개로, 항상 '간' 현상이며 차이 사이에 있다. 번역은 경계를 가로지르는 사회적 상호작용을 보장하며 이것이 번역의 효력이다. 번역은 모든 현상을 중개된 것 또는 중개되지 않은 것, 번역된 것 또는 번역되지 않은 것으로 다룬다. 이것이 번역의 기본적인 이분법적 체계 코드이다. 즉 중개되지 않은 상태의 것을 중개하고, 제대로 중개되지 않은 것을 다시 중개하는 것이다('재번역' 참조). 또한 번역은 문화에서 문화로, 시대에서 시대로 그리고 심지어는 한 번역 주체에서 다른 번역 주체로의 중개 정책에서의 변화를 반영한 융통성 있는 프로그램을 가지고 있다.[55] 프로그램은 시간과 공간에 따라 변화하기 때문에 재번역과 재중개가 이뤄진다. 마지막으로 각 번역은 고유의 매체를 가지고 있으며 그 매체로부터 형성된다. 번역은 번역이 발생하는 기호의 영역에 따라 다른 매체를 이용한다. 즉 언어 간 번역에서는 언어가 매체가 되며 그림에 있어서 기호 간 번역의 매체는 색상이 된다.

SST를 통해 번역을 하나의 사회(하위)체계로 인식하게 되면, 사회 활동으로서 번역에 대해 다음과 같은 근본적인 질문을 생각해 볼 수 있다.

Q. 번역이 수행하는 사회적 기능은 무엇인가?

Q. 다른 사회 기능 하위체계 중에서도 번역을 특별하게 만드는 것은 무엇인가?

(2) 하위체계로서의 번역

번역을 더 큰 사회체계의 하위체계—다른 사회 체계의 형성물로 볼 수 있다.[56] 체계는 경계에 의해 환경으로부터 분리된다. 경계 내에서 체계는 요소 간의 모든 관계의 총합인 의사소통을 한다. 그러나 그 경계를 가로질러 외부 환경과도 상호작용할 수 있다. 기능주의적 시각에 따르면 특정한 욕구는 기능 하위체계가 충족한다. 번역은 전체 체계 또는 하위체계가 환경과 상

55 번역 주체가 반드시 개인은 아니다.

56 사회체계를 오로지 민족국가와 동일시하는 것은 잘못된 것이다. SST에 따르면 그룹, 국가, 민족국가 내의 모든 소수집단, 전 세계 또는 두 사람 간의 대화도 체계로 기능한다.

호작용하는 것을 가능하게 하는 하위체계 중 하나이다.

번역은 경계를 넘어 체계 내 및 체계 간 상호작용을 용이하게 한다. 그러므로 번역은 사회적 경계 현상으로서 경계에 '위치해' 있으며 경계를 가로지르는 기능을 한다. 번역은 두 체계를 중개하는 반면, 제3의 공간이 되지는 않는다. 번역은 언제나 상호작용하는 체계 중 하나의 필수불가결한 부분이다. SST는 체계-환경의 상호작용을 양자 관계로 본다. 그 경계는 독립적인 개별 독립체라기보다 체계에 귀속된 변별 현상이다. 그러므로 번역은 그 활동을 지시하는 체계에 헌신한다.

SST는 번역과 권력의 관계를 이론화하는 새로운 방식을 제공한다. 현대사회는 기능 체계이며 각 기능 하위체계는 고유의 기능을 가지고 있기 때문에 다른 하위체계와 동일하지 않다. 기능 하위체계가 공유하고 있는 유일한 속성은 동일하지 않음이며, 기능 하위체계는 모두 동일하게 동일하지 않다. 법이 수행하는 일을 다른 기능 하위체계가 수행하지 않는다. 번역이 수행하는 일을 다른 기능 하위체계가 수행하지 않는다. 법과 번역은 동일하게 동일하지 않다.

사회체계는 다극적이며, 사회의 권력 분배에 영향을 미친다. 권력은 한쪽이 다른 쪽의 의사결정 능력에 영향력을 행사하는 것을 말한다. 예를 들어, 정치기능 하위체계가 사업, 교육, 예술 및 번역에 영향력을 행사하고 있다는 것은 부인할 수 없는 사실이다. 그러나 이 영향력은 결코 절대적이지 않다. 정치가 다른 기능 하위체계가 수행하는 일들을 수행하지 못하기 때문에 정치는 다른 기능 하위체계를 필요로 한다. 그러므로 모든 하위체계는 상호 의존적이다. 번역 역시 예외가 아니다. 번역은 정치 하위체계의 의지를 표현할 수 있으며, 또한 정치체제 기반을 약화시킬 수도 있다.

SST를 통해 우리는 번역을 전체 사회체계의 부분으로 그리고 독자적인 사회(하위) 체계로 보게 되었다. 번역을 이런 시각으로 바라보는 것은 여러 면에서 생산적이다. 이 시각은 번역의 자연적인 사회적 서식지, 즉 번역은 사회체계 외부에서 결코 수행될 수 없음을 보여 준다. 번역은 연구할 만한 고유한 사회 활동이라는 통번역학의 주장을 입증하는 데 SST를 활용할 수 있다. 번역의 고유성은 번역을 다른 사회 활동과 동등하게 만든다. 세계체제 이론(world system theory)으로 개념화된 것과 같은 국제 커뮤니케이션의 체계적 시각을 통해 국가 간의 번역 흐름과 번역 생산물의 소비에 있어서의 차이를 설명할 수 있다.

번역 연구에 있어서 기능주의적 접근법의 또 다른 장점으로는 기능주의의 논리를 이용해 번역의 요소를 확인할 수 있다는 것이다(Tyulenev 2012a: 38-42). 번역의 요소는 사회학적 번역 연구의 단위로 간주될 수 있는데 이는 Albrow가 사회학적 분석 단위로 제안한 사회관계와 비교할 만하다(위 참고). 만약 "인간관계의 전체성이 사회의 구성(Albrow 1999: 77)"이라면, 번역관계의 전체성은 그 사회적 기능성에 있어서 번역의 구성이라 할 수 있다. 이렇게 사회학적 이론을 바탕으로 한 번역 분석에서 기능적으로 규정한 단위는 시공간을 가로지르는 번역 비교 연구의 기본으로 간주될 수 있으며 통번역학에서 Malinowski식의 딜레마를 해결할 수 있을 것이다. 즉 번역은 그 과거와 현재 모두를 대상으로 연구될 수 있으며, 모든 문화권에서 사회 기능적으로 기술된 독특한 요소를 가진 활동으로 연구될 수 있다.

이 단위는 "번역 의사소통 이벤트(translation communication event, 이하 TCE)"로 불려왔다. TCE는 독특한 구조를 가지고 있는데 중개로 묶인 최소 두 개 이상의 의사소통 이벤트로 구성되어 있다. 그 기본 형태에 있어 TCE는 세 부분의 당사자를 하나로 묶는데 A <> B <> C와 같이 기호화할 수 있다. A와 C는 양방향 중개자인 B를 통해 상호작용한다. 여기서 '당사자'와 '개인'을 혼동하지 않아야 한다. TCE에 참여하는 당사자는 개인일 수 있지만 반드시 개인이라고 볼 수는 없다. 위에서 논의한 개인 내 및 세대 간 번역에서 TCE는 개인 당사자 하부(infra)와 개인 당사자를 넘어서는(supra) 모두를 포함한다. 중개자인 B는 A의 발화에서 추출할 수 있는 모든 정보 조각을 선택해 A의 발화를 이해한다. 당사자 A가 "우리는 이 회의에 아주 만족합니다"라고 말한다고 치자. 이 문장은 맥락, 억양 등등에 따라 여러 방법으로 이해될 수 있다. A가 말하고자 한 것은 정보다. 중개자 B는 그 문구를 이해하고(그 이해가 옳을 수도 있고 틀릴 수도 있으며 또는 일부만 옳을 수도 있다), B가 이해한 내용은 B의 발화를 거쳐 C에게 전달된다. C는 B가 구성한 문장의 정보 핵심, 즉 B의 발화에서 추출할 수 있는 모든 정보 중 핵심 정보만을 추출하려는 시도를 한다. C는 하나의 정보를 선택했고 이것이 C의 이해를 구성한다. TCE를 다음과 같이 식으로 표현할 수 있다. A: 발화1 > 정보1 ≅ B:(이해1 = 발화2) > 정보2 ≅ C: 이해2.

TCE는 번역을 공부하는 학생이 연구에 있어 중점을 두는 부분이다. 각기 다른 사회와 문화에서 TCE가 취할 수 있는 모든 불확정한 형태에도 불구하고 번역 현상의 확인과 사회 활동으로서 번역의 통일된 개념화를 가능케 하는 것은 번역의 주요 사회 기능인 중개를 강조하는 기본 구조다.

앞의 논의에 대해 다음과 같은 질문을 생각해 볼 수 있다.

Q. 특정 시대, 특정 사회에서 그 명칭이 아니라 그 구조(TCE)로 확인된 번역의 구현은 무엇인가?

Q. 번역은 사회체계와 그 환경 간의 어떤 상호작용에서 (그리고 환경의 어느 부분에서) 경계 현상으로 기능했는가/기능하는가?

5. Merton: 기능주의의 세 가지 가정을 극복하기

기능주의에 대한 논의를 마치기 전에, 미국의 영향력 있는 기능주의자이자 사회학자인 Robert King Merton을 보자. Merton은 기존 기능주의의 세 가지 기본 '가정'을 비판적으로 평가했다(1967: 79-138). 그 세 가지 기본 가정은 다음과 같다.

- ✓ 사회 활동은 전체 사회체계에 기능적이라고 여겨진다.
- ✓ 모든 사회 활동은 기능, 그것도 긍정적인 기능을 수행하고 있다고 여겨진다.
- ✓ 모든 사회 활동은 필수적이다.

Merton은 이 가정이 경험적 관찰에 맞춰 조정되어야 한다고 주장한다. 사회의 완전한 통합은 거의 불가능하다. 사회는 서로 다른 정도의 통합을 보여 준다. 그러므로 모든 사회 활동이 기능적이며 특정 사회의 모든 단위가 그러하다고 상정할 수 없다. 그래서 기능적 분석에서 이런저런 사회현상이 어떤 사회적 단위에 기능적인가를 반드시 명시해야 한다. 한 현상이 일부 집단에게는 기능적일 수 있고 다른 집단에는 역기능적일 수 있다. 봉건제도에서의 농노제도를 생각해 보자. 이 현상은 어느 집단에 긍정적으로 작용하며 또 어느 집단에 부정적으로 작용하는가? 유럽 중세 시대에 수도사와 지식인들이 글을 읽을 수 있는 극소수의 사람들을 위해 행했던 번역을 생각해 보자. 문맹 집단은 이 번역의 혜택을 거의 받지 못했다.

세 번째 가정은 다음의 두 가지 명제를 포함하고 있다. 기능의 최소 집합(사회체계의 요건인 Parsons의 AGIL을 떠올려보자)과 대안, 등가물, 대체물이 있는 다수 기능들의 긴요성이 그것이다. Merton은 "기능이론에서 가장 흐릿하며 실증적으로 가장 논란이 되는 개념" 중 하나인 기능적 요건(욕구 및 요건)의 유효성에 대해 의문을 갖고, 그 기능적 요건을 버리고 기능적 구현의 "가능한 변형 범위"를 이론적으로 허용할 것을 제안했다(1967: 106). 번역은 모든 사회에서 필요하다. 그러나 동일한 방법으로 구현되지 않는다. 일부 사회에서 그리고 번역 역사의 일부 시기에서 비전문가가 번역을 수행하거나 번역하기가 다른 직업의 직무 중 하나로 간주되기도 한다.[57] 어떤 사회에서는 번

57 중세 러시아에서는 직업 덕에 해외를 드나들어 외국의 언어와 문화를 알고 있는 상인들이 번역을 수행했는데 필요한 경우 러시아 정부 관리들을 중개해야 했다.

역 및 통역이 서로 다른 활동으로 간주되며, 다른 사회에서는 번역과 통역이 사실상 동일하게 간주되기도 한다.[58]

이와 같은 기능주의 가정의 개선을 통해 우리는 번역의 체계 간 사회적 역할에 대해 다음과 같은 질문을 생각해 볼 수 있다.

Q. 어떤 사회 단위 및 집단이 번역을 지시 또는 발주하는가?

Q. 번역은 누구를 위하여 만들어지는가?

Q. 번역은 사회의 어느 단위를 위해 어떤 사회적 기능을 수행하는가? 번역은 사회체계의 다른 부분을 위해 어떤 기능을 수행하는가?

Q. 번역은 기능적인가 또는 오기능적인가? 또는 해당 사회에서 어느 정도로 그러한가?

Merton은 체계 내 기능적 분석을 고찰했다(이는 Merton이 그 이론적 명제를 기능주의 이론에 두고 있기 때문이다. 그의 이론은 SST와 달리 체계와 그 환경 간의 관계보다는 체계 그 자체에 중심을 두고 있다). 그러나 특정 사회 또는 일반적인 사회에 있어 번역의 체계 간 역할에 대해 유사한 질문을 제기할 수 있다. 체계 간 역할은 Luhmann의 기능적 분석을 통해 알 수 있다. 특정 사회체계와 다른 사회체계의 관계, 즉 서로 다른 두 국가 간 또는 한 사회 내

58 러시아의 번역 역사에서 또 다른 사례를 찾을 수 있는데, 남아 있는 서류들을 보면 번역사와 통역사가 분리되어 있음을 알 수 있다. 번역사는 보다 높은 수준의 전문인으로 간주되었다. 그래서 번역사가 되기 전 경험을 쌓기 위해 통역사로 일해야 했다(Tyulenev 2012b: 59-60).

에서 서로 다른 언어를 사용하는 그룹 간에서의 번역의 역할을 보는 것 등이 이에 해당한다.

6. 갈등에 놓인 사회들

앞서 논한 거시사회학적 시각은 사회적 균형에 초점을 두었다. 그러나 일부 사회 사상가들은 사회는 어느 한 개인이 원하는 방향대로 절대 흘러가지 않는다는 집단 행위의 역설에 대해 고찰했다. 사람들이 동일한 목표를 성취하기 위해 노력하는 것처럼 보이는 때라도 무언가는 의도된 대로 되지 않기 마련이다. 그 전형적인 사례가 독일의 사회민주당(Social Democratic Party)이다. 사회민주당은 평등과 정의를 그 기조로 시작했으나 모든 권력을 손에 쥔 과두 정치에 의해 그 초기 방침이 빗나가 버렸다(Michels 1962). 구소련(USSR)의 공산당(Communist Party)도 이와 동일한 과정을 겪었다.

사회에서 집단 행위의 방침은 누가 지배적 지위에 있느냐에 따라 달라진다. 이는 어떤 의도, 심지어 이타적인 의도를 실현할 가능성을 가지고 자원에 접근할 수 있게 한다. 자원을 사용할 수 있는 자가 권력을 쥐게 되며 강력한 이데올로기, 사상 체계 및 이상을 만들어 낼 수 있고 이들이 만들어 낸 이데올로기, 사상 체계 및 이상은 전체 집합체 또는 사회집단에 강제된다.

(1) 권력과 상호 의존

권력은 사회과학의 주요 개념 중 하나이며 사회생활을 설명하는 대부분의 이론에서 논의된다. 그러나 권력과 관련해 주요 관심 대상은 갈등 패러다임 내의 이론이다.[59] 통번역학에서 갈등 패러다임은 번역에 행사되는 권력(검열 등)과 이데올로기 갈등에 있어서 번역의 역할에 관련된 연구에 활발하게 적용되어 오고 있다.

Max Weber는 권력이란 "가능성의 근거를 따지지 않고 반대가 있다 하더라도 자신의 의지를 강요하는 사회적 관계 내의 모든 가능성(1978: 38)"이라고 정의했다. 이 정의에 따르자면 권력은 한 가족 구성원의 사적인 상호 의존부터 민족국가의 상호 의존에 이르기까지 모든 사회관계에 스며들어 있다. 권력은 항상 지향적이다. 누군가 또는 어떤 집단이 다른 사람이나 다른 집단에 권력을 행사하게 된다. 다른 의미에서, 권력은 무언가를 할 수 있는 능력을 시사한다. 권력은 권력을 가지고 있는 한 사람이 다른 사람이 갈망하거나 필요로 하는 무언가를 가지고 있기에 가능하다.

권력을 논할 때 상호 의존의 관계에 있어서 권력의 균형과 불균형을 고려하는 것이 중요하다. 분업의 상황에서 다른 기능을 수행하는 두 당사자는 각자의 전문 분야에 따라 서로에 대한 권력을 가지게 된다. 각각의 전문가 집단이 가지는 권력은 안정적일 수도 있고 시간에 따라 변하거나 변동을 거듭할 수도 있다. 권력 자원이란 자원을 얻고자 하는 한 당사자에게 얼마

59 6장의 '갈등 또는 균형?'을 참고

나 많이, 언제 그리고 어떤 조건으로 자원에 접근할 수 있느냐에 대한 통제권을 주는 것이다. 권력 자원의 예로 생산 수단의 소유, 수입, 신분, 희소 기술이나 지식을 들 수 있다.

권력에 관련한 주요 이론가 중 한 사람인 Michel Foucault는 권력을 지배적인 사회집단이 소유하고 있으며 피지배 집단이 가지지 못한 것으로 보지 않았다. Foucault에게 권력은 사회에 스며들어 지배 집단과 피지배 집단 모두를 연결하는 것으로서 "권력이란 소유되기보다는 행사되는 것(1979: 26)"이라고 설명했다. 이는 집단들 내의 사회관계의 사회 네트워크와 역학관계의 결과이다. David Couzens Hoy는 그 적절한 예로 체스 게임을 제시했다. Hoy는 권력이란 "말의 전체적인 배열과 말을 잡는 것에 이르는 전략의 효과"라고 설명했다(1986: 135).

번역은 권력 관계에 관련된 사회현상의 하나이다. 번역은 한 사회의 구성원이 해당 사회에 소속되어 있지 않은 다른 구성원과 의사소통을 하거나 교류하게 하는 기술 중 하나다. 권력 자원의 주 특성 중 하나인 희소 기술로서 번역은 사회의 형태에 따라 권력 자원에 기여하는 것이다. 국가 간의 상호작용이 점점 더 활발해지고 복잡해지며 광범위해지고, 점점 더 많은 사회단체를 아우르는 지구화가 이뤄지는 오늘날, 번역은 점점 더 중요한 자원이 되어 권력을 갖는 데 이용될 수 있다.

번역에 관련된 권력의 다른 측면으로 번역은 일반적으로 정치(정치제도가 번역을 승인하거나 거부함), 경제(번역사들은 직업을 가져야 하며 생계를 꾸려야 함), 예술(번역은 한 문화권 내에서 생산된 언어 예술의 원작과 비교

됨)과 같은 사회구조에 의존적이라 여겨진다. 그러나 '체계 속의 기능'에서 논의한 Luhmann의 사회체계이론(SST)을 통해 번역이 다른 사회체계와 관련되는 것을 상호 의존의 관계로 볼 수 있게 되었다. Luhmann의 SST가 설명한 바와 같이 동일하게 동일하지 않은 기능 체계는 권력/상호 의존의 관계에 있다. 즉 정치는 번역을 필요로 한다. 그래서 번역은 정치를 지배하는 권력을 행사한다. 그리고 번역은 전문직 프로젝트의 실현(4장 참고)과 번역된 텍스트의 유통을 위해 정치(검열과 같은 허가 등의 형태)를 필요로 한다. 그러므로 번역만 정치에 의존하는 것이 아니라 정치 역시 번역에 의존한다. 번역만이 정치가들에게 국내 및 국외의 관련된 정치 사안을 제공할 수 있기 때문이다. 어떤 정치적 프로그램은 번역을 통해야만 실현될 수 있다. 예를 들어, 18세기 러시아 제국은 변화를 도모하면서 수많은 사회, 경제, 정치, 미적 사안에 대한 서구의 정보를 번역하는 데 많은 부분을 할애했다(Tyulenev 2012b). 이 부분에서 다음과 같은 질문을 생각해 볼 수 있다.

> **Q. 번역은 각기 다른 사회 유형에서 어떤 자리에 놓이는가? 번역을 직업으로 인식하는 징후, 그 사회적 지위, 보다 윗 단계 또는 종교계로의 접근, 번역사가 일한 대가로 받는 보수 등을 생각해 보라.**
>
> **Q. 번역은 사회와 그 사회의 다른 기능 하위체계에 어떻게 영향을 미치는가? 예를 들어, 번역이 기술 및 다양한 전문적인 영역의 지식풀 형성에 어떻게 기여했는가? 다른 전문적인 정본에서 번역된 텍스트는 어떤 자리**

를 차지하는가?

권력 상호의존의 네트워크는 편재적이라고 한다. 그렇다면 다음과 같은 질문을 생각해 볼 수 있다.

Q. 번역과 번역사가 관련된 권력 상호의존의 네트워크에는 어떤 것들이 있는가?

인간으로서 모든 번역사는 무엇인가에 의존하며 동시에 다른 사람이 일부 자원에 접근하는 것을 통제한다. 번역사는 인간으로서 다른 인간과 마찬가지로 동일한 생리적, 심리적 그리고 사회적 욕구를 가진다. 이러한 욕구를 충족하기 위해 인간은 일을 해야 한다. 예를 들어, 음식을 섭취하려면 돈을 벌어야 하는데 번역사라는 직업을 통해 돈을 벌 수 있다. 번역사는 중요한 사람들(예를 들어, 자신이 부양하는 가족들)에게 자원을 제공하기도 한다. 이런 점에서 누군가는 생리적, 심리적, 사회적 영역에서 번역사에게 권력을 행사하며 번역사는 다른 누군가에게 권력을 행사하게 된다. 여기서 다음과 같은 질문을 생각해 볼 수 있다.

Q. 한국에서 번역사가 관련된 상호의존의 네트워크는 무엇을 포함하는가?

Q. 권력 네트워크에 속한 번역사는 시간이 흐름에 따라 변하는가? 번역이 과거에 어떻게 수행되었는지 생각해 보자. 예를 들어, 번역을 수행했던

모든 사람이 번역을 (유일한/주요) 수입원으로 생각한 것은 아니었다. 예술을 사랑해서, 명성을 얻거나 신분 상승 등의 이유로 번역을 수행하기도 했다. 현재 번역사를 전문직으로 보는 것과 비교했을 때, 그러한 다른 네트워크를 포함 또는 제외하는 변수는 무엇인가?

위의 질문은 사회화된 인간으로서 번역사의 사정을 들여다보는 것이다(1장과 3장 참조). 전문인으로서 번역사들은 자신들의 상호의존 네트워크를 확장한다(4장 참조). 번역사들은 그들의 상호의존 네트워크에 작업 지시자, 고객, 상사 또는 부하 등을 포함한다. 번역사들은 작업 툴의 공급자와 그 툴의 품질에 의존한다. 번역사들이 어떻게 CAT 툴을 선택하는지를 생각해 보면 알 것이다. 그러나 이러한 네트워크는 상호 의존적이다. 예를 들어, 한 고객이 번역사의 작업에 대해 돈을 지불한다고 하면, 그 고객은 번역사가 필요로 하는 돈에 대한 번역사의 접근을 통제하는 권력을 휘두르게 된다. 그리고 동시에 그 고객은 번역사의 기술과 지식 그리고 일정 등에 관한 업무 능력에 의존하게 된다. 그리고 CAT 툴 제작자는 번역사에게 CAT 툴을 제공하는데 이 제작자는 자신의 제품을 구입하고 제품에 필요한 개선 또는 바꾸어야 할 점 등의 피드백을 제공하는 번역사에게 의존한다.

Q. 번역 에이전시와 프리랜서 번역사의 작업에 있어서 상호의존 네트워크에는 어떤 것들이 있는가?

(2) 지배

지배는 타인 또는 집단에 대한 보다 강한 형태의 권력이다. 지배는 권력 자원의 분배에서 생긴 하나의 패턴으로 여러 다른 형태를 취할 수 있다. 지배는 정당하다고 간주될 때 유효하다. 정당하지 않다고 간주되는 지배는 짧은 기간 동안만 용인될 수 있다. 정당하다고 받아들여지는 지배를 일반적으로 권위(authority)라고 부른다.

Weber는 권력의 고전 이론에서 그 정당성이 무엇에 근거하고 있는가에 따라 권력을 3가지로 분류했다. 합리적-법적 권위(rational-legal authority)는 입법된 법률의 정당성에 대한 믿음과 해당 예규에 따라 집권해 권한을 갖게 되며 명령을 내리게 되는 사람들의 권리에 근거한다. 관료제가 이 권위의 예이다. 또 다른 형태의 권위는 전통에 근거한다. 아버지의 지배와 남자를 중심으로 한 가족 확장을 나타내는 가부장제는 이 전통적 권위(traditional authority)의 한 예이다. 카리스마적 권위(charismatic authority)는 존엄이나 영웅적 행위 또는 지도자로서 예외적인 자질을 통해 획득된다. 각기 다른 계층에서 사회운동을 시작한 카리스마적인 리더의 예를 많이 찾아볼 수 있다. '지배'의 개념을 가지고 다음과 같은 질문을 생각해 볼 수 있다.

Q. 번역과 번역사를 지배하는 권위에는 어떤 것들이 있는가?

Q. 번역사가 경험한 Weber의 3가지 권위의 비율은 어떻게 되는가?

Q. 번역은 정당한 그리고 정당하지 않은 모든 다양한 형태의 지배의 확립과 유지에 어떻게 기여하는가?

지배의 정당성은 그 정도에 따라 달라질 수 있다. 정당성이 높을수록 강압적인 지배 수단의 필요가 적어진다. 권력의 이러한 측면은 마르크스주의 전통 내에서 연구되어 왔다. Marx는 사회 계급의 권력과 권력을 향한 투쟁을 인간 역사의 가장 중요한 요소로 봤다.[60] 이 시각은 전통적인 거시사회학적 갈등이론이다. 그리고 Marx는 인간 역사를 일부 계급이 다른 계급에 권력을 행사하도록 하는 서로 다른 경제 관계의 단계의 연속으로 봤다.[61] 지배계급은 공개적으로건 또는 암묵적으로건 간에 강제와 이데올로기 담론을 통해 자신들의 지배를 정당화해 지배를 공고히 하는 여러 다른 수단을 사용해야 한다.

---

60 Marx 이후의 역사 기록학은 이전과 전혀 같지 않았다. Charles C. Lemert는 사회학적 신기능주의와 Parsons의 사회 이론의 유산의 관련성(연관성)을 토론하면서 Foucault의 이론이 어떻게 마르크스주의의 도움을 받았는가에 대한 푸코의 대답과 이를 비교했다. "파소니언이 되지 않고는 사회학자로서 생각하는 것은 불가능하다. 그 생각은 뉴턴 학설 신봉자나 아인슈타인 신봉자가 되지 않고 물리학자가 되는 것이 불가능한 것처럼 마르크스주의자가 되지 않고 역사가가 되는 것이 불가능하다는 푸코의 발언과 아주 가깝다(Alexander 1998: ix)."

61 마르크스주의를 통해 번역을 하나의 경제 활동으로 그리고 번역사를 정치적, 이념적, 경제적으로 참여하며 지원한 존재로 검토할 수 있다.

Box 7.2

이데올로기

이데올로기는 프랑스의 계몽 철학자 Destutt de Tracy(1755-1836)가 만든 용어이다. 원래 이 용어는 실재의 기본 원칙을 연구하는 학문인 형이상학에 대응하는 사상의 연구를 의미하는 것이었다. 이후에 이 용어는 경멸적인 의미를 갖게 되었고 사회 정치학적 맥락에서 주로 거짓 또는 잘못된 사상을 의미하는 것이 되었으나 중립적인 의미로 사고 체계를 의미할 수도 있다. 부정적인 의미에서 보자면 이데올로기는 실재를 왜곡하는 사고를 의미한다. 하지만 중립적으로 쓰이는 경우에 이데올로기는 de Tracy가 의도했던 실재 경험을 사고의 영역으로 전환하는 것을 의미한다. Marx와 Engels 그리고 그 추종자들은 이데올로기를 중립적인 의미와 부정적인 의미에서 논했다. 이데올로기는 심리적 경험 및 사회적 경험에 관한 사고와 실재에 대한 사고의 전체를 의미할 수도 있다. 또한 좁은 의미에서 '정치 이데올로기, '경제 이데올로기' 등과 같이 쓰일 수 있다. 이데올로기는 넓은 범위의 현상에 적용되며 완전히 명료하지 않기 때문에 '신념'과 같이 인간 존재의 관념적 측면을 의미하는 개념과는 다르다. 다른 학파들이 이데올로기의 각기 다른 기원을 언급하고 있는 가운데, 특히 마르크스주의자들은 존재의 물질적 요인과 사회계층(계급)에서 이데올로기의 뿌리를 찾는다.

20세기 사회는 계급 간의 갈등뿐만 아니라 보다 작거나 큰 집단 간의 갈등, 민족국가 같은 보다 규모가 큰 사회구성체 내 및 사회구성체 간의 갈등의 장으로 간주된다. 사회 간 투쟁은 사회 내 실재와는 무관하게 보일 수도 있으나 각기 다른 문화적 배경을 가진 사람들이 보다 자주 상호작용하며 다문화 공간에서 공존하는 지구화 시대에는 사회 간 갈등이 사회 내적으로 문제를 야기할 수 있다. 이러한 측면은 다문화 및 다언어 도시에서 수행되는 번역에 관련해 연구되고 있다(Simon 2012).

이탈리아의 마르크스주의자인 Antonio Gramsci는 사회적 지배의 본질을 연구했다(1971). Gramsci의 연구 결과 중 하나는 피지배 집단이 지배 집단에 행하는 '자발적 동의'이다. 이 자발적 동의는 무의식적이며 의문을 갖지 않는다. 이는 지배 집단이 확립한 사회생활 또는 사회질서의 일반적인 방향에 대한 동의이다. 이 동의의 뿌리는 지배 집단이 자신들의 위치, 기능 및 가치관에 부여한 명망에 있다. 피지배 집단은 지배 집단의 위세를 인정하는 방식으로 사회화되며 따라서 지배에 대한 피지배 집단의 저항은 억제된다. Gramsci에 따르면 지배계급은 종속계급이 사회적 가치관 및 규범을 받아들이도록 설득한다. Gramsci는 지배 집단이 사회적 생활의 일반적인 방향을 강요한다고 썼다. 이 일반적인 방향은 다른 무엇보다 사회적 규범 및 관습에 의해 강요된다. 이 부분에서 다음과 같은 질문을 생각해 볼 수 있다.

Q. 번역 규범은 지배계급의 이데올로기에 대한 자발적 동의의 반영인가? 만약 그렇다면 어느 정도까지 그러한가?

번역사는 강요된 규범을 항상 준수하지는 않는다. 이는 Mona Baker가 Toury의 규범 이론(norm theory)를 논하면서 강조한 바 있다(2010: 115). 그러나 번역사가 서로 다른 내러티브(narrative)와 프레이밍(framing)의 교차점에 있다는 Baker의 생각은 번역사 업무의 사회적 맥락에 대해 다시 생각해 보게 한다.

Q. 모든 내러티브와 프레이밍은 어디에서 오는가?

Q. 내러티브는 어느 정도까지 개인적인가? 또는 내러티브는 단지 사회적으로 생성된 담화의 특유한 결합일 뿐인가?

3장에 나온 사회화의 사회학적 이론의 논리에 따르자면 번역사는 사회화 과정에서 이러한 담화 또는 부분을 내면화하지만 번역사가 서로 다른 내러티브와 프레이밍을 선택할 수 있게 하는 것은 사회이다. 번역사가 어떤 내러티브를 선택하든 간에 번역사의 활동과 번역 생산물은 번역사가 상호작용하는 사회 그룹의 지배에 대한 자발적 동의로 간주되어야 한다. 번역사는 언제나 한쪽의 편에 서게 되며 사회를 벗어나서는 번역이 있을 수 없다. 그러므로 중립적인 번역은 있을 수 없다. 가장 반항적이며 독립적으로 보이는 번역사라 할지라도 일종의 내면화된 사회적 내러티브에 기초해 행위한다. 사회의 일반적인 방향에 자발적 동의를 하지 않지만 일종의 반일반적 방향에 자발적 동의를 보낸다. 이러한 점에서 "다수의 개인 및 집단이 지배적인 패턴을 약화시키며 정치적 및 사회적 도그마를 퍼뜨리는 시도를 한다"는 것은, 다시 말해서 Toury가 설명한 "사회화의 강력한 패턴"과 같은 것이다.

다만 Toury는 동전의 한 면을 분석한 반면 Baker는 그 동전의 다른 면을 언급한다(Baker 2010: 115).

Gramsci는 자발적 동의가 실패하는 경우 지배계급이 능동적 또는 수동적 동의를 하지 않는 피지배계급에 강제적 힘을 사용해 규율을 강요한다고 설명했다. 번역의 역사에서 번역사에게 가해진 가혹한 징계의 사례들이 있었으며, 현재도 비규범적인 행동을 보이는 번역사에게 예전만큼 엄하지는 않지만 징계가 이뤄지고 있다. Toury(2012: 64)는 번역사의 사회적 존재의 측면에 대해 논한 반면, Baker는 지배와 저항 사이의 상호작용을 강조하면서도 번역의 저항에 대한 사회의 억압적인 메커니즘에 대해 크게 언급하지 않는다. Baker는 번역사들이 억압적이거나 강제적인 힘의 메커니즘이 작용하지 못하는 것 같은 적소에 숨어들어 '편안하게' 저항한다고 표현했다. Gramsci의 이론에 따르면 번역 활동은 다른 사회 활동과 전혀 다를 바 없다. 저항과 지배, 동의와 반대의 프레이밍과 내러티브는 번역사의 사회적 경험에 공존할 가능성이 크다.

번역에 관련해 다음과 같은 질문을 생각해 볼 수 있다.

Q. 번역사의 자발적 동의의 표명은 무엇인가?

Q. 번역사가 자발적 동의를 하는 담화는 무엇인가?

(3) 권력 vs. 비판

권력을 특정 사회기관에서 분리된 것으로 보는 Foucault의 비전은 권력의 균형을 잡아 주는 것은 무엇인가에 대해 생각하게 한다. 비판(critique)이 이 역할을 수행할 가능성이 크다. 이러한 견해에서 보자면 비판은 비평(criticism)과 구별되며 이성을 실재에 적용하는 것으로 규정할 수 있다. 더 나아가 이성 그 자체와 그 사용조차도 정밀하게 평가한다. Foucault는 이를 다음과 같이 설명했다.

> 18세기 이래로 항상 그래 왔고, 현재도 그러하며, 앞으로도 그러기를 바라는 철학과 비판적 사고의 핵심적인 질문은 '우리가 사용하는 이 이성이란 무엇인가?'라는 것이다. 그 이성의 역사적 영향은 무엇인가? 그 한계는 무엇이고 그 위험 요소에는 무엇이 있는가? 유감스럽게도 본질적인 위험에 의해 교차되는 합리성의 실행에 다행히 헌신하는 이성적인 존재로서 우리는 어떻게 존재할 수 있는가? 이 질문은 핵심적이며 상당히 해결하기 어렵다는 것을 명심하고 이 문제에 가능한 가까운 곳에 있어야 한다. 또한 이성이란 제거해야 하는 적이라고 말하기에 대단히 위험한 경우에 이 합리성에 대한 모든 비판적 질문을 하는 것은 우리를 부조리로 내모는 것을 감행하는 것이라고 말하는 것처럼 위험한 일이다. 내가 합리성을 비판하기 위해 이런 말을 하는 것은 아니지만 애매모호한 것들이 어떠한가를 보여 주기 위해 말하는 것이다. 인종차별은 사회다윈주의(Social Darwinism)의 대담한 합리성을 기반으로 만들어졌으며 나치주의의 가장 영구적이며 강력한 구성 요소 중 하나가 되었

> 다는 것을 절대 잊어서는 안 된다. 물론 이것은 비합리성이지만 결국 비합리성은 합리성의 특정 형태이다.
>
> 1984: 249

비판은 실재를 보여 줄 뿐만 아니라 다른 방식으로 어떻게 될 수 있는지를 보여 주는 실재에서 관찰되는 것의 설명이다. 마르크스주의는 사회가 공산주의, 즉 계급 없는 사회로 진행한다고 주장하는 진화 패러다임이므로 비판이 지배적 사회 그룹의 이데올로기를 약화시켜 사회에 변화를 일으키고 결국에는 그 이상에 이르게 한다고 봤다. 마르크스주의 밖에서 비판은 현재 상태에 도전하거나 다른 대안을 제시하는 설명이다.

번역은 한 사회의 외부로부터 들어오는 대체를 제공하므로 임계 현상(critical phenomenon)이다. 다른 언어를 사용하고 다른 문화를 보유한 사회로부터의 대체를 제안하기도 한다. 목표 체계의 담론을 원천 텍스트 체계의 담론과 병치한다. 이 병치는 지배 담론을 확실히 할 수도 있으나 지배 담론에 의문을 제기하고 사회 문화 역동성(socio-cultural dynamics)의 대체 시나리오를 제공해 지배 담론을 약화시킬 수도 있다. 번역은 주변 담론에게 그 대의명분을 보다 명확한 방법으로 말하는 수단이지만 이에 무지하거나 공감하지 않는 사회 계층에 다가갈 수 있고 가시적인 방법으로 말하는 수단을 주는 무언가를 제공할 수 있다. 이 부분에서 생각해 볼 수 있는 질문은 다음과 같다.

Q. 사회적 비판을 말하는 데 있어 번역은 어떤 역할을 담당하는가?

Q. 번역은 한 사회에서 권력과 사회적 실재의 비판을 어떻게 구현하는가?

Q. 번역의 자발적 동의와 번역 비판의 상호작용의 본질은 무엇인가?

토론 주제 및 과제

1. 이 장을 여는 주요 질문들에 대해 논의하라.
2. '기본적 욕구 및 파생적 욕구'의 연구 질문에 답하라.
3. Merton이 제시한 기능주의 가정의 개선안에 있어서 번역의 체계 간 역할과 관련한 연구 질문을 제안하라('Merton: 기능주의의 세 가지 가정을 극복하기' 참고).
4. Brisset의 연구 사례(1990 또는 1996)에 나온 것과 같이 번역의 사회 비판적 가능성을 고찰하라.

추가 주제와 과제는 www.routledgetranslationstudiesportal.com를 참고

추천 문헌

기능주의: Merton(1967: 73-138, "Manifest and Latent Functions"; "A Paradigm for Functional Analysis in Sociology" as a part of this essay contains a detailed list of prerequisites of functional analysis, pp. 104-8); Luhmann(1997, in German); Luhmann(1995, in English); Tyulenev(2012a).
권력과 검열: Foucault(1980); Merkle(2010); Baker(2009): Part 6(vol. II); Parts 10, 11, 12) vol. III); Parts 14, 15(vol. IV).

8장

미시사회학 이론

주요 질문

- 거시 모델과 미시 모델의 차이는 무엇인가?
- 인간 행동에 대한 심리학적 서술과 사회학적 서술(거시와 미시)의 차이는 무엇인가?
- 가장 중요한 미시학적 모델에는 어떤 것이 있는가?

7장에서는 거시사회학 이론을 소개했다. 8장과 9장에서는 미시사회학 이론과 거시 모델과 미시 모델 사이에서 균형을 유지하고자 하는 이론을 다룬다. 특히 8장을 읽는 동안, 거시 이론에서 논의되는 대규모의 현상과 비교했을 때 8장에서 소개하는 사회학적 연구의 단위가 아무리 작다 할지라도 사회학적 초점은 절대 변하지 않는다는 것을 항상 기억하고 있어야 한다. 여기서 '사회질서는 어떻게 가능한가?'라는 사회학의 주요 질문을 떠올릴 수도 있다. 이 질문은 미소 현상을 보다 큰 구성과 클러스터에서 검토해야 한다는 것을 함축하고 있다. 사회학은 절대 단위에서 멈춰 있지 않으며 항상 통합을 향해 나아간다.[62]

1. 이해(Verstehen)와 이념형(ideal types)

위 제목의 첫 단어는 독일어로 '이해'를 의미한다. 사회학의 창시자 중 한 사람인 Max Weber는 이 단어를 도입하여 사회학 연구의 특정 방법을 설명했다. Weber는 자연과학에서 만들어 낸 법칙과 유사한 일련의 법칙들을 만들어 사회를 이해하고자 하는 다른 학자들의 의견에 동의하지 않았다. Weber는 사회적 생활이 전개되는 역사적 과정은 새로운 형태를 만들어 내

62 8장을 읽기 전에 사회의 행위 모델에 대하여 설명하고 있는 6장의 '모델과 관점의 결합 가능성'을 읽어 볼 것을 권고한다.

고, 그 새로운 형태를 설명할 새로운 개념이 필요하게 된다고 논한다. 사회과학(Weber의 용어에 의하자면 '인문과학')은 사람들이 실재를 이해하기 위해 사용하는 개념을 재구성해야 한다. Weber에 의하면, 사회과학은 연구자가 사회적 실재를 설명하기 위해서 이해해야 하는 의식을 가진 인간을 다룬다. Weber는 행위의 기능에 대한 서술을 주장하는 학자들의 의견에 동의하지만 더 나아가야 한다고 주장한다.

> 우선 '생존'의 관점 그리고 문화적 특수성의 관점과 특정 사회 행위 형태 발전의 연속성의 관점에서 어떤 행위가 기능적인 것인가를 알아야 한다. […] 그래야만 우리는 '이런 행위는 어떻게 일어났는가?', '그 근본적인 동기/이유는 무엇인가?'와 같은 질문을 던질 수 있다. 분석을 시작하기 전에 왕, 공무원, 기업가, 포주 또는 마술사가 무엇을 하는가와 같은 어떤 전형적인 '행위'가 사회학적 분석의 목적에 중요한가와 어떤 전형적인 '행위'를 고려해야 하는가를 알아야 한다. […] 그러나 사회학이 전형적으로 차별화된 개인의 행위를 이해해 *할 수 있*는 것 그래서 *해야 하*는 것을 해내는 것은 오직 이 분석을 통해서만 가능하다.
>
> (1978: 21; 원문 강조)

7장에서 사회학 이론을 바탕으로 한 번역학의 기능주의적 기반을 강조했다. 번역사와 통역사로서 행위하는 것만이 사회적 행위자를 번역학의 대상으로 만든다. 그러나 Weber의 논리에 따르자면 여기서 멈추면 안 된다. 우리는 "어떤 동기가 이 [번역] 공동체의 구성원들이 나타나고 계속 존재하는 방식으로 행동하도록 이끌었고 계속 이끌고 있는가"를 알아봐야 한다(Weber 1978: 21).

Weber가 해석적 사회학이라고 부르는 것의 목표는 "주체의 전형적인 동기와 전형적인 의도된 의미에 있어서(1978: 22)" 사회적 행위와 그 결과물에 대한 확률적 서술을 내놓는 것이다. Weber는 주체의 행위에 대한 사회학적 시각과 심리학적 접근법 간의 차이를 설명하는 데 대단히 조심스러운 태도를 보인다.

> 자연과학의 방법론에 있어서 '정신적'으로 분류되는 것*만을* 연구하는 심리학은 자연과학의 방법만을 사용하므로 인간 행동을 의도된 의미 면에서 해석하는 아주 다른 과업을 수행하지 않으며, 어떤 방법론을 사용하든 간에 다른 과학 학문들이 그러하듯 사회학적 연구에 중요성을 가지게 될 연구 결과를 낼 것이다. [⋯] 그러나 사회학은 일반적으로 다른 학문보다 과학에 보다 가깝게 연관되어 있지는 않다. 이러한 오해는 '신체적'이지 않은 것을 '정신적'으로 보는 것에 따른 '정신적'인 것의 개념 때문이다. [⋯] 누군가가 명확하게 명시된 관심사를 특정 행위에 의해 진행할 것인지 아닌지를 합리적인 방법으로 고심해 결론을 내리는 경우에 그 행위는 '심리학적' 고려를 도입하면 보다 잘 이해할 수 있게 된다. 그러나 사회학은 [⋯] 사회학의 '법칙'의 대부분을 구축한 바로 이런 종류의 이성적인 가정에 기반하고 있다. 사회학자가 행위하는 *비이성적인* 요소를 설명하고자 할 때 비이성적 요소들의 *이해*에 기초를 두고

있는 심리학을 빌려올 수 있다. 그러나 그 근본적인 방법론적 상황에 있어 달라지는 것은 아무것도 없다.

1978: 22-3; 원문 강조

한편 Weber는 사회학적 연구와 역사가가 수행한 연구를 구분한다. 사회학자는 "*유형*-개념(*type*-concept)"을 구축하고 일반화하고자 하는 반면, 역사가는 개인 행위의 인과 분석에 관심이 있다. "역사의 구체적인 실재에 비교하면 행위를 사회학적으로 개념화하는 것은 그 내용이 상대적으로 부족"하지만, "대신에 사회학은 보다 큰 개념적 명료성을 제공할 수 있다(1978: 23)." 사회학자들은 이성적 현상과 비이성적 현상(신비주의, 예언, 영감, 정서적 상태) 모두를 이해하고자 한다. 이 두 현상을 연구하는데 있어서 사회학자는 "자기 자신을 실재에서 떨어뜨리고 하나 이상의 [사회학적 의미-찾기 일반화] 개념에 있어서 특정 역사적 현상을 분류할 수 있는 *근사치(approximation)*의 정도를 설명해 우리의 지식을 한층 발전시킨다(1978: 23; 원문 강조)."

사회학자는 Weber가 이념형(ideal types)이라 부르는 것을 구축한다. 이념형이란 실제 현상의 순수한 형태이므로 실재에서 발견될 수 없는 세심하게 계획된 현상의 형태이다. 후자는 순수한 이념형에 비해 항상 문제나 결함을 가지고 있다. 이념형은 준거틀의 역할을 하는 반면, '실제'형(real types)은 '편차'로 간주된다(Weber 1978: 9). 예를 들어, 사회적 사건의 하나인 선거를 연구한다고 했을 때 실제 선거는 선거의 이념형의 형성에 도움을 주며 이 이념형은 더 많은 실제 선거를 분석하는 데 척도로 사용된다. 이념형에는 민주주의, 권리의 평등, 대표성(결과의 유효성을 위해 일정 수 이상의 득표가 필요함), 결과의 투명성, 조작 같은 측면이 포함된다. 이것은 ('이념적인' 것이 말하는) '실제' 선거이며, 모든 실제 선거가 이 기준에 도달하는 것은 아니므로 '실제' 선거에는 '편차'가 발생하게 된다. 그러나 이념형은 모든 실제 선거에 대한 연구에 유용한 모델이 된다. 인간의 의식은 항상 실제 현상을 유형화하지만, 학문적 노력은 이러한 인간의 능력을 배양해 충분히 합리적일 수 있게 한다.

연구자는 실제 현상을 다루는 데 이해(*Verstehen*)의 전략을 적용할 수도 있다. 이는 연구자가 이 행위 또는 저 행위가 행위자에게 가지는 의미를 이해하려고 한다는 것을 의미한다. 반면에 그 행위는 외부에서 관찰할 수 있는 사실로서 고찰될 수 있다. 누군가가 특정 상황에서 미소를 지었거나 얼굴을 찡그렸다. 그 이유를 이해하기 위해 Weber는 "감정이입을 해 그 경험을 다시 체험하는 것"(1978: 8)을 제안했다. 연구 중인 현상이 우리에게 익숙한 범위에 있는 경우에 이해가 보다 용이하다. 그러나 모든 경우에 있어서 연구자는 연구의 대상이 무엇을 느꼈는가를 어느 정도는 이해할 수 있으며 해당 행위를 불러온 동기를 간파할 수 있다. 당연히 이해는 신중히 수행되어야 한다. 연구자는 자기 자신의 가치관을 강요하지 않도록 주의해야 하며 행위자의 행위에서 파악한 또는 보여지는 가치관을 인정해야 한다.

선거의 이념형 사례에서 명백하게 볼 수 있듯이 이해와 행위의 이념형 구성은 해석학적으로 연결되어 있다. 연구자는 어떤 행위를 관찰해 특정 계급에서 공통적으로 보이는 특성을 기반으로 한 해당 계급의 속성으로 인지하는데 이는 이념형으로 구체화된다. 연구자는 그 구현 중 하나를 이해하고자 하며 다른 구현 및 이념형과 비교하는데 이렇게 해서 다른 현상을 해당 계급의 속성으로 분류하게 된다. 어떤 행동의 다양한 실제형에 대한 더 많은 이해가 이뤄질수록 이념형은 더욱 확실해지며, 이념형이 더욱 확실해질수록 각 실제 편차의 특성을 보다 쉽게 인식할 수 있을 것이다.

이해와 이념형 구성의 방법은 번역 현상의 기술에도 유용하게 사용된다. 첫째, 번역 행위의 이념형을 만들 수 있다. 둘째, Weber의 이해는 이념적 및 실제 번역 행위를 수행하는 행위자의 가능한 또는 가장 그럴듯한 동기를 고찰할 필요성을 제안한다. 여기서 생각해 볼 수 있는 연구 질문은 다음과 같다.

Q. 번역의 이념형은 무엇인가?[63]

Q. 우리가 번역 계급의 속성으로 취급하는 모든 번역 행위의 기본 요소에는 무엇이 있는가?

Q. 번역의 이념형에 오직 번역사/통역사만 포함되는가? 만약 그렇다면 프로젝트 매니저, 에디터, 출판인, 고객 등의 다른 행위자는 어떻게 처리해야 하는가? 실제 번역 상황인 번역의 '편차'형의 변수로 봐야 하는가? 긍정적인 답과 부정적인 답이 번역의 이념형을 어떻게 바꾸는가?

63 7장 '하위체계로서의 번역'에 설명된 번역 의사소통 이벤트(TCE) 참조

Q. 이념형에서 번역 에이전트의 동기는 무엇인가? 실제 상황(정치 또는 종교적 신념, 관대 또는 완고함, 편견 또는 공정함 등등)에 어떤 '편차'가 있을 수 있는가?

2. "온 세상은 하나의 무대다"

Weber는 사회과학에서 인간 행위를 원인 설명의 부분으로 이해할 필요가 있다고 주장했다. 구체적인 행위와 사람들이 행위에 부여하는 의미에 대한 Weber의 관심은 상징적 상호작용론(symbolic interactionism)과 같은 미시사회학적 이론의 영감의 원천으로 여겨지고 있다.

그 이름에서 알 수 있듯이, 상징적 상호작용론은 사람들이 상징을 이용해 어떻게 상호작용하는가를 연구한다. 사회질서는 어떤 집합적 구조에 의해 강요되는 것이 아니라 사람들의 협의에 의해 만들어지는 것으로 본다. 이 학파의 주요 대표 학자로는 3장 사회화에서 언급한 바 있는 George Mead와 Charles Cooley가 있다. Cooley와 Mead의 이론에서 가장 중요한 것은 사회적 존재로서 행위자의 성장에 집중하고 있다는 점이다. 행위자는 제1차 집단(가족)에서의 유년 생활에서 사회적 상징(언어, 제스처 등등)을 습득하며 타인의 눈을 통해 자신을 보는 것['거울상 자아(looking-glass self)', '주체로서의 나(I)' 그리고 '대상으로서의 나(me)']을 배우게 되어 '자신의' 이미지를 만들어 간다. 그리고 주변의 사람들을 일반화하는 것['일반화된 타자(generalised other)']을 배우며 '타인의 역할을 맡는' 것으로 구체적인 행동하는 개인을 보는 것을 배운다. 행위자의 삶은 공유된 상징의 이용을 통해 다른 사람과 상호작용하는 것으로 펼쳐진다.

상징적 상호작용론의 다른 학자로는 Erving Goffman(1922-82)이 있는데 사회적 상호작용을 연극적 인상 관리로 봤다.

Goffman은 사회를 배우인 사람들로 가득 찬 극장으로 비유했다. 즉 사회적 상호작용을 역할 놀이와 연기에 비유한 것이다. "연극적 접근법(dramaturgical approach)"이라는 용어가 여기에서 나왔다(1959: 233). Goffman에 따르면 개인은 다른 사람들에게 특정 인상을 주기 위해 자기 자신을 연출하고, 이렇게 해서 상호작용의 결과를 통제한다. 연기자는 혼자서 '공연(perform)'(독백 참조)하거나 또는 '팀'을 이뤄 '연기'(대화 또는 합동 연기)하기도 한다. 그리고 연기자는 설정된 배경(setting, "가구, 장식품, 공간 배치, 공연 중, 전후의 인간 행위에 필요한 온갖 소품", Goffman 1959: 32-3)에서 행위한다. 이 배경에는 신체적이며 맥락화하거나 의례적인 요소 모두가 포함될 수 있다. 한 예로, 공식 만찬은 장소뿐만 아니라 정립된 절차가 있어 그 의례에 따라 진행된다.

배우는 각각 '겉모습(appearance)'("연기자의 사회적 지위를 알려 주는 기능을 하는(ibid: 34)" 연기의 요소)과 '태도(manner)'("앞으로 일어날 상황에서 연기자가 연기할 것이라 기대하는 상호작용 역할을 우리에게 예고하는" 기능을 하는 연기의 요소)를 가지고 있다. 예를 들어 연기자의 연기는 공식적이거나 비공식적인 상황, 근무 중 또는 휴식 중인지에 따라 달라질 것이다. 연기자의 적극적인 태도는 해당 연기자가 상호작용을 시작해 상황을 장악할 것임을 알려 주며, 반대로 부드러운 태도는 연기자가 상황에 이끌려 갈 준비가 되어 있음을 시사한다. 연기자는 '무대 위'(사람들의 이목의 중심)와 '무대 뒤'(사람들로부터 숨어 있는 곳)를 오가며 연기한다. Goffman은 자신의 이론을 다음과 같이 정리했다.

> 사회조직의 연구는 인상 관리의 관점에서 수행하는 것이 효과적일 수 있다. 사회조직의 벽 안에는 상황에 대한 주어진 정의[64]를 관객에게 연출하기 위해 모인 연기자 팀이 있다. 이 상황 정의에는 이 팀과 관객[65]의 개념 그리고 예의범절에 의해 유지되는 기풍에 관한 가정이 포함된다. 그 영역은 통상적인 공연[66]이 준비되는 후면 영역인 무대 뒤와 공연이 연출되는 전면 영역인 무대로 나뉘기도 한다. 관객이 무대 뒤를 보지 못하게 하고 상관없는 외부인이 공연에 끼어들지 못하게 막기 위해 이 구역으로의 접근을 통제한다.
>
> 1959: 231

Goffman의 연극적 접근법은 번역사/통역사의 경험 또는 '연기'에 잘 적용된다. 번역사와 통역사는 언어 간 및 문화 간 상호작용이라는 배경에서

---

64 전문용어인 "상황 정의"는 간단한 "상황의 견해"로 바꿔 쓸 수 있다(Goffman 1959: 20).

65 "우리는 특정 참가자와 그의 공연을 기준으로 하여 관객, 관찰자 또는 공동 참여자로서 다른 사람의 공연에 기여한 사람들을 언급할 수 있다(Goffman 1959: 26-7)."

66 "(담당) 부분(part)"(Goffman 1959: 27) 또는 보다 광범위하게 "사회적 역할은 공연자가 동일한 유형의 청중 또는 동일한 청중에게 여러 차례에 걸쳐 제시하기는 하나 이상의 부분을 수반하는 주어진 지위에 부속된 권리와 의무의 제정이다(ibid.)."

행위한다. 무대에 자신의 위치가 있으며 할당된 배역이 있다. 번역사/통역사 모습을 가장하고 그 태도에 따라 행위한다. Goffman의 이론에 있어서 다음과 같은 질문을 생각해 볼 수 있다.

Q. 번역/통역 역할연기가 이뤄지는 배경의 구성 요소에는 무엇이 있는가?
Q. 그 무대에서 번역사/통역사에게 할당된 위치 및 역할은 무엇인가?
Q. 번역사/통역사의 모습과 태도를 구성하는 것은 무엇인가?

갈등/분쟁을 피할 때나 '실무 합의(working consensus)'에서 또는 공동선을 위해 차이를 강조하지 않을 때 이상적으로는 공연과 관객이 조화를 이뤄 행위해야 한다. 그러나 공연이 언제나 순조로운 것은 아니다. 때로는 공연에 부조화가 발생하거나 무심코 저지른 실수, 의도적인 지장을 주는 활동이나 '모순되는 역할'을 연기하는 개인에 의해 상호작용이 중단될 수도 있다. 즉 공연-상호작용 중에는 누군가가 "분명하지 않으며 공연 상연의 문제를 복잡하게 만드는(Goffman 1959: 231)" 공연에 대한 정보나 연기자와 자신의 관계를 누설한다는 것이다. 여기서 우리는 번역 배경의 요건에 따라 공연하는데 고객의 실수(고객이 순차 통역의 상황에서 지나치게 길게 발언을 한다거나 번역에 있어서 원문의 결함으로 인해 '콩 심은 데 콩 나는' 결과를 얻게 되는 등)나 관객 중 누군가가 통역사가 적절한 단어를 찾을 수 있게 '도와주는' 프롬프터처럼 행위하거나 통역 내용을 교정해 발생하는 번역/통역의 혼란 상황을 생각해 볼 수 있다. 자국화 번역의 비평가들은 번역사에 대해 모순된 역할 수행자로 원문의 작성과 동일하게 연출된 번역의 '쇼'를 망칠 수도 있다.[67] Goffman의 연극적 접근법의 관점에서 볼 때 이국화 번역은 자신의 번역 쇼를 방해하므로 흥미로운 경우에 해당한다. 이국화 번역 전략의 관점은 번역의 사회적 설정 배경의 근본적 요소 중 하나인 원본의 환상을 만들어 내기에 이의를 제기한다. 다시 말해 이국화는 가장 널리 알려진 사회적으로 배정된 번역의 역할에 이의를 제기하는 것이다.

공연자들은 그 행위를 과장해서 보여 주는데 그렇지 않으면 청중의 관심을 끌지 못할 수도 있다. 공연자들은 청중이 자신들에게 봤으면 하는 것, 즉 "자신이 주장하는 능력(1959: 40)"을 보여 주기 위해 상징을 이용한다. Goffman은 그 예로 자신의 독단적이거나 '성취된' 역할 또는 지위가[68] 판정 시에 그 어떤 의심이나 생각도 허하지 않는 야구 심판의 경우를 들었다. 심판은 관객(선수 및 관람객 모두)에게 본인의 판정이 명확하며 자신만만함을 확인시키고 "그 상호작용의 아주 짧은 순간에(ibid.)" 심판으로 행위한다. 이는 번역 상황에서 망설임의 순간을 숨기거나 자신의 결정이 완전히 또는 유

---

67 비평가 역할의 중요성을 무효화하는 것으로 이해하면 안 된다. Goffman의 이론에 따른 이 분석은 공연의 좋고 나쁨, 또는 효과적이거나 설득력이 없음을 논하는 것이 아니라 공연자가 무엇을 보여 주고 싶은가에 중점을 두고 있다.

68 '성취'라는 용어와 변형은 넓은 의미에서 사회학에서 사용되며 한 사람이 특정 지위를 차지하기 위해 허락된 달성의 모든 종류를 의미한다. 그 기준은 교육적 성취에서 "특정 신장이나 체중을 초과하거나 싸움에서 이기는 것과 같은 육체적 기량의 표시"(Mann 1983: 2)에 이르기까지 다양하다. 성취 지위는 자발적으로 취한 지위(예, 반세계화주의자) 역시 포함한다. '역할'과 '지위'라는 용어에 있어 지위는 사회에서의 위치인 반면에 역할은 행위자가 자신의 지위에 대한 기대 요구(특정, 특히 공식적인 상황에서의 의무, 권리, 의례적인 행동패턴)를 수행하여 실현한다는 차이가 있으나 일부 맥락에서 서로 교환해서 사용할 수 있다.

일무이하게 용인될 수 있게 해야 하는 번역사, 특히 통역사들에게 빈번히 발생한다. 자신의 결정이 실수로 드러나거나 비난을 받는 순간에라도 체면을 세워야 하는[69] 상황도 있다('순응하지 않는' 번역사의 전형적인 행위에 대해서는 2장의 '순응하지 않는 번역사는 어떻게 행동하는가'를 참조하라).

Goffman은 다양한 설정 배경, 즉 공공장소, 수용소와 같은 '총체적 시설(total institutions)'에서 사회적 행위자에 대한 연구를 수행했다. 총체적 시설이라 함은 교도소, 군대, 수도원과 같이 사회로부터 완전히 분리된 조직을 말한다. 또한 개인 또는 단체가 오명을 뒤집어쓴 경우 부분적으로 또는 완전히 사회적 수용을 박탈당할 때 역할에 관련된 문제를 어떻게 해결하는가 하는가에 대한 연구도 수행했다(1997: 73-80). 스티그마(오명, stigma)는 육체적(예, 나병요양소의 나병환자)일 수 있고, 문서상(예, 형사범죄 기록) 또는 맥락적(예, 어떤 사회 설정 배경에서 동성연애자는 받아들여지지 않음)일 수도 있다. 오명을 뒤집어쓴 집단은 그 상황을 거의 통제하지 못하며 자신들의 권리와 오명 해제를 위해 투쟁하기도 한다(예, 소수 인종의 시민권을 위한 투쟁).

사회적 행위자로서 번역사와 통역사는 사회 무대에서 할당된 위치가 있다. 번역사와 통역사는 오명을 받지는 않았으나 중심부로부터 '밀려난' 듯

69 '체면'과 그 파생어인 '체면 차리기'는 개인의 사회적 지위와 의례적 상황에서 담당하는 역할을 반영한 외적 표현이다. "사회는 사회가 되어야 한다면, 모든 곳에서 그 구성원을 자기통제적인 참여자로서 동원해야 한다. 이러한 목적으로 개인을 동원하는 한 가지 방법에는 의례가 있다. 개인은 통찰력이 있고, 자기 자신과 얼굴에 드러나는 자아에 애착하는 감정을 가지고, 자부심, 명예, 존엄성을 가지며, 사려 깊고, 재치가 있으며 침착하라고 배운다(Goffman 1997: 110)."

한 느낌을 받는다. 번역과 통역은 일반적으로 필요하지만 '보조적 역할'을 하는 직업으로 묘사된다. 전문직으로서 사회적 인식을 구하고자 하는 것(4장 참고)은 번역사와 통역사가 직업집단으로서 보다 위엄 있고 가시적이며 사회적으로 인정을 받는 위치를 확보하고자 하는 방법의 일환이다.

그러나 오늘날에도 여전히 번역사의 이름이 표시되지 않은 채 출판되거나 인용되는 번역서를 찾아볼 수 있다. 회의 등에서 발표자의 이름은 항상 불리지만 통역사의 이름이 불리는 일은 절대 없다. 번역사와 통역사의 작품은 종종 과소평가되며 제대로 된 보수를 받지 못한다. 번역과 통역 프로젝트가 전문가의 참여 없이 관리되는 경우도 드물지 않다. 이런 상황은 사회에서의 귀속 역할 및 지위와 성취 역할 및 지위의 불일치로 설명될 수 있다. 번역사와 통역사는 전문직 시장에서 덜 중요한 역할로 생각되지만 자신들은 그보다 높은 위치에 있다고 상정한다. 이상적으로는 번역사와 통역사의 추정 및 귀속 역할과 그 직업이 일치해야 한다.

Q. 추정 역할과 귀속 역할이 잘 부합하는 의사, 변호사, 은행가와 같은 전문직과 비교했을 때 번역사와 통역사의 경우는 어떠한가?

Q. 그 상황은 국가별 그리고 시대별로 어떻게 다른가?

Q. 번역사와 통역사들이 자신들의 역할 추정을 한 근거는 무엇인가? 직업의 특수성? 특화된 교육 또는 훈련? 이 외에 어떤 것들이 있는가?

상징적 상호작용론에서 역할-추정(role-assumption)과 역할-귀속(roleascription)은 '낙인(labelling)'의 개념과 관련이 있다. 낙인은 이름을 붙이는 것이지만 사회학에서 낙인은 단지 이름을 붙이는 것만은 아니다. 낙인은 사회적 공간을 구성하며, 역할과 의의를 부여한다. 이름 또는 낙인은 중요한 사회적 사실이다. 이 둘은 자극을 제공하며 의미를 만들어 내고 사회를 상징적 구조물로 탈바꿈시킨다.

Q. 한국 사회에서 번역, 번역사, 통역사의 귀속 지위와 성취 지위는 무엇인가?

Q. 번역사와 통역사가 본인들의 불만족스러운 위치를 높이고자 할 때 무엇을 하는가?

낙인은 번역의 한 형태로 해석될 수 있다. 언어 내 번역일 수도 있고 언어 간 번역일 수도 있다. 잘 알려진 예로 상황 인식에 긍정적으로(반드시 긍정적일 필요는 없다) 작용하도록 사용한 완곡 어구가 있다. '성숙한(mature)' 또는 '노련한(seasoned)'이라는 완곡 어구를 '나이 든(old)'과 같은 단어와 비교해 보라. '오보(misinformation)'와 '거짓말(lies)', '경제적으로 부유하지 않은(economically nonaffluent)'과 '가난한(poor)', '밤의 여인/성 노동자(lady of the night/sex worker)'와 '매춘부(prostitute)'도 그 차이를 보여 주는 예이다. 언어 내 번역의 경우 해당 언어의 모든 사용자는 번역자가 된다.

그러나 완곡 어구나 다른 낙인 사용의 언어 간 측면 또한 존재한다. 영어에서 'he' 또는 'man'이라는 단어를 성 포괄적 단어로 사용하지 않자 공개 연설 등에서 생겨난 규범에 대해 생각해 보자. 이제 영어 단어 'he'는 오로지 남성만을 의미하며 여성을 가리킬 때는 'she'를 사용한다.[70] 어떤 문화 및 언어에서는 여전히 이런 규범의 수용을 주저하고 있다. 이러한 규범은 "While working on his/her book, the author may draw inspiration from real life events or his/her own inspiration(작가는 그의/그녀의 책을 쓰는 동안 실생활의 사건이나 공상에서 그의/그녀만의 영감을 받을 수도 있다)"와 같은 단순한 문구를 어떻게 번역할 것인가에 대한 번역사의 결정에 영향을 미친다. 이와 관련해 다음과 같은 질문을 생각해 볼 수 있다.

Q. 번역사/통역사는 언어 간 번역에서 완곡 어구를 어떻게 번역하는가?

Q. 그러한 상황에서 번역사/통역사 고유의 사회 정치적 신념과 번역 결정 간의 관계는 어떠한가?

귀속 역할 및 성취 역할로 되돌아와서 일부 번역사 및 통역사는 직업의 재정적 측면이 업무에 대한 보수뿐만 아니라 고객의 눈에 비친 본인들의 위치를 나타내는 것이라고 본다. 이와 관련해 다음과 같은 질문을 생각해 볼 수 있다.

---

70 어떤 사람은 복수형이나 여성대명사를 남성대명사의 성 포괄적 대안의 형태로 사용하는 경향이 있으며 상호 교환하여 사용할 수 있다. 어느 것을 선호하든 간에 남성대명사나 'man'은 더 이상 일반적으로 인간을 나타내는 유일한 방법이 아니라는 원칙은 그대로이다.

Q. 번역사/통역사가 되는 것에 대해 어떻게 생각하는가?

Q. 알고 지내는 번역사와 통역사들이 어떻게 전문직으로 느껴지는가?

Q. 번역과 통역 업무에 대한 보수가 전문직으로서 번역과 통역의 사회적 지위를 어떻게 반영하는가?

상징적 상호작용론(Box 8.1)은 거시사회학 이론을 포함한 다양한 패러다임 내의 사회학자들에게 영감을 주는 것으로 나타났다. 예를 들어 신기능주의는 상징적 상호작용론의 사상 중 일부를 수용했다.[71] 또한 상징적 상호작용론은 사회적 생활 연구의 현상학적 접근법의 질을 높였다(아래 참고). 앞서 설명한 바와 같이 사회적 번역 활동 및 행위자에 대한 질문을 이끌어 내는데 번역의 사회적 기능과 번역사/통역사가 수행하는 사회적 역할에 대한 유용한 통찰력을 제시할 수도 있다.

Box 8.1

한눈에 보는 상징적 상호작용론(symbolic interactionism)

상징적 상호작용론은 언어, 제스처, 시각적 상징 등과 같은 상징의 도움의 도움으로 이뤄지는 개인 간의 상호작용을 강조한다. 사회구조는 개인의 계속되는 관계, 사회적 위치, 행동 방침 등의 협상 및 재협상 속에서 발달한다. 그리고 사회 또한 개인이 발전하는 맥락이다. 그러므로 개인은 태어나면서부터 사회에서 그리고 동시에 주

71 Jeffrey Alexander는 신기능주의적 접근법과 거시 및 미시사회학적 패러다임 간의 고리를 서술함에 있어 Giddens가 Goffman의 "영향을 깊이 받았다"라고 썼다(1998: 212).

위의 사람들과 어울리면서 맥락화되고 사회를 구성하는데 이바지하게 된다.

상징적 상호작용론은 시카고학파(시카고 대학교 사회학과를 토대로 하고 있다)로도 알려져 있다. 이 학파의 저명한 학자로는 George Herbert Mead(1863-1931), Charles Hortan Cooley(1865-1929) 그리고 Erving Goffman(1922-82)이 있다. '상징적 상호작용론'이라는 용어는 상징적 상호작용론의 다른 중요한 인물인 Herbert Blumer(1900-87)이 1937년 Mead의 말에서 따와 처음 사용했다.

상징적 상호작용론의 중요 부분

1. 사회적 행위자는 자기를 자각하고 있다. 이들의 행위는 목적이 분명하고 의도적이다.
2. 사회적 행위자의 자기 지각(self-perception)은 타인이 자기를 어떻게 지각하고 있느냐에 좌우된다(Mead의 '주체로서의 나(I)'와 '대상으로서의 나(me)', Cooley의 '거울상 자아(looking-glass self)'(3장의 '사회화 모델' 참고).
3. 자기(the self)는 선험적이거나 고정적이지 않다. 사회화의 과정에서 생겨나고 발전해 간다.
4. 자기는 언어, 제스처 또는 다른 사회적으로 유의미한 신호 사용과 같이 상징적으로 중개된다.
5. 자기는 사회적 상호작용을 통해 실현된다.
6. 자기는 각기 다른 상황에서 서로 다른 사회적 역할을 수행한다(Goffman).
7. 사회질서는 행위자의 관계의 지속적인 교섭 및 재교섭의 과정이며 절대 고정적이거나 완전히 미리 결정되어 있지 않다.

3. 생활 세계(lifeworld)에서 살기

미시사회학적 사고의 또 다른 중요한 지향은 현상학(phenomenology)

이었다. 현상학은 "의식의 다양한 형태와 변종 그리고 사람들이 살고 있는 세계를 이해할 수 있는 방법을 연구하는 학문이다(Mann 1983: 286)". 사람들은 절대로 세계를 직접 다루지 않았다. 감각과 의식을 통해서 세계와 접촉했다. 그러므로 현상학은 다음과 같은 질문을 던진다.

Q. 인간 의식은 그 외부 '실제' 세계의 감각을 어떻게 만들어 내는가?

현상학의 창시자인 독일 철학자 Edmund Husserl(1859-1938)이 전개한 주요 개념은 '생활 세계(lifeworld)'다. 인간은 '현상적인' 세계에 살고 있으며, 인간은 감각과 마음으로 세계를 지각해 그 감각에서 정보가 수신하는 과정과 구조로 외부 세계의 그림을 그린다는 Kant의 주장에서 나왔다. 또한 '현상(phenomenon)'이라는 단어는 '보이게 되는 것'이라는 뜻을 가진 그리스어 *phainomenon*에서 나왔음을 떠올리면 이해하는 데 도움이 될 것이다. 우리에게 세계는 그 자체로의 세계라기보다는 우리가 보는 대로의 세계이다. 그러므로 그 자체로의 '세계'가 아니라 사회적 행위자의 생활 세계에 대해 말하는 것이 보다 정확하다.

사람들은 그들의 생활 세계를 당연히 여기며 그 세계를 진정한 그 자체로서 또는 그들의 지각과 일치하는 어느 정도까지의 세계로서 받아들이는가를 되돌아보는 경우는 거의 없다. 사람들의 의식은 다르기 때문에 모든 사람은 자신들만의 생활 세계를 가지지만, 자신 그리고 자신과 상호작용하는 사람들은 동일한 세계를 경험하리라는 추정에 따라 행위한다. 사람들이 외부 세계에 대한 공유된 그림을 어떻게 만들어 내는가를 이해하는 것이 현상학의 주요 목표이다.

독일의 사회학자인 Alfred Schutz(1899-1959)는 Husserl의 현상학을 사회학에 처음으로 적용했다. Schutz의 사회학적 현상학은 Husserl와 Weber의 이론 그리고 상징적 상호작용론의 원리를 결합한 것이다. Husserl의 이론에서는 '생활 세계'의 개념과 사람들은 서로가 동일한 생활 세계를 가진 것처럼 행위한다는 생각을 빌려왔다. Schutz는 Weber의 *이해(Verstehen)*를 기반으로 했으나 여기서 한 걸음 더 나아갔다. 그는 Weber가 사회적 행위자가 주관적 의미를 공유한다고 추정했으나 행위자가 공유 의미를 어떻게 획득하고/획득하거나 만들어 내는가를 설명하지 못했다고 주장했다. Schutz는 1939년 미국으로 이주한 이후 상징적 상호작용론을 접하게 되었는데, 상호작용하는 행위자가 세계를 바라보는 공유된 시각을 어떻게 만들어 내는가와 사회질서 유지에 어떤 함의가 있는가라는 질문에 대해 관심을 갖게 되었다. Box 8.2에 정리된 Schutz의 사상은 미시사회학적 접근법을 심오하게 만들고 개선하는 데 중요한 역할을 담당했다.

Box 8.2

Schutz의 현상학 개요

다음은 모두 Schutz의 1962년 저서에서 인용했다.

1. 인간은 외부 세계와 직접적으로 상호작용하지 않는다. 오로지 감각과 의식을

통해서만 상호작용한다.

2. 인간이 마음속에서 형성한 외부 실재의 주관적 그림은 그들의 실재거나 생활 세계이다. "[…] 일상생활의 상식적 지식은 의심받지 않는 것이지만 탐구의 시작과 수행의 범위 내에서는 항상 의심스러운 배경이 된다(p.57)."
3. 사람들은 행위를 계획하는 당시에 가지고 있는 지식에 근거해 행위한다. 이 지식은 유사한 상황에서의 행위 경험과 경험 법칙 그리고 가능한 행동들로 이뤄진다. Schutz는 이를 "바로 사용할 수 있는 비축 지식(stock knowledge at hand)"이라고 표현했다(p.38). 사회적 행위자는 자신들의 행동뿐만 아니라 타인과의 상호작용을 구성하는 데 자신의 비축된 지식을 준거틀로 사용한다.
4. 비축 지식은 행위자가 "지고의 실재(paramount reality)", 즉 많은 주관적인 우주 위에 존재하는 절대적 실재를 깨닫게 한다. 그 지고의 실제란 "이는 나의 동작과 신체 작용 같은 […] 물리적인 것의 세계이다. 극복하려는 노력이 요구되는 저항력을 제공하며, 내 앞에 과업을 가져다 놓고, 내가 계획을 이행할 수 있게끔 하고, 내 목적을 달성하려는 시도에 성공 또는 실패할 수 있게 한다. 내 행위를 통해 나는 바깥세상으로 나오고 변화한다. 그리고 이 변화들은 비록 나의 행위에 의해 유발되었지만, 내 행위가 유래된 곳의 행위와는 별개로 이 세계 내에서 발생한 것으로 나와 타인에 의해 경험되며 시험될 수 있다. 나는 이 세계와 이 세계의 대상을 타자(Others)와 공유한다. 나는 타자와 공통의 목적과 수단을 가진다. 나는 그들과 많은 사회적 행위와 관계 속에서 일한다(p.227)." 사회적 행위자는 지고의 실재의 존재 또는 "세계와 그 대상이 [자신들에게] 보이는 것과 다를 수도 있다(p.229)"는 사실을 의심하지 않는다.
5. 사회적 행위자는 자신들의 생활 세계에, 비축 지식과 지고의 실재에 대한 이미지에 "자연적 태도(the natural attitude)"를 보인다. 자연적 태도는 완전히 실제적["매우 실제적인 이해(an eminently practical interest)", p.208]이라는 점에서 철학적 견해 또는 심리학적 견해와 차이가 있다. 자연적 태도는 일상생활의 세계를 행위와 상호작용의 한 장면이며 대상으로 볼 뿐이다. 사회적 행위자들은 비축 지식과 지고의 실재에 대한 이미지를 의심하거나 의문을 갖지 않는다.

다시 말해, "[…] 내게 세계가 실제로 존재한다는 것은 자명하며 내가 경험하고 있으므로 실제로 그러하다. […] 관련 지식이 없는 사람이 세계의 실재에 관한 선험적인 질문을 제기할 만한 동기가 없다(p.135)."

6. 행위자는 초기 사회화 과정 속에서 비축 지식을 획득한다. "'일상생활의 세계'는 우리가 태어나기 오래전부터 존재해 왔으며, 타자과 우리의 조상이 조직된 세계로서 경험하고 해석한 상호 주관적인 세계다. 이제 이 세계는 우리의 경험과 [실제적] 해석에 주어졌다. 이 세계의 모든 해석은 비축된 이전 경험, 우리의 경험, 부모와 선생이 우리에게 전한 경험에 기반하며, 참고안으로서 '사용할 수 있는 지식'의 형태로 기능한다"(p. 208).
7. 행위자는 같은 비축 지식을 공유하고 있다고 추정되는 사람들과 상호작용할 때와 같은 방식으로 사회화된다. "[…] 내가 내 동료의 입장이 되는 경우, 그 동료의 관점에서 세계의 동일 부분을 경험하게 되며 우리의 특정한 전기적 환경은 모든 실제적인 목적을 위해 무관해진다(p. 61)". Schutz는 이를 '시각의 상호성(reciprocity of perspectives)'이라고 명명했다.
8. 행위자는 "전형성 상태의 일상생활"을 경험한다. 독특한 대상과 사건은 "전형적인 익숙함과 사전 면식의 범위 내에서(p. 59)"만 독특하다. Schutz는 자신이 자신의 반려견을 바라보는 방식—한 마리의 고유한 개 또는 전형적인 "아이리시 세터", "개", "포유류", "동물" 등등—을 예로 들었다. 경험을 유형화하는 능력은 사회적 행위자가 새로운 상황과 대상을 완전히 독특한 것이 아니라 행위자가 이미 알고 있는 부류의 것으로서 처리하게 하며 이는 행위자가 새로운 상황을 대하는데 도움을 준다(p. 73).

(1) 처음은 배심원들이었다

Hussel과 특히 Schutz의 현상학은 민속방법론(ethnomethodology)이라는 것에 영감을 줬다. 이 용어는 이 사회학파의 창시자인 Harold Garfinkel(1917-2011)이 새로 만들어 사용했다. '도청 장치가 설치된' 배심원실에서 배심원들의 숙의 내용을 녹음한 것을 조사한 다음, 숙의에 참여했던 배심원들에게 해당 숙의에 대해 인터뷰했다. 이 자료를 조사하는 동안 Garfinkel은 "배심원 관점에서 배심원을 배심원이게 하는 것은 무엇인가(1974:15)"라는 질문을 했다. 여기서 강조하는 것은 배심원 자신들이 그들의 기능, 그들이 준수한(또는 준수했다고 주장하는) "옳은 결정을 내리는" 규칙(1967: 104)을 어떻게 지각하고 있는가이다. Garfinkel은 '민속식물학(ethnobotany)', '민속생리학(ethnophysiology)', '민속물리학(ethnophysics)'와 같은 술어에서 영감을 받아 민속방법론이란 술어를 만들어 냈다고 설명한다.

> 방법론을 수행하는 배심원들을 마주하고 있다. 그러나 이 배심원들은 '보이지? 지금은 안 보이지?' 식으로 방법론을 수행하고 있다. 만약 이 배심원들이 사회학부에 있다면 내 동료 학자들 그 누구도 이를 방법론이라 인정하지 않을 것이다. 사회학부에서 배심원을 찾지는 않을 것 같다. 그럼에도 불구하고 그러한 문제에 대한 배심원들의 관심은 명백해 보인다.
>
> 1974: 16

Garfinkel은 민속방법론이라는 술어가 배심원들의 대화를 분석한 자신의 접근법의 주요 목표를 상기시켜 주는 데 유용하다고 봤다.

> '민족(ethno)'은 '무엇이든(whatever)'의 상식적 지식으로서 속한 사회의 상식적 지식의 일원일 가능성을 나타내는 것으로 보인다. '민속식물학'의 경우라

면 식물 문제를 다루는 데 있어서 구성원들에게 적절한 방법이 무엇인가에 대한 지식과 이해에 관련된 것이어야 한다. 이 경우에 인류학자처럼 다른 사회에서 온 사람은 그 문제를 식물에 관련된 문제로 인식할 것이다. 그 사회의 일원은 인류학자와 같은 다른 사람들 앞에서 자기 일을 수행하는 데 있어서 추론과 행위의 충분한 근거로서 민속식물학을 이용할 것이다. 이는 아주 분명하며, 이러한 의미에서 '민속방법론'의 개념 또는 '민속방법론'이라는 술어를 채택했다.

1974: 16-17

이 술어는 민족(ethno) + 방법(method) + 학[론]((o)log(y))의 세 부분으로 구성되어 있다. 마지막 부분인 학[론]은 '~의 학문'을 뜻하며, '방법'은 무언가를 하는 방법을 의미하고, '민족'은 '민속' 또는 '민족/종족'이다. 이는 민속방법론의 주요 취지인 사람들은 자신과 자신의 행위를 어떻게 기술하는가, 사회질서 의식을 만들어 내거나 유지할 때 어떤 방법을 사용하는가를 나타낸다.

민속방법론은 일상 활동 및 사람들의 명백하거나 함축적인 행동과 그 행동의 설명에 초점을 맞추고 있다. "민속방법론적 연구는 모든 실용적인 목적에 있어 분명히 합리적이며 보고가 가능한, 즉 '설명할 수 있는' 것으로 만드는 구성원들의 방법으로 일상 활동을 분석한다(1967: vii)." 민속방법론은 그 자체를 일상 활동에 관한 사회 속 인간들의 일상적인 이유 및 추론 그리고 행위자가 놓인 상황에 대한 행위자의 상식적인 판단을 다루는 실용적인 사회학으로 보고 있다.

중요한 것은 민속방법론은 사회학적 현상학과 마찬가지로 외부 실재가 존재하느냐와 그 속성은 무엇이겠는가, 해당 실재에 대한 행위자의 정의가 사실인가 거짓인가와 같은 질문을 다루지 않는다는 것이다. 그 요지는 주체가 실재로 보는 것을 어떻게 지각하며 그 실재의 상상을 어떻게 유지하는가를 이해하는 것이다. Garfinkel은 배심원들이 자신들이 하는 것을 어떻게 봤는가에 초점을 맞췄다.

민속방법론에서 사용하는 가장 효과적인 방법 중 하나는 '위반 실험(breaching experiment)'이다. '사회적 영향이 얼마나 강력한가를 느껴 보는 가장 좋은 방법은 거기에 맞서는 것이다' 라는 Durkheim의 말을 떠올려 보면 이 방법의 논리를 보다 잘 이해할 수 있을 것이다.

> 공청회에서 열정, 분개, 동정의 큰 물결은 한 사람의 개인적 의식이 아닌 것을 그 근원으로 한다. 이 감정의 물결은 바깥에서 우리 개개인에게 들어오며 자기도 모르게 우리를 정신없이 빠져들게 하는 것 같다. 물론 나를 전적으로 그 물결에 몰아넣어서 그렇게 될 수도 있지만 그런 강제적 압력은 느끼지 않는다. 그러나 이는 내가 그 물결에 맞서는 순간 명백해진다.
>
> 2004: 59-60

Durkheim은 거시사회학적 시각을 가지고 있으며 민속방법론자들은 미시적 관점에서 연구를 진행하고 있지만 (거시사회학에서) 미리 주어진 것이든 (미시사회학에서) 행위자 자신이 능동적으로 만든 것이든 간에 사회적인 것을 인간의 자연적인 '서식지'이며 그 행위의 자연스러운 맥락으로 보는 것에 집중하고 있다. 인간은 물고기가 물을 대하는 것과 마찬가지로 자신의 사회적 서식지를 거의 인식하지 못하고 있다. 물고기가 물을 절대 발견할 수 없는 것처럼 인간이 사회적 서식지를 인식하는 것은 어려운 일이다. 이는 사회적으로 확립된 것으로 함축되고 여겨지는 것들에 질문을 던지는 것과 같이 일상화된 행동의 패턴에서 벗어나는 것, 다시 말해 일상을 깨뜨리는 것으로 보다 쉽게 인식할 수 있다. 다음은 이에 관련해 Garfinkel이 실시한 간단한 대화 실험(1967: 42-3)이다.

[대화 1]

(피험자) 안녕, 레이. 네 여자 친구는 좀 어때?

(실험자 '네 여자 친구는 좀 어때'라니, 무슨 뜻이야? 몸 상태를 말하는 거야, 아니면 정신 상태를 말하는 거야?

(피험자) 네 여자 친구 기분이 어떠냐고 묻는 거잖아. 너 왜 그래?

(피험자가 약이 오른 것 같음)

(실험자) 아무것도 아니야. 그냥 무슨 뜻인지 좀 더 분명하게 말해 줘.

(피험자) 넘어가자. 의대 지원서는 어떻게 되고 있어?

(실험자) 무슨 뜻이야? 어떻게 되고 있냐니?

(피험자) 무슨 뜻인지 알잖아.

(실험자) 아니, 모르겠는데.

(피험자) 너 정말 왜 그래? 어디 아파?

학생-실험자는 피험자(친구/지인)가 실험자가 알고 있으리라 생각하는 것을 모르는 척했다. 그 결과 두 사람의 상호작용이 깨졌다.

다른 예를 보자. Garfinkel의 학생-실험자와 그 학생의 남편 간의 대화이다. 어느 날 저녁, 두 사람은 영화를 보고 있었다. 남편은 피곤하다며 불평을 했다. 그러자 실험자가 몸이 피곤한지, 정신이 피곤한지 아니면 그저 따분한 것인지를 물었다.

[대화 2]

(피험자) 모르겠어. 몸이 피곤한 것 같아.

(실험자) 근육이나 뼈가 아프다는 말이야?

(피험자) 그런 것 같아. 시시콜콜 묻지 마.

(영화를 좀 더 본 후)

(피험자) 옛날 영화에 나오는 침대는 다 같은 철제 프레임을 쓰네.

(실험자) 무슨 뜻이야? 옛날 영화가 다 그렇다는 뜻이야, 아니면 일부 영화가 그렇다는 거야, 아니면 당신이 본 영화들이 그렇다는 거야?

(피험자) 왜 그래? 무슨 말인지 알잖아.

(실험자) 좀 더 구체적으로 말해 줬으면 좋겠어.

(피험자) 무슨 말인지 알잖아! 됐어!

Garfinkel 1967: 43

민속방법론자들은 성공적인 상호작용을 위한 세 가지 방법을 제시했다.

✓ 시각의 상호성하기(Box 8.2, 7번 항목 참조)

✓ 평범/평균으로 되돌아가려는 시도

✓ 기타 원칙에 의존하기

위의 두 대화는 좋은 예이다. [대화 1]과 [대화 2]에서 대화는 상호 간의 관점이 호환된다는 추정하에 시작한다. 다른 사람의 상황에 대한 염려는 상호적인 것으로 추정된다. [대화 1]에서 한 친구가 다른 친구의 여자 친구와 그의 학교 진학에 대해 질문한다. 그리고 두 사람의 입장이 바뀌더라도 그 친구 역시 같은 질문을 던지리라 기대한다. [대화 2]에서는 남편이 피곤하다는 얘기를 했을 때 아내가 이를 이해하고 연민할 것이라 추정하고 있다. 여기서는 서로 이해할 수 있다는 것이 전제되어 있다. 개인적 차이는 잠시 무시된다. 대화를 나누는 두 사람이 있으며 이 두 사람은 대화가 가리키는 상황을 모두 이해하고 있다. 그래서 [대화 2]에서 남편이 아내가 좀 더 구체적으로 말해 달라는 주장에 대해 "시시콜콜 묻지 마"라고 항의하는 것이다.

그 추정이 잘못된 것으로 드러나자, '정상(normal)'으로 되돌릴 것을 제안해 상황을 바로잡으려는 시도를 한다. 이것이 바로 [대화 1]에서 "네 여자 친구 기분이 어떠냐고 묻는 거잖아. 너 왜 그래?", "무슨 뜻인지 알잖아", "너 정말 왜 그래? 어디 아파?"와 [대화 2]에서 "무슨 말인지 알잖아!"라는 말을 한 이유이다.

그 누구도 모든 것을 설명하지 않는 대화에서 많은 부분은 말해지지 않은 채 남겨진다. 행위자는 말해지지 않은 부분을 구성하고 간극을 메우는

데 상대방에게 의존하거나 적절한 때에 누락된 정보가 채워지기를 기다린다. 이것을 '기타(et cetera)' 원칙이라고 하는데 전체의 일부분만이 말해지고 나머지('기타')는 상황의 공유 지식에 기반해 재구성해야 한다는 것이다. [대화 1]과 [대화 2]에서 실험 대상자들은 '기타 원칙'이 작동한다는 추정하에 행위하고 있으며 함축된 내용을 설명하라는 요청에 항의한다.

Box 8.3

한눈에 보는 민속방법론

1960년대에 등장한 민속방법론은 1970년대에 큰 영향을 미쳤다. 민속방법론은 기능주의부터 상징적 상호작용론에 이르는 모든 사회학 이론과 절연하는 획기적인 것으로 비춰졌다. 그러나 민속방법론학파의 창시자인 Harold Garfinkel은 심지어 확고부동한 기능주의자인 Talcott Parsons와 같은 초기 사회학자들로부터도 도움을 받았다. Garfinkel은 1967년에 출판한 『*Studies in Ethnomethodology*』의 서문에 이 책에 모아 놓은 글들은 "Talcott Parsons, Alfred Schutz, Aron Gurwitsch 그리고 Edmund Husserl의 저술에 대한 나의 연구에서 비롯했다"라고 썼다. "Parsons의 연구는 사회질서 문제와 그 해결의 구성 작업에 대한 타당한 사회학적 추론의 침투력과 한 치의 오차도 없는 정확함에 있어서 여전히 감탄을 자아낸다(p. ix)." 이 진술은 서로 다른 사회학적 패러다임인 거시사회학과 미시사회학처럼 서로 완전히 반대의 것으로 완고한 경계선을 그으려는 모든 시도를 문제화한다.

다른 사회학파와 마찬가지로 민속방법론은 사회질서가 어떻게 가능한가를 연구한다. 중요한 것은 민속방법론은 현상학의 영향 하에서 사회학의 주요 질문을 다음과 같이 재구성한다는 것이다. 사회질서감(the sense of social order)은 어떻게 만들어지는가? 다시 말하자면, 민속방법론에서는 더 이상 객관적 실재를 찾지 않으며 이 사회적 행위자 또는 저 사회적 행위자 또는 하나의 그룹에 의해 구축된 실재, 즉 생활 세계와 사회적 행위자들이 사회질서의 감을 유지하기 위해 사용한 방법을 탐구한다는 것이다.

일반적으로 공유되는 실재감을 보존하는 것을 목표로 하는 행위자의 활동은 Goffman이 주장하는 연극적 인상을 관리하는 행위자의 '행위'를 연상시킨다. 그러나 민속방법론적 시각은 행위자들이 자신들이 하는 것을 전적으로 믿는다고 보여진다는 점에서 보다 근본적으로 현상학적이다. 사회적 삶을 연극으로 보는 Goffman의 은유는 사회적 행위자가 자신들의 행위에 있어 필연적으로 진실하지 않거나 전적으로 개입하지 않는다는 의미를 함축하고 있다. 사회적 행위자의 개입에 대한 민속방법론학자들의 시각은 Bourdieu의 *일루지오(illusio)*에 보다 가깝다(9장 참고).

민속방법론을 분석하는 가장 좋은 방법은 해당 방법론의 방법을 사용해 사회질서감의 창조를 어떻게 이론화했는가를 질문하는 것이다. 다음은 Aaron Cicourel의 『*Police Practices and Official Records*』의 도입 단락으로 민속방법론 이론의 주요 포인트를 구체화하여 보여 주고 있다(대괄호 숫자는 인용단락 뒤에 설명된 개념을 가리킨다).

> 나는 청소년 분류, '범죄', '가족 상황' 등등[2]의 분류에 관련한 많은 문제가 있음에도 경찰과 보호 관찰 공무원들이 '시스템을 돌아가게 한다[1]'고 주장해 왔다. 법원이나 구류 시설에 속한 경찰, 보호 관찰 공무원 그리고 다른 공무원들의 일상적인 활동[3]이 청소년에 대한 공적인 파일의 일부가 되는 정보[4]를 어떻게 생성하는가는 공무원들이 사용하는 즉흥적이지만 '일반적인' 규칙과 이론[6]을 참고하지 않고는 이해할 수 없다(모든 정보의 조합 이후 해당 파일이 해석되는 방법과는 별개임). 그러나 이러한 규칙과 이론은 법률 집행 공무원의 비축 지식[8]을 구성하는 상식이나 민속 정형화[7]에 뿌리를 두고 있다. '이상한', '비정상적인', '잘못된' 그리고 '일상적인', '정상의', '무해한', '옳은'이라는 일상적인 범주를 이해해야만 법률 집행 공무원들이 적용하는 공식적이며 합법적이고 객관적인 범주를 만드는 데 즉흥성이 반드시

필요하다는 것을 이해하게 된다.

1974: 85

[1]: 행위자는 "시스템을 돌아가게 한다". 이는 행위자를 일하게 하는 것은 되레 시스템이라는 기능주의적 시각을 근본적으로 뒤엎는, 미시사회학적 접근법에 있어 중요한 내용이다.

[2], [9]: 분류가 얼마나 중요한가를 보여 주는 예이다. 민속방법론학자들은 "상호작용 하기는 상호작용을 말하기, 즉 행위자가 사용하는 주요 민속 기법은 구두 설명이라고 말한다. 사람들은 이런 식으로 자신의 이야기를 이용해 실재감을 구축한다(Turner 1998: 418)."

[3], [7]: 민속방법론은 행위자의 행위에 기반해 행위자의 비축 지식[8]을 구성하는 매일의 일상적인 활동, 상식의 영역과 상황의 민속 정형화과 행위자를 주로 연구한다.

[4]: 민속방법론에서 정보는 사회적 배경의 "아래에서부터" 그리고 "안에서부터" 그리고 구체적인 환경 또는 실제 맥락에서 만들어진다. 그러므로 모든 행위와 이야기는 '지표적(indexical)'이고 맥락에 관련되어 있으며 그 맥락에서 이해되어야 한다(Garfinkel 1967: 4-7).

[5]: 행위자의 행위에 대한 설명은 중요한 자료로 간주된다. 행위자들은 동일한 행위에 대해 서로 다른 설명을 내놓을 수도 있고 행위 중간과 행위 후의 설명이 다를 수도 있다. 그러나 이러한 차이가 행위자의 민속방법론에 대한 통찰력으로 이어질 수 있다. 한 예로, Garfinkel은 처음에 배심원의 토론을 녹음한 것을 듣고 이후에 해당 배심원들을 인터뷰했다. 그리고 이 녹음과 인터뷰라는 두 유형에 기반해 결론을 이끌어 냈다(1974: 15, 1967: 104-15).

[6]: 행위자는 다른 사람도 어느 정도는 공유할 것이라 기대하며 협상의 여지가 있는 실재의 규칙과 이론을 구성한다. 행위자와 사회적으로 관련되어 있는 사람들이 해당 규칙을 공유하지 않는 경우에 그 상호작용은 붕괴되거나 바로잡아야 할 수도 있다('생활 세계에서 살기'의 [대화 1]과 [대화 2] 참조).

민속방법론은 당연시되는 것을 알아내기 위해 사회적 생활의 일상 흐름에 혼란을 주는 실험을 한다. 해석에 대한 위반 실험을 한 좋은 사례로 영국 배우 Catherine Tate가 TV에서 공연한 Helen Marsh의 코미디 촌극을 들 수 있다. 이 캐릭터는 뭔가를 할 수 있다는 자신의 주장에 못 미치는 인물로 그려진다. Helen은 한 촌극에서 회사의 최고 경영자에게 자신은 일곱 개의 '다른' 언어를 말할 수 있으니 통역을 도와주겠다고 말하며 대학에 들어가기 전 TEFL[72] 프로그램을 수료했기에 통역을 할 수 있다는 확신을 준다. 그러나 Helen의 실력은 일곱 개 언어의 음성 모방에 지나지 않았음이 드러난다. 예상했던 대로 이러한 비전문적인 행동은 참가자들의 기대에 위배되며 상호작용을 깨뜨린다. 그 촌극에서 다른 배우들은 놀란 눈을 하고 눈썹을 올리는 제스처를 취한다.

이 위반 실험이 번역의 개념화에 대해 보여 준 것은 무엇일까? 이 촌극은 TEFL 수료증이 번역이나 통역의 자격을 입증한다는 등의 번역/통역에 대한 전형적인 시각을 보여 준다. Helen은 통역 정도는 일도 아니라는 듯 동의했다("내가 할 수 있어요"). 그 회의의 의장은 그녀를 쉽게 믿었다. 왜냐하면 통역사로 일하는 데 TEFL 프로그램의 수료가 충분한 자격을 부여한다고 이해했기 때문이었다.

'통역'이 시작되자 당연히 회의의 참가자 모두의 말문이 막혔다. 이 촌극은 일반인들이 고용조건에 상관없이(충분한 전문자격이 없거나 적절한 시험

---

72 Teaching English as a Foreign Language

을 치르지 않은) 번역사와 통역사에게 갖는 높은 기대를 보여 준다. 통역이나 번역은 최고 경영자가 되는 것보다 덜 전문적인 것으로 여겨지고 있다.

[대화 1] 및 [대화 2]와 같은 상호작용과 전문 번역사 및 통역사와의 언어 간 의사소통을 비교했을 때 관용도는 더 높게 나타난다. [대화 1]이나 [대화 2] 모두 상대가 의미하는 것이 무엇인지를 설명하는 시도가 없다면 중단되지 않을 것이다. 번역사와 통역사는 대화 당사자 중 한쪽이 '무슨 말이죠?'라고 물을 것 같은 상황, 즉 한쪽이 다른 쪽의 발언의 의미를 이해하지 못하는 상황을 타개하도록 훈련받는다. 번역사/통역사는 자신과 목표 청중 간의 세계에 대한 공유된 시각을 추정한다. 한 문화권에서 다른 문화권으로 번역될 텍스트를 생각해 보자. 원천 텍스트는 원천 문화권 특유의 문화적 현상을 담고 있을 수 있다. 번역사는 문화적 현상이 원천 텍스트에 나온 그대로 남겨지는 경우 대상 독자들이 해당 내용을 이해하지 못할 수도 있다는 것을 알고 있어 그 내용을 대상 독자들에게 설명할 수도 있다. 혹시 해당 내용이 주제에 그리 중요하지 않은 경우라면 완전히 빼 버릴 수도 있다. 사회현상학 측면에서 번역사는 두 문화권 간의 공백을 메우려고 하며 원본 텍스트와 목표 텍스트가 어느 정도는 동일한 실재 비전을 공유하는 것처럼 원본 텍스트를 제시하고자 할 것이다. 그렇지 않으면 원천 텍스트의 의미가 대상 독자들에게 불분명하게 되어 시도한 상호작용이 실패하게 될 것이다. 그러므로 번역사는 원천 텍스트의 생활 세계와 목표 텍스트의 생활 세계라는 두 생활 세계를 공유하고 이 두 생활 세계를 양립할 수 있게 한다.

통번역학에는 서문이나 다른 진술(St Jerome의 "Letter to Pammachius" 참

조)과 같이 번역사들이 자신의 번역에 대해 작성한 코멘터리를 연구하는 등의 민속방법론과 같은 연구가 있다. 번역사와 통역사는 소리 내어 말하기(a think-aloud protocol)라는 TAP 실험에도 참여하고 있다. 여기서 민속방법론적 접근과 중요한 차이점은 번역 학자들은 번역 과정의 실제 상황—번역사/통역사의 마음에 있는 '블랙박스'에서 일어나는 번역/통역의 과정—을 이해하고자 하는 반면에, 민속방법론에서는 번역사/통역사가 자신의 전문적인 일을 어떻게 이해하는가를 알아보고자 해당 코멘터리를 연구한다. 번역사/통역사의 TAP과 다른 진술의 가치에 대한 논란이 있어 왔는데(Toury 2012: 232, 235) 연구자가 번역/통역의 실제 상황을 보고자 한다면 TAP 실험이 전적으로 옳다. 그러나 번역의 민속방법론에 사용된 이러한 실험과 문서는 많은 잠재력을 가지고 있다. 다른 민속방법론과 마찬가지로 번역에 적용된 민속방법론은 번역사와 통역사의 작업 시의 상황에 대해 질문을 하지 않는다.

> Q. **번역사와 다른 이들은 번역을 어떻게 보는가? 다시 말해 번역사 자신과 번역사 주위의 다른 사람은 문화 간 의사소통에 있어 번역과 통역을 통해 사회질서감을 어떻게 만들어 내고 유지하는가?**

(2) 번역사를 추적하라

통번역학에서 민속방법론을 적용한 다른 연구로는 행위자-네트워크 이론(Actor-Network Theory, ANT)이 있다. 이 이론의 주요 학자인 Bruno Latour(1947년 출생)는 ANT를 "반은 Garfinkel이며 반은 Greimas"(2005: 54,

n. 54)라고 불렀다. ANT의 두 가지 주요 측면을 알아보기 위해서는 Latour가 사회학자인 Garfinkel과 기호학자인 Algirdas Julien Greimas(1917-92)를 함께 언급한 이유를 이해해야 한다.

Latour는 Garfinkel을 민속방법론의 창시자로 인정하며 ANT를 그 전개의 하나로 봤다. 민속방법론과 마찬가지로 ANT는 사회적 네트워크를 이미 만들어진 기성의 것으로 보거나 행위자에게 강요된 것으로 간주하기보다는 사회적 네트워크의 형성을 주시한다. ANT의 규칙 1은 "행동하는(in-action)"(1987: 258) 사회현상을 연구하는 것이다. Latour의 민속방법론은 기본적으로 과학의 민속방법론으로 과학에 중점을 두고 있다. '사회적인 것'에 집중하는 것은 [⋯] 과학에 있어서의 감각 구축을 강조하는 것이다(Restivo 2011)." Latour는 과학이 다양한 시각의 상호작용을 용납한다고 봤다. 관련된 행위자들의 시각, 상징적 상호작용론 같은 사회학적 관점, 관찰된 현상에 대한 Geertz식의 "심층기술(thick description)"을 통한 민족지학적 관점 등이 있다.[73] 이러한 모든 시각은 서로 경쟁하는 것뿐만 아니라 서로를 보완하는 것으로 보인다.

ANT의 주요 방법론적 모토는 '행위자를 추적하라(follow actors)'이며 Latour의 『*Science in Action*(1987)』의 부제는 "사회 속에서 과학자와 엔지니어를 어떻게 추적할 것인가(How to follow scientists and engineers through

---

73 미국의 인류학자인 Clifford Geertz(1926-2006)는 민족학적으로 관찰된 현상과 행동을 그 맥락과 함께 서술할 것을 제안했다. 이 방법은 인류학 및 민족지학 뿐만 아니라 번역학과 다른 사회과학에서도 받아들여지고 있다 (Appah 2012와 Sturge 2007 참고).

society)"(Latour 1988:11; 1993:3 참고)이다. 활동하는 과학을 이해하고자 하는 연구자라면 과학과 문서로 상호작용하는 내부(과학 기관, 단체 등등)와 외부(비과학적 행위자들) 모두를 추적해야 한다. ANT는 "무엇이 사회적이고 무엇이 사회적이지 않은가를 예단하지 않고" 사회적인 것을 구성한다(Restivo 2011).

사회적인 것과 사회적이지 않은 것의 구분을 모호하게 하는 것은 ANT의 나머지 '반'인 Greimas의 영향을 받은 것이다. Greimas는 Vladimir Propp의 동화 형식 분석을 기반으로 하여 행위소 모델(actantial model)을 전개한 기호학자이다. 행위소는 단순한 서사의 특성일 뿐만 아니라 서사의 구조에 있어 역할이자 기능이다. 예를 들어 동화에는 영웅과 그 영웅에 맞서 싸우는 악당이 있고, 그 영웅을 도와주는 조력자가 있다. 바로 이것이 심리적으로 전개된 캐릭터라기보다는 역할 또는 기능인 행위소이다.

Latour는 인간을 사회학적 관찰의 대상으로 보는 사회학에서 벗어나기 위해 '행위소' 개념을 민속방법론적 기술에 적용했다. 사회학자는 사회 네트워크의 구성에 참여한 모든 행위소를 고려할 수 있게 자유로워야 한다. 행위소는 인류학적일 뿐만 아니라 어떤 "형체(외양)"를 지닌 것으로 묘사된다(Latour 2005: 54).[74] 행위소는 어느 것이든 될 수 있다. 사람, 군중, 미생물, 기계, 사상, 기술, 심지어는 운명도 될 수 있는데(Latour 1988: 252) 이는 곧 네

---

74 ANT는 문화를 사람들의 네트워크로서 사회적 사실(sociofacts, 사회적 상호작용에 관련된 대상), 정신적 사실(mentifacts, 사람의 마음에 일어나는 정신문화적으로 관련된 과정이나 사상에 관련된 대상), 인공물(artefacts, 물질문화의 대상)을 함께 고려하는 인류학적 접근법에 가깝다(Restivo 2011; Sir Julian Sorell Huxley가 조어하고 인류학자인 David Bidney가 발전시킴).

트워크 생성과 유지에 참여하는 모든 것이 행위소가 될 수 있다는 말이다. 이 때문에 ANT의 방법이 물질적-기호적이라고 말한다. 예를 들어, 은행은 인간 사이의 상호작용으로만 축소될 수 없다. 오히려 은행은 “사람, 아이디어, 개념 그리고 기술을 포함하는 상호작용의 네트워크”다(Restivo 2011).

행위소(Actant)는 대변인에 의해 대변된다(Latour 1987: 72, 89). 대변인은 행위소의 존재와 활동을 이해하며 다른 사람들에게 이를 대변한다. 네트워크의 잠재적 행위자인 한 사람이 있다. 이 사람은 다재다능해 특정 직업이나 프로젝트에 아주 유용하게 쓰일 수 있다. 그러나 대변인이 이 사람을 프로젝트에 받아들이지 않는 한 이 사람의 재능은 “말해지지 않으며” 세상에 알려지지 않는다.[75] 비인간 물체의 경우 더욱 대변인이 필요하다. Pasteur는 미생물의 대변인이고, Curies는 플루토늄을 대변하며 Einstein은 물리학의 보편적 법칙을 대변했다. 이렇게 대변인은 행위소를 행위자가 되게 한다(Restivo 2011).

ANT와 관련해 다음과 같은 질문을 생각해 볼 수 있다.

Q. 번역 프로젝트를 네트워크로 서술할 수 있는가?

Q. 만약 그렇다면 그럴듯한 또는 가장 전형적인 행위자는 누구인가?

75 물론 이 사람은 자신의 대변인이 될 수 있으며 프로젝트를 생성하고 다른 행위소를 프로젝트에 모집할 수 있다. 그림 그리기를 좋아하고 그림을 그릴 수 있는 사람은 캔버스를 모집-번역하여 무언가를 그린 다음 예술품 중개상을 모집-번역하여 자신의 작품을 매매할 수 있다.

Q. 번역 네트워크에서 어떤 행위자가 대변인으로 기능하는가?

네트워크를 생성하는 과정을 ANT에서는 '번역'이라고 한다. 이 용어는 언어 내/언어 간 또는 기호 간 번역(Jakobson 1959)보다 광의적으로 사용한다. ANT에서 번역이란 네트워크를 구축하는 프로젝트에 행위소를 모집하는 것을 말한다. 번역-모집은 네 단계로 이뤄지는데 Latour는 주요 행위자의 시각에서 분석할 것을 제안한다.[76] 첫 번째 단계인 문제 제기(problematisation)에서는 중심 행위자가 프로젝트를 구상하고, 프로젝트에 필요한 모든 행위소를 확인하고, '의무통과점(obligatory passage point, OPP)'으로서 각자를 설정한다. 이 단계에서 해결될 문제가 만들어진다. 두 번째 단계인 관심 끌기(*interessement*) 단계에서 OPP 행위자는 이해관계가 있는 행위소를 얻는 다양한 기법을 사용해 프로젝트에 필요한 행위소를 모집하기 시작한다.[77] 그 뒤에 등록하기(enrolment) 단계가 시작되는데 이 단계에서는 행위소가 OPP 행위자의 프로젝트 서술을 받아들여 프로젝트의 행위자가 된다. 마지막 단계인 동원하기(mobilization)에서는 초반에 규정한 문제를 해결하는 초기 과제를 충족하는 네트워크의 실제 범위를 결정한다. 이 부분에 관련해 다음과 같은 질문을 생각해 볼 수 있다.

---

76 행위자가 반드시 인간 개인일 필요는 없다. 행위자는 프로젝트와 네트워크 구축을 개시한 개인 집단이나 프로젝트 내에서 거래를 시작하는 컴퓨터 프로그램과 같은 비인간 개체일 수도 있다.

77 Tyulenev의 요약본(2012a: 96-7) 참고

Q. 어떤 프로젝트에서 번역사가 OPP 행위자로 기능할 수 있는가 또는 행위자의 기능이 가능한가?

Q 번역 프로젝트에서 누가 OPP로 기능할 수 있는가?

네트워크는 일시적이며 끊임없이 변화하고 스스로를 다시 만들어 낸다. 네트워크는 본질적으로 투쟁적인 사회적 영역에서 경쟁한다. 네트워크의 힘은 경쟁 프로젝트와 비교해 네트워크가 동원한 행위소의 숫자로 측정된다. 네트워크 내 행위자들의 관계는 프로젝트의 진행에 따라 바뀔 수 있다. OPP 행위자가 프로젝트의 통제력을 상실할 수도 있고 다른 행위자가 OPP의 지위를 차지하기 위해 경쟁할 수도 있다.

Q. 번역 프로젝트를 단계에 따라 OPP 기능이 한 행위자에서 다른 행위자로 이양되는 네트워크로 설명할 수 있는가?

ANT는 네트워크 존재의 각기 다른 측면을 설명한다. 일부 네트워크는 네트워크 참가자만이 접근할 수 있도록 수집 및 처리된 과학적 데이터를 암호화—예, 번역을 포함한 다양한 전문 영역에서 전문용어 장치의 개발—하여 행위자들의 이익을 보호하는 특수한 메커니즘을 만들기도 한다. 번역 전문용어는 번역 실무의 전문성을 보장하기 위해 만들어졌다. 번역 이론을 만든 번역 이론가들은 OPP 행위자의 자격으로 기능할 수 있다. 번역 이론은 번역 실무를 최적화하는 데 도움을 줄 수 있으며 다른 한편으로는 외부인에게 번역실무가 전문직으로 보이게 한다.

네트워크는 프로젝트의 비가역성 측면에서 설명될 수 있다. 네트워크가 보다 안정되고 보다 조정될수록 프로젝트가 가역, 즉 해체되거나 이전 단계로 되돌아갈 가능성이 줄어든다. 유명한 외국 작가의 신작을 번역하고자 하는 출판사의 경우를 생각해 보자. 출판사는 판권 소유자와 협상을 시작하고 번역사를 수배한다. 이 단계에서 프로젝트의 성공 여부는 불투명하다. 판권을 사들이고 번역사를 찾아 번역을 시작할 준비가 되면 그 프로젝트는 더더욱 비가역적이 된다. 번역이 끝나 편집과 교정을 거치고, 책의 형식이 정해지고 인쇄할 준비가 되면 그 프로젝트는 완전히 비가역적이 된다. 네트워크는 유연하기 때문에 동적이며 취약하기 때문에 좋기도 하고 나쁘기도 하다. 다른 동등한 가능성 중의 한 지점으로 돌아갈 수 없을 때 모든 네트워크 또는 최소한 그 OPP는 비가역적 상태에 도달하고자 한다. 따라서 그 프로젝트는 가역성에서 비가역성으로 진행된다고 설명할 수 있다

결절(punctualisation)과 비결절(depunctualisation)의 개념은 프로젝트 운영이 얼마나 매끄러운가를 나타낸다. 프로젝트의 모든 구성원과 부분이 올바로 기능하는 경우에 해당 네트워크는 하나의 독립체로 나타난다. 네트워크의 일부가 충돌하거나 조정이 잘못되는 경우, 이를 비결절된 프로젝트라고 한다. 결절은 다중-행위 네트워크를 하나의 통일체로 제시한다. 비결절은 이와 반대의 과정으로 프로젝트가 제대로 작동하지 않음을 보여 주는 징후이다. Sal Restivo가 제시한 예를 보자. 차는 보이지 않는 곳에 많은 부품들이 숨겨져 있는 복잡한 시스템이지만 겉으로는 하나의 단일물처럼 보인

다. 그러나 차가 고장이 나면 운전자는 자신의 차가 여러 부품의 모음이며, 그중 부품 하나가 문제를 일으켜 잘 조정된 네트워크에서 떨어져 나왔다는 것을 알게 된다(Restivo 2011).

Q. 번역 네트워크는 얼마나 잘 조화로운, 즉 '결절'되거나 부조화로운, 즉 '비결절'될 수 있는가?

Q. 어떤 요소가 그러한 결절-비결절 역학의 원인이 되는가?

Q. 번역사는 번역 네트워크의 어떤 행위자와의 협력이 보다 용이하거나 보다 어렵다고 느끼는가?

번역학에 ANT의 적용 가치는 적어도 두 배 이상이다. ANT를 통해 우리는 번역사와 통역사가 커미셔너, 출판사, 편집자, 프로젝트 매니저, 교정자, 비평가, 컴퓨터, 인터넷 등등과 함께 네트워크에 참여하고 있는 것으로 볼 수 있다. 번역사와 통역사는 프로젝트-네트워크에 모집될 수 있거나 '번역(ANT 관점)'을 시도할 프로젝트를 시작, 즉 다른 행위소를 모집할 수도 있다. 또한 인간과 함께 CAT 툴, 통역 장비와 같은 기술을 고려하는 것이 중요함을 알게 된다. 그리하여 그 존재의 더 넓고 보다 실재적인 사회적 맥락에서 번역을 보게 된다.

토론 주제 및 과제

1. 이 장을 여는 주요 질문들에 대해 논의하라.
2. 아래 특집호의 논문 중 한두 편을 읽고 네트워크의 개념이 번역학에 어떻게 적용되는가를 토론하라. "La traduction et les études de réseaux / Translation and Network Studies"(edited by Hélène Buzelin and Deborah Folaron) of *Meta*, Volume 52, no. 4 (December 2007)
3. 번역 프로젝트에서 결절/비결절 사례에는 어떤 것들이 있는가 생각해 보라. Venuti(1998; 2008)가 제시한 예를 숙고하라.

추가 주제와 과제는 www.routledgetranslationstudiesportal.com를 참고

추천 문헌

Goffman(1959); Garfinkel(1967); Callon(1986); Latour(1987); Buzelin and Forlaron(2007); Sturge(2007).

9장

거시 모델과 미시 모델의 조화

주요 질문

- 거시 모델과 미시 모델을 어떻게 결합할 수 있는가?
- 두 모델을 결합해야 하는 이유는 무엇인가?
- 이 결합의 사례가 되는 이론에는 무엇이 있는가?
- 사회학적 관점에서 번역사/통역사 개인과 번역을 어떻게 기술할 수 있는가?

거시사회학 모델과 미시사회학 모델을 숙지하게 되면 거시 모델 또는 미시 모델 중 *하나의* 틀 내에서 번역의 사회적 기능을 논의해 보고 싶을 것이다. 다시 말해, 번역을 구조, 기관, 기능 면에서 또는 번역사 개인과 다른 번역주체 면에서 기술해보고 싶을 것이다. 그러나 사회학에서 기능주의가 쇠퇴한 이래로 거시 패러다임과 미시 패러다임 간의 균형을 맞추고 행위자 개인 또는 사회구조 중 *하나에* 초점을 두는 이론을 구축하기 위한 시도가 있어 왔다. 사회적 실재(social reality)는 이분법의 한 요소보다 더 복잡한 것으로 간주된다. 예를 들어 8장에서 다룬 행위자-네트워크 이론(ANT)은 '자연-사회', '인간-기계', '남성-여성', '사람-태아', '삶-죽음' 같은 고질적인 이원론의 경계를 모호하게 하고자 했다(Restivo 2011). 9장에서는 이와 같은 이론들을 살펴보도록 한다.

1. Pierre Bourdieu의 사회학 이론

(1) 구성주의(Constructivism) + 구조주의(Structuralism)

Pierre Bourdieu는 자신의 사회학 연구를 *구성주의적 구조주의(constructivist structuralism)* 또는 *구조주의적 구성주의(Structuralist constructivism)*라고 표현했다. Bourdieu는 자신의 연구 접근법은 구조주의적 접근법인데, 이는 사회 세계에는 "주체의 의식 및 의지와는 별개인 객관적 구조가 있는데 이 구조는 주체의 실천이나 표상에 방향을 제시하거나 강제할 수 있다(1989: 14)"고 생각하기 때문이라고 설명했다. 이러한 시각은 Bourdieu를 거시사회학자로 보이게 할 수도 있지만 Bourdieu는 자신의 구조주의는 구성주의적이라고 덧붙였다. 구성주의적 구조주의란 "사회적 기원은 두 부분으로 이뤄지는데 하나는 지각, 사고, 행위의 체계에 대한 기원이며 […] 다른 하나는 (사회 계급과 같은) 사회구조의 체계"라는 것이다(ibid.). 사람들은 구조의 강제에도 불구하고 의도적으로 행위하여 사회현상을 만들어 낸다. Bourdieu는 사회 연속체의 양극단인 주체와 구조를 연결하고 '개인 대 사회'라는 이분법을 극복하고자 했다.

Bourdieu는 구조를 엄격한 강제가 아니라 순응적이며 유연한 것으로 봤다. 이 구조는 발생 가능한 개인의 행위를 억제함에도 불구하고, 조정을 통해 구조의 강제를 따르는 것에서부터 구조의 강제에 저항하는 것에 이르는 선택을 허용한다. Bourdieu는 문법과 실천적 언어 사용 간의 관계로 이를 설명했다. 문법은 발화 행위를 제한하지만 그 적용은 느슨하다. 또한 문법은 규칙에 따라 언어를 '올바르게' 사용하는 방법을 규정하지만 개인이 혁신적으로 언어를 사용할 가능성을 박탈하지는 않는다. 언어를 사용한 문학적 실험을 생각해 보자. 언어 규칙이 깨질 수 있는 경우라도 어느 정도의 의사소통 가능성은 여전히 남아 있다. 문학에 있어서 가장 과격한 언어 실험을 단행한 경우라도 해당 작품이 그 내용(메시지) 또는 형태(표현)에 있어 어느 정도는 인정받기를(이해되기를) 원한다. 그러므로 실험자는 실험의 자유를 얻어 언어 구조 내에서 행위한다.

Bourdieu는 사회 영역에서도 동일 현상을 관찰할 수 있다고 했다. 사회적 영역(social realm) 내에 무한한 자유라는 것은 없다. 행위자와는 별도로 존재하는 사회적 행동 구조가 있으며, 그 구조는 행위자가 행위할 수 있는 한계를 규정한다. 그러나 의도를 가진 주체로서 행위하는 개인은 구조에 복종하는 게 아니라 그 구조에 변화를 불러일으킨다(물론 이러한 변화가 뿌리내리고 사회적 수준에서 게임의 새로운 규칙으로 인정을 받기 위해서는 하나 이상의 의도적 행위가 필요하며, 이 경우에 사회 전체 집단은 변경 제안을 재가해야 한다).

Bourdieu의 사회학은 '순수' 구조주의에 대한 비판이다. 이는 기능주의가 규범-결정 행동(norm-determined behavior)을 강조해 행위자 개인을 '얼간이'로 만든다는 미시사회학자들의 비판과 유사하다. 그러나 Bourdieu는 거시사회학적 접근법을 완전히 거부하지 않았으며 초인간적 사회구조를 찾고자 했다. 또한 사회계급 또는 파벌을 개인의 자유의지를 포함하고 있는 객관적으로 관찰 가능한 사회구조로 여겼다(Bourdieu 1984).

다른 한편 Bourdieu는 사회적 삶을 상호작용 이상의 것으로 봤기 때문에 미시사회학적 접근법을 비판했다. 상호작용은 맥락 내에서 이해될 수 있으며 이해되어야 한다. 개인이란 집단과 계급의 구성원으로서 행위하는 행위자이며, 그러므로 행위성은 구조에 내재되어 있다는 주장을 펼쳤다.

Bourdieu의 사회학은 성찰적 사회학이다. 이는 사회적인 것을 관찰하지 않음도 사회적인 것이다, 즉 사회구조와 무관함을 의미한다. 사회학자는 자신의 연구 대상과 마찬가지로 구조 속의 주체다. 사회 연구는 결코 철저히 객관적일 수 없다. 모든 사회학자는 주제 선정, 관찰 각도, 사회적인 것을 구축하는 방식을 유발하는 각자의 사회적 배경을 지니고 있다. Bourdieu(1988)는 학생으로서 학자의 책무는 객관적인 구조를 발견하는 것이라고 배운 다음, '저 밖의' 세계를 객관화해 중립적인 전문 학자가 관찰한 '광경'처럼 세계를 보는 '호모 아카데미쿠스(homo academicus)'(공부하는 인간)라는 용어를 만들어 내놓았다. 호모 아카데미쿠스는 세계를 객관화하여 세계를 객관적으로 묘사한다.

사회현상의 해석은 모두 필연적으로 (집단의 이해와 계급의 이해, 각자의 배경, 가치관, 뿌리 깊은 신념, 습관, 태도에서 유발되는) 사회구조의 강제를 받는다. 이 부분에 있어 Bourdieu는 행위자와 행위를 사회 계급 내에 위치시키는 마르크스주의의 영향을 받았다. 행위자는 자신의 계급의 이해를 정당화시키고자 하는 해당 계급의 이데올로기 체계에서 벗어날 수 없다(Bourdieu 1977: 22ff.).

Bourdieu는 모든 사회 실천이 '이해관계에 있다'고 주장한다. 주체가 자신의 이익을 (완전히) 인지하지 못하거나 그 이익이 물질적인 이득(화폐의 형태로 이뤄진 경제적 이득이나 다른 형태의 물질적 이득)이 아닌 경우라 할지라도 다른 형태의 이익—사회적 인정, 보다 나은 소셜 네트워킹의 기회, 보다 높은 사회 문화적 지위 등등—이 있다. 객관적인 연구를 사심 없는 (그래서 '객관적인') 연구로 이해하는 학계에서조차 가장 큰 이익—학자적 명성과 인정—을 가져오는 것이 바로 이 '사심 없음(disinterestedness)'이다. 모든 사회적 주체가 실제 이익을 만드는 데 부정적이라는 것은 아니다. 사회적 주체는 자신의 이익을 인지할 수도 또는 인지하지 못할 수도 있다. 그러나 무심결에 행한 일과 행동이었다 할지라도 그렇게 하도록 주체를 부추긴 이해가 숨어 있다. 이를 번역사와 번역에 적용했을 때 다음과 같은 연구 질문을 생각해 볼 수 있다.

Q. 번역사/통역사의 업무 또는 번역 이론가의 생각에 영향을 주는 사회구조에는 어떤 것들이 있는가?

Q. 번역 영역의 참가자들은 사회적 영향을 어느 정도까지 인식하는가?

(2) Bourdieu 사회학의 주요 개념

1) 아비투스(Habitus)와 장(field)에서의 자본(capital)

Bourdieu는 자신의 이론을 완전히 체계화하지 않았기 때문에 그의 주요 개념을 논하면서 개괄하도록 한다. 이 주요 개념은 복잡한 Bourdieu의 아이디어를 요약한 것으로 Bourdieu 사회학으로 가는 문을 열어 줄 것이다.

아비투스(habitus)[78]의 개념은 개인의 행위성과 그 사회적 정박지 간의 관계를 포착하고 있다. Bourdieu는 이 용어를 자신의 이론에 도입해 '개인 대 사회'[79]라는 이분법을 초월하고자 했다. 여기서 Bourdieu의 이론이 시작된다. "내 모든 생각은 여기서 시작되었다: 규칙을 따르지 않고 행동을 어떻

78 아비투스의 복수형은 habituses로 쓰거나 단수와 동일하게 habitus를 사용한다.

79 아비투스를 "누군가의 삶에 대한 이야기(New Oxford American Dictionary)"인 전기와 혼동하면 안 되는 이유이다.

게 규제할 수 있을까?(1990:65).” ‘아비투스’의 개념은 가장 곤혹스럽고 실질적이며 이론적인 난문제 중 하나이다. 우리는 어떤 행위를 하는가에 있어 선택이 자유롭다고 느끼지만, 사실 타인이 우리의 선택을 어떻게 받아들이는가 하는 사회적으로 결정된 기대에 맞춰 행위한다. 아비투스는 사회적 삶을 개인과 집단 사이를 오락가락하는 상관적 현상으로 생각하는 것을 지향한다. 이는 다시 말해 개인의 행위를 분석하는 데 있어 개인의 행위는 해당 개인의 사회적 환경[80]에 관련되어 있다는 것이다. 행위는 개인의 과거 경험(양육과 교육)과 현재의 상황(근로환경 및 동료와의 관계)에 의해 형성된다. 그러나 아비투스는 적극적으로 개인의 현재 실천을 형성하고, 그리하여 사회 환경의 변화에 기여할 수도 있다.

Bourdieu가 ‘아비투스(habitus)’라는 단어를 고른 이유는 ‘습관(habit)’과 비슷할 뿐만 아니라 그 신체적 의미에 있어 획득한 무엇, 개인의 사회적 경험을 통해 획득한 무엇을 함축하기 때문이다(아비투스는 심리학과 의학에서 체형, 체질로 사용되는 라틴어 단어다. 개인의 걸음걸이, 자세, 얼굴 표정과 같이 사회화된 개인의 신체적 구현에서 과거의 경험을 어떻게 찾아내는가를 강조하는 ‘신체적 버릇(hexis)’의 개념을 참조).

---

80 Bourdieu는 사회학 분석에 자리 잡고 있는 다른 이원론을 극복하고자 했다. 개인의 신체, 자세, 외모, 의상 등을 사회화와 연관 짓는 ‘헥시스(hexis)’의 개념은 ‘신체 대 마음’이라는 이분법을 극복하고자 한 것이다. 또한 ‘사회적인 것 대 개인적인 것’이라는 이원론을 초월하기 위한 ‘아비투스’의 개념은 객관적인 것과 주관적인 것, 구조와 행위성과의 관계를 다시 한 번 생각하게 한다. 사회 공간의 게임 규칙 준수의 연속체와 규칙을 깨뜨리거나 변형시키는 실용적 논리인 ‘실천’의 개념은 ‘구조주의(행위는 구조에 의해 촉발된다) 대 해석학(주체의 의사결정이 이해가 되게 만드는)’의 대립을 극복하는 데 도움을 줬다(Maron 2012: 64, n. 2와 52-4 참고).

*아비투스*는 구조화되기도 하고 구조화하기도 한다. Bourdieu는 '성향(disposition)'의 개념을 통해 아비투스를 설명했는데, 성향이란 사회구조에 노출된 개인의 결과와 이에 초래된 행위 경향으로 이뤄진다. 만약 우리가 X 문화권에서 태어나 그 교육기관을 거쳐 왔다면 X 문화권의 기준에 맞춰 행위할 것이다. 우리가 그 기준에 *반발한다* 하더라도, 우리는 *그 기준에* 반발하는 것이다. 따라서 우리는 내면화된 대로 X 문화영역 안에서 행위하고 있다.

그러나 개인의 행위를 형성하는 것이 양육만은 아니다. Bourdieu는 아비투스를 '장(field)'의 개념과 연결했는데, 장이란 누군가는 지배하고 다른 누군가는 지배당하는, 지배 힘의 상호작용이 일어나는 구조화된 사회적 공간이다. 장에는 장을 보존하고자 하는 그룹과 장을 뒤엎고자 하는 그룹 간에 끊임없는 투쟁이 일어난다. 개인은 자신이 가진 모든 권력을 장으로 가져오고 그 권력의 크기가 장에서 개인의 위치를 결정한다.

사회적 공간에는 많은 사회 장이 존재하지만 그 중 하나가 모든 장을 아우른다. Bourdieu는 이것을 권력 장(field of power)이라고 부른다. 권력 장은 공동의 사회 공간으로 그 안에는 경제 장(economic field), 정치 장(political field), 교육 장(education field), 예술 장(art field) 등이 있다. 장은 특정 활동의 공간이며 제도와 작동 규칙(게임의 규칙)을 가지고 있다. Bourdieu는 장을 특정 이해관계와 연관시켰다. 즉 장 내에는 주체가 행한 시간과 노력 그리고 다른 자원(예를 들어 대학 학위를 취득하는 데 소요되는 돈)과 같은 경제적이며 정신적인 투자가 있다.

특정 활동이 장으로서의 자격을 충족하는가 아닌가는 목록에 포함되는가에 달린 것이 아니라 장으로서 기술될 수 있느냐에 달려 있다. Bourdieu는 모든 장은 해당 장에서의 페어플레이에 관한 나름의 규칙 및 법칙[노모스(*nomos*)]과 함께 불문 규범과 규정[독사(*doxa*)], 장에서의 문제를 논의하는 방법 또는 특정 어휘와 담론 패턴[로고스(*logos*)], 장에서의 행위자의 참여 또는 관심[일루지오(*illusio*)], 행위자의 행동 강령 및 진입 장벽을 가지고 있다고 설명한다. 이 부분에 있어 번역 연구자는 다음과 같은 질문을 생각해 볼 수 있다.

Q. 번역을 Bourdieu의 장으로 간주할 수 있는가? 간주할 수 있는 경우 사회적 활동으로서 번역의 어떤 속성이 사회 장일 수 있게 하는가? 간주할 수 없는 경우 부족한 점은 무엇인가?

번역은 사회 장이라고 동의하는 경우에 다음과 같은 질문을 생각해 볼 수 있다.

Q. 번역 장의 경계는 무엇인가? 번역 생산과 사회에서의 유통에 관련해 포함시켜야 하는 동인에는 어떤 것이 있으며 제외해야 하는 동인에는 어떤 것이 있는가? 어떤 종류의 행위를 포함/제외해야 하는가(번역, 번역물 편집, 프로젝트 관리)? 그 이유는 무엇인가?

Bourdieu는 사회 장 연구에 있어 다음 세 가지 측면을 고려할 것을 제안했다: (1) 권력 장과의 관계, (2) 해당 장에서 주체 또는 제도와의 관계 및 그 관계의 본질 조사(권한을 향한 경쟁에 개입하는 정도, 장을 보존 또는 뒤엎는 것에 대한 관심), (3) 주체의 아비투스 분석, 성향의 차이, 그에 따른 참여의 결과적 궤적(Bourdieu and Wacquant 1992: 104-5). 이 세 가지 측면을 사회적 활동으로서의 번역에 적용하는 경우 다음의 질문을 생각해 볼 수 있다.

Q. 번역 장(장으로 인정하고)과 권력 장의 관계는 어떻게 되는가? 번역은 전체 사회구조에서 어떤 위치를 차지하는가?

Q. 번역 장 내의 관계 구조는 무엇인가? 주요 참가자(개인 아님. 직책, 계급, 번역 에이전시 같은 기관)에는 누가 있고 번역 장에 무엇을 가져오는가?

Q. 전형적인 것으로 간주될 수 있는 주체와 비전형적으로 간주되는 주체 모두의 아비투스는 무엇인가(어떤 기준으로?)?

장이 어떻게 작용하며 장 내에서 아비투스를 갖는 주체가 어떻게 존재하는가를 이해하는 데 '자본(capital)' 개념이 필수이다. Bourdieu는 '경제적 자본'이라는 개념을 택했는데 이는 경제적 활동(상품의 생산 및 판매)에 사용되는 돈이나 기타 자산과 같은 부를 의미한다. Bourdieu는 사회 및 상징 자원의 교환을 수용하기 위해 해당 개념을 확장시켰다. 사람들은 사회에서 자신의 위치를 확보하기 위해 돈을 비롯한 다른 경제적 귀중품을 사용한다. 특정 분야에서의 박학다식함, 힘 있는 사회 구성원과의 좋은 관계 또는 전문 자격증으로 그 지위가 결정되기도 한다. Bourdieu는 자본을 경제(돈), 문화(지식, 심미적 취향), 사회(네트워크, 종교 또는 문화유산), 상징(교육이나 전문자격증, 작위 또는 "상징적이라고 간주되는 모든 형태의 자본(Bourdieu 2006: 115, n. 3)")의 네 가지로 분류한다.

'상징 자본(symbolic capital)'이라는 용어는 모든 형태의 비경제 자본—문화 자본, 언어 자본, 과학 자본 또는 문학 자본—을 의미하기 위해 일반적으로 쓰이기도 한다. 상징 자본이 경제 자본의 대안으로 여겨지는 경우에 그 두 자본의 근본적인 차이는 이해의 개방 정도이다. 경제 자본('상업 자본'이라고도 함)에서 공개적으로 인정된 목표는 경제적 이익이다. 상징 자본에도 주체에게 동기를 부여하는 일종의 이해가 있다. 그러나 그 이해는 외부의 인정 같은 것보다 사심 없음이나 활동의 본질적인 가치를 추구한다는 구실 아래 숨겨져 있을 수도 있다. 그러므로 과학 장에서 객관적인 연구라는 선언이 이해관계가 전혀 없음을 의미하지 않는다. 더 높은 지위, 동료들의 존경, 명성 등의 이해가 있을 수 있다. "제한된 의미에서 경제적인 자본의 가장 물질적인 유형은 비물질적인 형태의 문화 자본이나 사회 자본으로 표현될 수 있으며 그 반대의 경우도 가능한" 자본 형태의 변경을 가리키는 데 *변역(transubstantiation)*이라는 용어를 사용한다(Bourdieu 2006: 105). 과학 장으로 다시 돌아가서 일반 대중과 과학자 모두 지식 창출은 진리를 추구하는 것이라고 믿는다. 따라서 "사회 자본의 원칙에 대한 형식적인 표현은 이타심의 표현이다." 그러나 "상징 자본이 경제 자본의 변역된 형태라는 사실에 대한 [의식적이거나 무의식적인] 체계적 거부"를 Bourdieu는 *오인*

(misrecognition)(예를 들어, 경제 자본을 자본으로 인정하지 않고, 이익을 비즈니스 활동에 대한 진정한 동기로 *인정*하지 않는 것)이라고 표현했다.(Moore 2012:101)

오인은 다소 해로운 형태를 취할 수도 있다. 사회 계층과 같은 특정 사물이 문화적으로 임의적이며 역사적으로 우발적이기보다 의문의 여지가 없거나 자연스러운 것으로 오인(잘못 표현)되는 경우에 그 오인은 *상징적 폭력(symbolic violence)*이 된다. 상징적 폭력은 지배자의 손에 들어가면 피지배자들과 혜택을 받지 못하는 사람들의 상징적 고통을 야기한다. 모든 사회에서 상징적 폭력의 강력한 수단은 언어다. 사물이 언어로 표현되는 방식은 표현된 현상에 가치를 부여한다(8장의 라벨링 참조). 직장 상사에게 종속됨을 나타내는 호칭을 부르는 사람은 업무 관련된 환경이 아닌 때에도 종속된 것처럼 행동하게 될 가능성이 있다. 예를 들어 과장급 직원은 회사 사장을 대함에 있어서 회사에서건 서로 아는 친구의 생일 파티에서건 평사원과 다르게 대할 가능성이 있다.

번역 직업에 관련해 다음과 같은 질문을 생각해 볼 수 있다.

Q. 번역사/통역사는 번역사와 통역사로 일하는 동기를 어떻게 설명하는가? 자신들이 추구하는 자본의 유형을 변역하는가?

Q. 번역사/통역사는 전문가로서 자신들을 어떻게 보는가? 비번역사는 번역사를 어떻게 바라보는가? 번역사/통역사는 어떤 상징 자본을 가지고 있으며 그 자본은 권력 장에서 번역사/통역사에게 어떤 위치를 제공하는가?

경제 자본을 들어 번역 같은 사회 활동을 설명한다고 했을 때 통역사와 번역사가 업무 환경에서 부당한 대우를 받는 것과 사회적 가시성이 부족한 것 그리고 전문성에 상응하는 지위를 누려야 한다며 불평하면서도 자신들의 직업에 왜 "꽤" 또는 "아주" 만족하는지 그 이유를 설명할 수 없다(Katan 2011: 82-3). 번역사와 통역사는 분명히 순수하게 경제적인 가치와 다른 가치를 발견한 것이다.

사회에서 모든 개인의 위치는 각자가 가진 자본의 형태와 양에 의해 결정된다. 자본은 사회에서의 위치를 결정한다. 다시 말해 특정 계급에 소속된다. Bourdieu는 '자본'의 경우와 마찬가지로 '계급'의 개념을 마르크스주의에서 빌려왔다. 그러나 이는 경제적 측면에 더불어 정치적인 측면(부유하거나 사회 지배를 위해 투쟁하는 집단에 소속됨)도 포함하도록 그 개념을 확장시켰다. Bourdieu의 계급은 집단이 향유하는 라이프 스타일, 취향, 명성에 의해 정의되는 Max Weber의 지위 집단과 유사하다. 다른 유형의 자본 분배는 해당 사회의 계급 구조에 따라 결정된다(<표 9.1>).

<표 9.1>의 내용을 참고해 사회 계급 계층에서 번역사/통역사의 위치에 관해 다음과 같은 질문을 생각해 볼 수 있다.

Q. 번역사/통역사는 어떤 유형의 자본을 가지고 있으며 그 자본으로 사회에서 어떤 위치를 차지하는가?

Q. 그 위치는 변함이 없는가? 아니면 공간(다른 문화권, 국가, 사회 집단)과 시간(다른 시대)에 따라 변하는가?

Q. 번역사와 통역사의 자기 평가는 사회의 평가와 어떻게 비교되는가? (비교는 Katan(2011), 국가-집중 연구는 Sela-Sheffy and Shlesinger(2011) 참고)

아비투스, 장, 자본은 Bourdieu 사회학 이론의 핵심 개념이다. Bourdieu는 이 세 가지 개념을 이용해 방정식으로 간결하게 사회 실천을 설명했다.

[(아비투스)(자본)] + 장 = 실천

위 식은 한 개인의 실천이 그 개인의 성향(자신에 대한 구조화된 자기 지각, 자신의 사회적 경험, 그에 따라 행위하는 경향, 한마디로 아비투스)과 주어진 장에서 그 개인의 위치(그 개인의 자본 또는 다른 유형의 자본 비율로 결정됨)뿐만 아니라 해당 장의 현재 상황 간의 상호작용의 결과물이라는 것을 의미한다(Maton 2012: 50). 그러므로 한 개인이 선택할 수 있는 행동 결정은 모든 가능한 행동과 특정 상황(지금 여기)에서 가능한 행동 사이의 차이이며, 더 나아가 특정 상황에서 특정 개인이 선택할 수 있는 행동은 특정 상황에서 가능한 행동과 그 특정 개인의 성향(아비투스) 그리고 해당 장에서 그 특정 개인이 차지하고 있는 위치(자본) 간의 차이이다. 사회 실천을 기술하는 이 방법은 지나치게 추상적으로 보일 수도 있지만 Bourdieu가 이 공식에 개인과 사회의 복잡한 상호작용을 정확히 담아냈기 때문에 그 이해에 시간을 투자할 만한 가치가 있다. 번역사/통역사의 행동은 이 설명을 통해 보다 잘 이해될 수 있으며, 이 설명은 개인의 사회적인 것과 사회의 개인 모두를 고려한다는 점에서 상관적이다. 사회적 관계성에 대한 Bourdieu의 생각을 명확하게 이해하지 않은 상태에서 Bourdieu의 이론을 적용하는 것은 사회에 대한 그의 시각을 채택하는 데 있어서 중요한 것은 다 빠뜨린 채 그의 용어만 빌려 쓰는 것에 지나지 않을 것이다.

<표 9.1> 계급과 자본(Turner 1998: 513을 개작)

계급	계급 내 집단	자본 유형	표본
지배 (모든 자본 유형의 상위 수준)	우세	경제 자본 (다른 자본 유형을 구입하는 데 사용)	부르주아
	중간	상당한 경제 자본, 적당한 수준의 사회, 문화, 상징 자본	고도의 전문직 종사자
	열세	적은 경제 자본, 높은 수준의 문화 자본 및 상징 자본	지식인, 예술가, 문화 종사자
중간 (모든 자본 유형의 중간 수준)	우세	풍족한 경제 자본 (지배계급의 지배 집단보다 덜 부유함)	소규모 자영업자
	중간	상당한 경제, 사회, 문화, 상징 자본 (지배계급의 중간 집단보다 적음)	숙련된 사무원
	열세	적은 경제 자본과 비교적 높은 사회, 문화, 상징 자본	문화 생산에 종사하는 상대적으로 낮은 소득의 교육 노동자
하위 (모든 자본 유형의 하위 수준)	우세	하위 계급치고는 비교적 높은 경제 자본	숙련된 육체노동자
	중간	적은 경제 자본과 다른 자본 유형	자격증이 없는 반숙련공
	열세	적은 경제 자본과 상당한 상징 자본	교육을 받지 않은 이론가

2) 사회장에서 역동성 요인

그러나 Bourdieu의 이론은 아비투스, 자본, 장의 주요 개념만 있는 것은 아니다. 장과 주체 개인의 장으로의 참여는 대단히 역동적이다. 그 역동성은 독사(*doxa*, '의견'이라는 라틴어)의 카테고리에 들어가는 가치관, 신념, 장에서의 작동 원칙과 개인의 아비투스가 독사에 맞춰지는 정도에 좌우된다. 장의 독사는 장에서 게임을 관장하는 불문율이다. 아비투스는 이러한 규칙을 따르고, 저항하거나 일부를 저항하면서 나머지를 따를 수도 있다. 이 두 극단의 간단한 예를 들어보자. 우리는 특정 장소에서 사람들에게 둘러싸여 있으면서 마치 물 속의 물고기처럼 편안함을 느끼기도 하고 정반대로 물 밖에 나온 물고기와 같은 심정을 느끼기도 한다.

실제로 장과 아비투스의 완전한 공모는 드물다. 게임의 규칙과 참여자들 사이에는 언제나 긴장이 흐른다. 장과 아비투스 간의 극단적인 불일치를 *히스테리시스(hysteresis)*라고 한다. 히스테리시스는 물리학에서 사용되는 용어로 물리적 특정과 환경의 변화 사이의 지연을 의미한다. 사회 영역에서 그 좋은 예가 돈키호테(Don Quixote)다. 돈키호테는 무술 여행을 다니는 기사의 아비투스를 가지고 있다. 그러나 그를 둘러싼 장이 바뀌고 관객들은 바뀐 게임의 규칙에 적응한다. 그리하여 그의 행위와 영웅적 위업은 우스꽝스럽게 보이고 좋게 봐준다 해도 곤혹스러울 뿐이다. 히스테리시스는 아비투스의 타성의 결과물이며, 우리의 실천은 과거 경험의 영향을 받고, 우리는 우리가 행위하는 장만큼 빠르게 변하지 않는다.

히스테리시스 현상은 돈키호테의 경우처럼 반드시 극적인 결과를 가져오지는 않는다. 컴퓨터 보조 번역 도구(CAT 툴)의 도입으로 번역 장이 빠르게 바뀐 것을 생각해 보자.

Q. 이러한 변화는 다른 번역사에게 어떤 영향을 미쳤는가? 모든 번역사가 성공적으로 장과 보조를 맞추는가?

Q. 번역 인력이 가장 취약한 분야의 특징이 있는가? 그 특징은 무엇인가? 기술에 대한 뿌리 깊은 혐오감을 가지고 있거나 기술을 두려워하는 번역사인가? 변화를 주저하는, 아니면 그저 기술을 필요로 하지 않는가(문학 번역가처럼?)?

Q. 다른 연구 분야로는 이상적으로 번역 또는 통역 중 하나만을 선호하지만 둘 다 해야하는 번역사/통역사가 경험한 히스테리시스와 그 결과물이 있다. 이 연구를 통해 이러한 류의 히스테리시스 문제를 해결하는 방법을 제안할 수도 있을 것이다.

아비투스와 장의 관계는 절대 가치중립적이지 않다. 행위자가 장을 초기화해 자신의 실천(활동에 대해 생각하거나 설명하는 것이 아닌 실천적 활동)을 시작하면, 행위자는 장의 독사가 제안한 가치관과 다양한 유형의 자원을 동시에 접하게 된다. 행위자는 이런저런 유형의 자원을 획득해 장에서 보다 높은 위치를 추구하는 사회적 게임에 참여한다. 그 게임에 참여를 유도하는 것을 Bourdieu는 이해(interest) 또는 리비도(libido)(라틴어로 '욕구') 또는 일루지오(illusio)('환상')라고 부른다. 게임의 규칙을 충분히 숙달하여 게임에 걸린 상금의 가치를 암묵적으로 인식함으로서 각 장은 이해의 특정 형태, 특정 일루지오에 생명을 불어넣는다(Bourdieu and Wacquant 1992: 117)". 행위자는 "게임에 투자되고 속아 넘어간다(ibid.: 116; Webb, Shirato and Danaher 2002: xiii 참고)". 다시 말해 일루지오는 자신이 환상을 가지고 있다는 것을 깨닫지 못한 장의 행위자의 환상이다. 행위자는 그 실재를 의심하지도 않고 그 근본적인 규칙을 묻지도 않은 채 사회 게임에 참여한다. 자리에서 일어나 국가에 대한 예의를 표시할 때가 되면 대단히 진지하게 그 게임이 지시하는 대로 행위한다. 사회 게임의 일루지오는 행위자를 완전히 뒤덮고 행위자들의 행동을 결정한다.[81]

Q. 번역사의 아비투스와 번역 장에서 일루지오의 측면은 무엇인가?

Q. 다음 게임 규칙에 있어서 번역 장의 어떤 하위 장을 설명할 수 있는가? 성실, 충성, 재능, 경험, 기술, 예술, 좋은 수입, 외국 대작의 번역. 이것과 유사한 카테고리의 규칙 중 어느 것이 문학/비문학 하위 장의 게임의 규칙인가?

Q. 번역 일루지오는 언제, 어떻게, 어떤 메커니즘과 주체에 의해 번역 장에 심어졌는가? (일반 및 전문적 사회화 참조)

---

81 '일루지오'의 개념은 사회적 행위자가 Schutz와 다른 현상학자가 설명한 생활 세계와 다른 현상에서 존재하는 방식을 떠올리게 한다(8장, '생활 세계에서 살기'). 민속방법론 학자들은 보이지 않는 일루지오 같은 생활 세계의 일상을 깨뜨리고자 위반 실험을 활용했다(8장, '처음에는 배심원들이었다').

3) 번역 프로젝트와 코나투스(conatus)

특정 장에서 행위자의 아비투스의 또 하나의 특징은 코나투스(*conatus*, '시도하다'라는 뜻을 가진 라틴어 동사 conari의 과거형으로 '시도했다(having tried)'를 의미)다. Bourdieu는 이 개념을 이용해 장에서 행동의 무의식적인 측면을 보다 강조한다. *코나투스*는 '기획(project)'과 대조된다. "'기획'이 시사하는 고의적인 의도의 논리를 피하기 위해, 코나투스(분투, 성향, 자연스러운 경향, 충동 또는 노력)를 사용할 수 있다(Bourdieu et al. 1999: 508)". Bourdieu는 코나투스를 다음과 같이 정의한다.

> 특정 사회적 위치 계급의 성향과 이해관계의 결합으로서 주체가 의도적으로나 의식적으로 해야 할 필요조차 없이 자신의 사회적 정체성을 구성하는 속성을 일정하게 또는 더 빠르게 재생산하는 데 매진하게 하는 것
>
> Bourdieu 1988: 176

코나투스는 매우 개인적이긴 하지만 특정 장에서 이루어진 사회화의 결과다. Bourdieu는 정신분석학을 반향해 코나투스와 가족에서 아버지를 연결한다. 그 자녀들은 아버지[82]와 관련된 모든 가풍을 이어 가야 한다. 자녀들은 재산만 상속받는 것이 아니라 존재하는 방식까지도 상속받는다.

---

82 "우리가 아는 것처럼 본보기로 여기는 아버지와 동일시하는 것에서 초자아가 나타난다(Freud 1961b: 943)."

> 아버지는 상속된 성향 또는 속성에 새겨진 "기획" (보다 적절한 표현으로 "코나투스")의 장소이자 도구이다. 이는 존재 방식에 의해 무의식적으로 전달되며, 혈통 또는 "가풍(the house)"이라고 불리는 관습의 영속을 목적으로 공공연하게 교육 행위를 통해 전달된다. 상속한다는 것은 이 내재된 성향을 전달하는 것이고, 이 코나투스를 영속시키는 것이며, 자기 자신을 이 재생산이라는 "기획"의 말 잘 듣는 기구로 만드는 것을 수락하는 것이다. 성공적인 상속이란 아버지의 명령에 따라 이루어진 아버지의 살인이며 아버지를 넘어서는 것이다. 이 넘어서는 것이 순리이고 상속의 순서라고 한다면 아버지를 넘어서는 것은 아버지와 아버지의 "기획"을 보존할 것이다. 아들이 아버지의 소망과 보존에 대한 소망을 동일시하게 되면 상속이 아무 문제 없이 이루어진다.
>
> 1999: 508

상속인이 아버지와 자신의 기획을 동일시하는 것은 기본적으로 사회화의 과정이다. 즉 "하나의 사회 세계에서 흥미롭다고 간주되는"(Bourdieu 1999: 508, n. 3) 게임에 (독사, 이해관계, 일루지오와 함께) 전해지는 것이다. 물론 모든 상속자가 문제를 일으키지 않는 것은 아니다. 일부는 "아버지의 기획"이나 그 특정 측면에 대해 반기를 들 수도 있다. 의도된 상속의 연속성이 단절될 가능성은 어느 장에서나 존재한다.

요약하자면, 코나투스는 "아비투스를 통해 사람들에게 개인적 삶의 기획으로 진화하는 특정 성향을 부여"하며, "주체가 별로 생각지 않더라도 그리고 주체가 스스로 공언한 삶의 기획과는 별개로 어떤 특정한 방식으로 행위할 수 있으며 다른 사람들에게 그러한 능력을 가진 것으로 인지될 수 있음을 시사"한다(Fuller 2012: 175-6). 그러므로 코나투스는 상속된 무의식 또는 반의식적 특징과 한 사람이 자신을 위해 구성한 것처럼 보이는 독립된 프로젝트의 혼합물이다. 이 혼합물을 풀어내는 것이 '코나투스'의 개념을 연구하는 학자의 목표이다.

이 부분을 번역에 어떻게 반영할 것인가? 다음과 같은 질문을 생각해 볼 수 있다.

Q. 번역 축, 교육, 이론에서 "아버지의 기획"과 비교할 만한 것이 있는가? 번역 직업과 윤리의 기본과 번역사/통역사가 전문적인 기준을 어떻게 유지하는지 고찰하라.

Q. 실무 번역사, 번역사가 될 학생, 통역사는 보다 숙련된 동료에게서 그리고 학교에서 배운 것을 어떻게 보는가? 비전문가적 행동/태도이기에 거부하라고 배운 것은 무엇인가?

Q. 번역사/통역사의 코나투스가 자신의 전문적인 의사결정/행동/태도에 어떻게 영향을 미치는가?

번역사와 통역사는 거의 항상 서로 다른 코나투스의 교차 지점에 서 있다. 가장 명백하고 잘 연구된(서로 다른 용어를 사용하지만) 것은 번역사와 통역사의 고향(예로 국가적, 문화적)의 이해관계로 촉발된 코나투스와 다른 쪽의 가치관 번역에 있어 충실성의 코나투스에 대한 무의식적이거나 반의식적인 충성의 충돌이다. 번역사의 '고향' 코나투스는 간단하지 않다. 그 내부에, 번역사의 고향 문화를 찢어 버리는 대립되는 관심사 사이에 충돌을 포함하고 있을 수도 있다. 번역사의 행동은 정말 복잡하고 그 복잡한 행동에 휘말린 의식적 및 무의식적 요소 모두를 인식하려면 코나투스의 개념이 필요하다.

번역과 관련해 코나투스의 또 다른 흥미로운 점은 번역 코나투스가 다른 유형의 코나투스에 어떻게 영향을 미치는가 하는 것이다. 몇 가지 예를 들어 보자. 문학 번역은 문학 활동과 같은 글쓰기라 할 수 있으며 통역은 연설, 심지어는 극 공연에 가깝다. 번역이 어떻게 '좋은 글쓰기'로 간주될 수 있는지 생각해 보면 번역사는 자신의 고향(목표언어문화권) 체계의 훌륭한 문학 글쓰기의 원칙에 따라 외국 문학작품의 번역본을 만들어 내야 한다는 의무감(일종의 노블레스 오블리주(*noblesse oblige*)의 행동)을 갖게 될 것이다. 누군가는 반기를 들고 사회적 기대를 거스르는 것이 번역의 기원이라고 할 수도 있다. 이 후자의 경우에 번역사의 행동은 자신의 번역에 문학작품의 우수함을 요구하는 코나투스에 촉발된 것은 아니다. 그러나 다른 코나투스가 이면에 도사리고 있을 것이다. 아마 번역사는 원천 텍스트를 매끄럽게 다듬는 것을 도착 문화권과의 차이를 위배하는 것이라고 생각할 수도 있다. 이는 탈식민주의, 이국화, 페미니즘 번역 실무에서 흔히 관찰되는 일이다.

통역사가 통역 부스로 들어가 청중으로부터 숨지 않은 상황에서의 통역은 연설처럼 보일 수 있어 사실상 연극하는 것과 마찬가지일 수 있다. 연극 성향을 보이는 통역사는 연사가 말하는 것처럼 효과적으로 연사의 메시지를 전달해야 한다고 느껴 번역사 코나투스의 충실성 카테고리에 연기도 포함하고 있을 수 있다. 연기파 배우 코나투스는 조명 바깥의 '그늘'에 머물러 있어야 한다는 통역사 코나투스를 반박할 수도 있는 특정한 행동 기준선을 제안한다. 통역사는 통역과 연기라는 두 유형의 코나투스의 충돌을 경험할 수도 있다.

Bourdieu의 '코나투스' 개념을 통해 우리는 다른 유형의 번역 행동을 사회적 뿌리와 무의식적 또는 반의식적으로 상속된 가치관을 가지고 있는 것으로 보게 되었다. 또한 번역사 코나투스는 인접한 장의 코나투스 유형을 보일 수도 있다.

(3) **미장아빔**(Mise en abyme)

Bourdieu의 사회학 이론 개괄의 마지막 부분은 성찰성(reflexivity)이다. 이 제목은 프랑스어로 문장학(문장을 만들고 그리는 예술)에서 빌려 왔다. 이 표현은 문자 그대로 '심연에 넣다(put in the abyss)'라는 뜻이다. 그러나 사실 이 표현은 전체 문장의 이미지를 작게 만들어 그 안에 다시 만들어 넣는 데 사용되는 문장 기법을 일컫는다. 그러므로 이는 '중앙에 놓는다(put in the centre)' 또는 '더 큰 이미지 안에 넣는다(put within a larger image)'를 의미한다. 이 기법은 미술, 사진, 문학에 적용되었다. 예를 들어 화가가 작업 중인 그림에 그림을 그리고 있는 자신의 모습을 집어넣는 것이다. 가장 유명한 사례로 Diego Velázquez의 <궁정의 시녀들(*Las Meninas*, 1656)>이라는 작품이 있다. 여기서 화가는 스페인의 국왕 Phillip IV와 그 부인을 그리는 자신의 모습을 화가 뒤의 거울에 비춰지게 그려 넣었는데, 이 기법은 자기반영(self-reflection)의 순간을 보여 주는 데 사용되었다. 미장아빔(*mise-en-abyme*) 효과를 이해하는 다른 방법은 두 개의 거울 사이에 서 있는 자신을 그려 보는 것이다. 이때 한 거울이 다른 거울을 반사해 이미지를 무한정 자기복사한다. Bourdieu의 사회 연구 원칙인 성찰 역시 미장아빔 기법으로 생각할 수 있다(Deer 2012: 198).

성찰성은 Bourdieu의 사회학에 영향을 준 주요 방법론적 원칙 중 하나다. Bourdieu가 인류학 및 사회학 경력을 쌓으면서 궁금해 했던 것은 실재에 대한 연구자의 지각이 그 연구의 대상에 어떻게 영향을 미치는가였다. Bourdieu가 자신에게 했던 질문들은 연구 대상의 선정에서 시작해 결론을 낼 때까지 연구 주제와 대상 간의 일어날 수 있는 모든 상호작용을 포괄하는 것이었다. Bourdieu는 사회학에서 '참여관찰(participant observation)'이라고 알려진 방법과 '외부(external)' 관찰 방법에 반대했다. 참여관찰은 연구자가 관찰 현상의 일부가 되는 것으로 이뤄진다. 예를 들어, 연구자가 사회집단을 연구하는 경우 연구자는 집단의 구성원이 경험하는 것을 경험하기 위해 해당 집단의 구성원이 된다. 외부관찰은 관찰 집단을 뚫고 들어가지 않으며 연구자는 외부인으로 남아 있다. Bourdieu는 참여관찰 방법은 "외래 사회 환경과의 인위적인 친화"이며 외부관찰은 "학자 독사에 관련된 선험적인 지적 이해에 지나치게 의존한다"고 비판했다(Deer 2012: 196). 다시 말해 참여관찰은 대상의 일부가 되는 척을 하는 것에 지나지 않고 외부관찰은 새로운 현상의 독특한 본질을 반영하지 못하는 전통적인 과학방법론을 따르다 보니 기존의 스키마타(schemata)에 끼워 맞추기 위해 새로운 현상을 왜곡하고야 만다.

Bourdieu는 *참여객관화(participant objectivation)*를 제안했다. 참여객관화는 연구자가 연구의 주체로서 자기 자신을 연구의 대상인 객관화된 참여자(objectified participant)로 만든다. 연구자는 연구 프로젝트와 그 대상에 있어 무엇이 자신의 흥미를 유발시켰는가를 질문하고, 연구 대상의 일반적/비일반적 이미지와 자신의 일반적/비일반적 이미지의 차이를 비교하고, 자신의 방법, 인상, 선반성적인 분류를 분석한다. 이런 의미에서 Bourdieu는 '사회학의 사회학'에 대해 종사하고 있다고 기술했다. 또한 성찰은 공동의 학술적 노력이어야 하는데 참여객관화는 개인적으로 수행할 수 없다.

> [성찰성]은 사회 환경의 모든 선-반성적 이해를 뒷받침하는 "생각해 본 적이 없는(unthought)" 카테고리, 지각, 이론 및 구조를 명확하게 하는 것을 목적으로 하는 공통적이며 공유된 노력이어야 한다. Bourdieu가 자신의 개인적 궤적을 상세하게 논하고 이론화했을 때[*Pascalian Meditations*, 1997, 2000년에 Richard Nice가 영역], 그는 이를 사회과학자가 자신의 위치와 실천을 객관화하는 방법의 예로만 봐야 한다고 강조했다.
>
> Deer 2012: 198

이러한 유형의 성찰성은 번역 실무와 연구에도 필수적이다. 이는 통번역학에서 번역사와 번역을 공부하는 학생의 주관성을 인정하는 것에 대한 중요성을 여러 번 강조해 온 이유다(Pym 1998: 27; Tymoczko 2002: 16, 22-3; Wolf 2002; Sturge 2007). 번역할 텍스트를 자신이 선택하거나 다른 사람의 선택에 따르는 번역사, 선택한 텍스트를 목표 언어와 문화로 번역하는 전략과 기법은 비사회적 상태에서 나오는 것은 아니다. 번역 이론가 역시 번역 주제 및 방법론을 선택하는 데 있어 필연적으로 사회화 영향을 받는다.

이런 의미에서 번역을 문화 "사이-공간(in-between)"에 위치한 "제3의 장소"로 보는 개념은 위험할 수도 있다. 번역은 "제3의 장소 또는 공간"에 있다고 한다. 왜냐하면 그 제3의 공간은 자신(the Self)에게도 타자(the Other)에게도 그리고 '원본'에게도 '목표 텍스트'에게도 줄어들지 않으며, "문화의 혼종"[Homi Bhabha in Wolf(2002: 188)에 영감을 받음]이기 때문이다. 이 번역의 '사이-공간임(in-betweenness)'이라는 메타포는 Tymoczko(2003)가 연구하고 있는데 그 연구에 탈식민주의를 연구하는 학자들이 Bhabha에게서 빌려온 개념인 번역의 개념화를 추가할 수 있다. Bhaba는 번역을 개념화하는 데 있어 Derrida와 Walter Benjamin의 「번역사의 책무(The Translator's Task)」, Benjamin의 "선 사이의 가상 번역(virtual translation[s] between the lines)" 이미지까지 고찰했다(Benjamin 2012: 83). Bhaba는 혼종으로서 번역의 개념을 사회적인 것으로 바꿔 놓았다. 그러나 이런 이론화에 신중을 기하지 않으면 번역과 번역사(그리고 번역 생산에 관련된 모든 행위자)를 그 사회 문화적 환경과 분리하게 될 위험이 있다. 또한 한 지정학적 위치에 대한 연구를 하는 경우에, 혼종성이 거의 자리 잡지 않은 데다가 두 장소가 제3의 장소가 없이 유지되는 경우라면 혼종성으로서 번역의 개념화는 통하지 않는다. 일부 국가나 소수집단 그리고 그 안의 다수는 제3의 공간을 "교섭"하는 데 실패하며, 그 대신 서로를 죽이고, 예배 공간이나 문화 유적지에 불을 지르거나 분리 장벽을 세운다.[83]

Bourdieu의 주요 개념을 도식화한 <그림 9.1>으로 Bourdieu의 사회장 이론 부분을 마무리 한다.

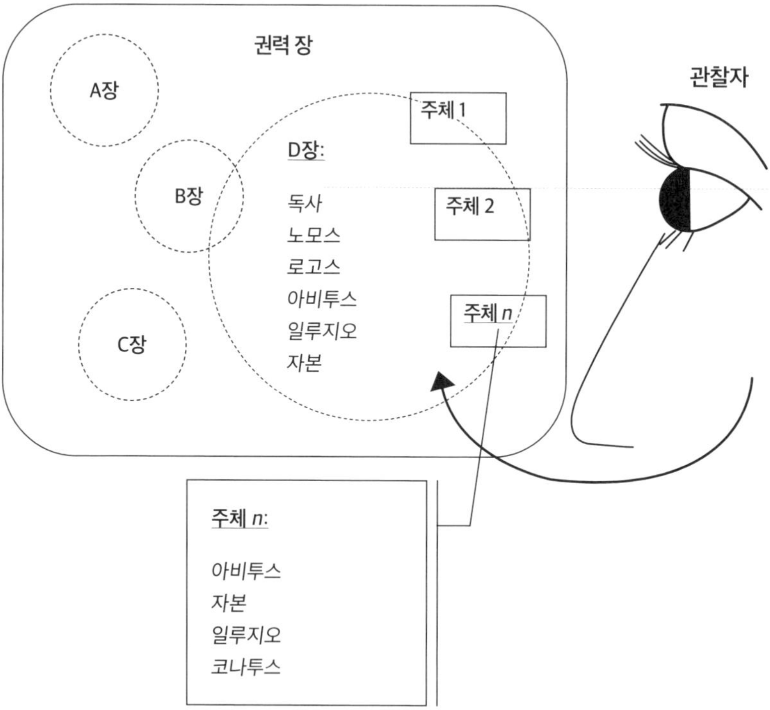

83 번역을 '제3의 장소'로 이론화하는 데 있어 아이디어를 제공하고 이를 허락해 준 Annie Brisset 교수에게 감사를 표한다.

<그림 9.1> 한눈에 보는 Bourdieu의 이론. 이 그림은 권력 장과 관찰자라는 두 부분으로 이뤄져 있다. 권력 장은 실천-특정 장(A, B, C, D)을 포함하고 있다. 그 경계는 불분명하기 때문에 점선으로 된 원으로 표시했다. 일부 장(B장, D장)은 서로 겹친다. 주체는 장 내에서 각기 다른 위치에 있다(D장에 사각형으로 표시된 '주체 1', '주체 2', '주체 n'). 주체는 하나 이상의 장에서 활동한다. 그러므로 주체를 나타내는 사각형은 D장의 경계를 횡단하는 것으로 표시했다. 장과 주체는 기능하게 하는 여러 특성을 가지고 있는데 그 일부는 장과 주체 모두의 기능을 결정한다(아비투스, 자본, 일루지오). '주체 n'은 전형적인 주체의 예를 보여 준다. 관찰자는 연구 대상인 권력 장과 D장 바깥에 있다(D장이 다른 장보다 더 크게 그려진 이유다). 또한 관찰자는 일부 장의 주체이기도 하다(화살표 선은 관찰자가 권력 장의 D장에 속해 있음을 가리킨다).

2. 구조화

Bourdieu의 이론은 거시사회학적 접근법과 미시사회학적 접근법을 조화하려는 시도 중 하나였다. 이러한 시도는 거시사회학적 이론(특히 기능주의. 7장 참고)이 시간의 경과에 따른 사회의 재생산과 그 과정에 행위자의 참여를 설명하지 못하며, 사회적 행위자의 변형 능력을 강조하는 미시사회학적 이론(특히 상징적 상호작용론, 민속방법론. 8장 참고)이 행위자의 행위는 사회구조가 결정하거나 사회구조의 동기를 받는다는 것에 대한 충분한 설명을 하지 못한 데에 대한 불만족의 결과다.

영국 사회학자인 Anthony Giddens의 이론에 등장하는 '구조화(structuration)'라는 용어는 양분되지 않는 사회 실재를 포착하고자 하는 노력이다. '구조화'라는 용어가 사회 *구조(structure)*와 개인의 *행위(action)*를 합친 혼성어로서 사회구조와 개인의 행위는 분리되지 않거나 분리될 수 있음을 강조한다고 생각할 수도 있지만, 사회구조와 개인의 행위는 "하나의 단일 과정의 요소"다(Inglis and Thorpe 2012: 209). 앞서 우리는 구조와 행위의 간극을 연결하는 시도로 Bourdieu의 사회 이론을 살펴봤다. 본 섹션에서는 동일한 문제에 대한 Giddens의 해결책을 간단히 고찰하고 Bourdieu의 해결 방안과 비교해 본다.

Bourdieu의 이론은 일상 활동에 일상화된 '실천'에 초점을 두고 있다. 다른 방식이긴 하지만 Giddens의 이론도 마찬가지다. 이 두 사회학자는 사회학 연구의 중심에 실천을 두고 사회구조와 주체가 떨어질 수 없는 통일체로 보는 것을 가능하게 했다. 구조와 주체는 떨어질 수 없어야 하는데, 이는 주체는 활동적이며 그 실천에 있어 구조에 의지하고, 구조를 변형하고 재생산하기 때문이다. 여기에는 주체와 구조 간의 친밀한 관계인 구조화 단계의 세 가지 요소의 개념화가 필요하다. 이 세 요소는 (1) 구조의 본질, (2) 구조를 이용하는 행위성, (3) 구조와 행위성이 사회 재생산 및 변형의 과정에서 서로를 연루하는 방법이다. 앞서 봤듯이, Bourdieu는 '장', '아비투스' 그리고 상호 영향을 구조화하는 다른 역학과 인자를 담아내는 개념(히스테리시스, 자본, 독사, 일루지오, 코나투스)을 이용해 사회구조화의 세 가지 요소를 설명했다.

Giddens는 '구조의 이중성(duality of structure)'이라는 개념으로 시작한다. 여기서 '이중성(duality)'은 이분법 또는 이원론적인 '구조-행위성'을 넘어서는 용어로 "Giddens의 구조화 이론에 필수적이다(1993a: 2)". Giddens 이론의 필수 요소는 '구조', '체계', '구조화'다. 이 세 요소의 정의를 알아보기 전에 그 관계에 대해 Giddens가 제시한 예를 살펴보자. 우리는 언어를 말한다. 그리고 언어에는 규칙이 있다. 이 언어는 그 언어를 말하는 사람들의 발화 행위에서 찾을 수 있다. 그러므로 나는 문법에 맞는 발화를 할 때, 발화가 [재]생산에 도움이 되는 것과 같은 통사적 규칙을 이용한다(Giddens 1984: 24). Giddens의 '구조'는 발화자가 자신의 발화를 구성하는 데 이용한 규칙과 자원으로서 언어에 필적한다. Giddens의 이론에서 '체계'는 발화를 통한 상호작용인 담화(speech)에 필적한다. '구조화(structuration)'는 언어 규칙과 발화 행위의 자원을 이용해 언어를 재생산한 실천이다. Giddens는 이 이론의 근본적인 부분을 다음과 같이 요약했다.

> 회귀적으로 조직된 규칙과 자원의 묶음으로써 구조[≈언어]는 시간과 공간을 초월한다. […] 반면에, 구조를 회귀적으로 보여 주는 사회체계[≈발언]는 시간과 공간을 가로질러 재생산되는 행위자의 상황 활동으로 구성된다. 사회체계[≈언어 사용 실천]의 구조화를 분석한다는 것은 행위 맥락의 다양성에서 규칙과 자원에 의지하는 체화된 행위자의 활동에 기반을 둔 체계가 상호작용 속에서 생산되고 재생산되는 방식을 연구하는 것을 의미한다. 구조화 아이디어에 있어 절대적으로 중요한 것은 앞서 언급한 구조의 이중성 정리다. 행위

자와 구조의 구성은 독립적인 두 개의 현상, 즉 이원론이 아니라 이중성에 해당한다. 구조의 이중성 개념에 따르면 사회체계의 구조적 속성은 회귀적으로 조직한 실천의 결과물이자 매개체이다.

(1984: 25)

발화자의 발화 행위에 관한 언어와 같이 구조는 강제(거시사회학의 시각)할 뿐만 아니라 발화자가 발화를 만들어 내고 활동할 수 있게 한다(미시사회학이 강조하는 점). 우리는 다른 사람과의 상호작용에서 생각을 표현하는 데 언어가 필요하며 그 언어는 우리가 표현할 수 있는 것과 표현할 수 있는 방식(또는, 우리가 생각할 수 있는 것까지도)을 강제한다. 그러나 Giddens는 언어가 규칙과 자원(예, 어휘) 역시 제공해 우리가 생각을 주고받을 수 있게 한다고 주장한다. 이는 사회구조에 있어서도 동일하다. 사회구조는 행위자에게 규칙과 자원을 제공해 서로의 의도를 깨닫는 것을 통해 상호작용할 수 있도록 돕는다. 구조는 상호작용, 즉 체계(Giddens의 체계와 기능주의에서 사용하는 체계는 다름)를 통해 실재하며 이 체계의 상호작용은 사회를 구조화(재생산)한다.

행위자에 대한 Giddens의 개념화도 중요하다.[84] 미시사회학의 영향을

84 Bourdieu와 Giddens 모두 사회의 구조화에 있어 주체/행위자가 담당하는 역할과 구조와 주체/행위자의 관계에 지대한 관심을 갖고 있다. 그러나 일부에서는 이 두 학자가 성공적이었는지에 대해 회의적이다. "이 두 학자는 낡은 구조/행위 분리의 각 면에 빠져드는 것에 그치고 말았다. Bourdieu는 앞쪽 극, Giddens는 뒤쪽 극이었다(Inglis and Thorpe 2012: 211)."

받은 Giddens는 행위자는 "자신들의 활동 흐름을 지속적으로 모니터하고 다른 행위자들이 자신들과 동일한 활동을 하리라고 기대한다(1984: 5)"고 언급하면서 행위자는 지적이며 활동적이라는 이론을 제시했다.

행위자는 실천을 통해 기술을 보여 주지만, 언어로 논의한다거나 자신들의 행위에 대해 명확한 설명을 제공할 준비가 항상 되어 있는 것은 아니다. 즉 행위자는 *담론적 의식(discursive consciousness)*을 적용하지 못한다. 그러나 행위성 뒤에는 항상 *실천적 의식(practical consciousness)*이 있다. 통번역학에서 소리 내어 말하기(TAP)(번역사가 번역 실무를 수행하는 동안 자신의 결정이나 선택에 대해 소리 내어 말하는 기법)를 통해 번역사의 행동을 연구하고자 할 때 이런 문제가 발생한다. 안타깝게도 번역사는 반의식적으로 연구자가 실험 중에 이런 말을 했으면 한다고 느끼는 것을 말할 것이다. 그러므로 "소리 내어 생각하기가 정신적 과정에 *직접적인* 접근을 제공한다는 주장은 틀렸다(Toury 2012: 235)". 이 문제의 본질은 담론적 의식과 실천적 의식의 관계에 있어서 행위자 실천의 복잡성이다. 번역사는 반의식적으로 행동한다, 즉 실천적 의식에 의지하고 있다. 축구선수가 공을 차는 것과 비교해 보자. 선수는 공을 어떻게, 왜, 어떤 방향으로 찼는지를 말로 표현하지 않고 공을 찬다. 설명을 해 달라는 요청을 받게 되면, 그 선수는 자신의 실천적 의식을 담론적 의식으로 바꾸어야(≈개인 내 번역)하기 때문에 바로 말이 나오지 않을 것이다. 더욱이 발화 설명은 실천적 의식의 모든 복잡성을 반영하기 어려울 것이다(실천적 의식은 그 선수의 마음속을 눈 깜짝할 사이에 지나가기 때문이다). 이는 번역사/통역사의 실천적 의식 및 담론적 의식의 관계에 있어서도 동일하다.

이 점은 TAP을 기반으로 한 실험의 유효성에 한계로 작용한다.

Giddens는 행위성의 의도성과 동기에 대해 논했다. 그의 이론에서 행위성은 고의성에서 분리된다. "개인은 주어진 행동 시퀀스 중 어느 단계에서든 다르게 행위할 수 있다는 점에서 개인은 범죄자다"라고 하지만, 행위자는 자신이 반드시 할 의도가 없는 것을 한다. 그러므로 Giddens의 행위 이론은 "'의도적인(purposeful)'이 아니라 '목적 지향적인(purposive)' 것으로 보여야만" 하는 것이다(Baert 1998: 101). 다시 말해, 행위자와 행위의 관계는 항상 간단하지 않다. 행위자는 반의식적 의도를 가지고 기계적으로 행동할 수도 있고 그래서 말로 설명하지 못할 수도 있다. 또는 어떤 의도를 가지고 행동할 수도 있는데 그러나 그 행동의 결과는 의도하지 않은 것일 수도 있다.

목적(행위자가 하고 싶어 하는 대로 반드시 실현되거나 실현될 수 있어야 하는 것이 아닌)을 가지고 행동하는 행위자의 능력을 Giddens는 '권력'이라고 부른다. Giddens가 내린 '권력'의 개념은 다른 사회 이론과 다르다. Giddens에게 권력이란 사회구조화 과정에서 행위자가 상호작용 체계의 자원을 목적 지향적으로 사용하는 것이다(1984: 14-16; Turner 1998: 493).[85]

동기에 대해 알아보자. 행위자가 행동하는 것처럼 행동하게 만드는 여러 압력이 있다. 행위자가 이 압력의 대부분을 인지하지 않으므로 많은 동기가 완전히 의식적인 것은 아니다. 또한 동기는 *모호할* 수 있기 때문에 행위와 동기 사이에 직접적인 대응이 없을 수도 있다. 행위자는 왜 그런 식으로

85 이와 유사한 권력의 개념화는 7장 '권력과 상호 의존'을 참고하라.

행동했는지에 대한 설명을 할 수도 있지만, 정신분석 연구에서 사람은 진짜 이유[알고 있을 수도 있고 (전혀) 모를 수도 있는]를 대는 것이 아니라 그럴 듯하거나 논리적인 이유를 대서 자신의 행동을, 특히 '나쁘거나', 바람직하지 않거나 부끄러운 행동을 '합리화하려는' 경향이 있다고 알려져 있다. 마지막으로 "대부분의 행위는 전혀 동기부여를 받지 않았을 수도 있다. 예를 들어 행위자는 그저 환경을 모니터하고 대응할 뿐이다(Turner 1998: 498)". 사람들이 자동적으로 반응하는 환경들을 생각해 보자.

Bourdieu의 '코나투스'의 개념을 보면, 그가 사회를 심리적인 것과 연관을 시키기 위해 얼마나 멀리까지 갔는지 알 수 있다. Giddens도 사회 이론에 정신분석학을 끌어들여 행위자의 동기를 설명하려 했다. Giddens는 Erik Erikson(Giddens 1984: 45-60)이 전개한 정신분석을 이용했다. Giddens의 이론을 통해 우리는 인간 행위성의 가장 깊은 동기에서부터 사회구조의 가장 높은 단계에 이르기까지 사회 실재를 아우르는 연속체를 생각해 보게 되었다(<그림 9.2> 참고). 무엇이 번역사의 행동에 동기를 부여했는가를 더 깊이 고민한다면 인간의 동기부여에 대한 이 시각이 도움이 될 것이다. 번역사는 자신의 업무에 있어 담론적 의식을 거의 사용하지 않으며 그 동기는 의식과 무의식이 뒤얽힌 복잡한 것일 수 있다.

Giddens의 사회구조화 이론을 번역사의 행위성에 적용할 수 있다. 이 책의 목적은 Giddens가 '구조-행위성'의 이중성을 어떻게 해결했는가를 알려 주는 것이며, Giddens의 이론이 번역학에 활발하게 적용되어 온 Bourdieu의 이론을 대체할 수 있는 중요한 것이라는 것을 보여 주는 것이다.

<그림 9.2> Giddens의 구조화 이론의 범위(Turner 1998: 497 각색)

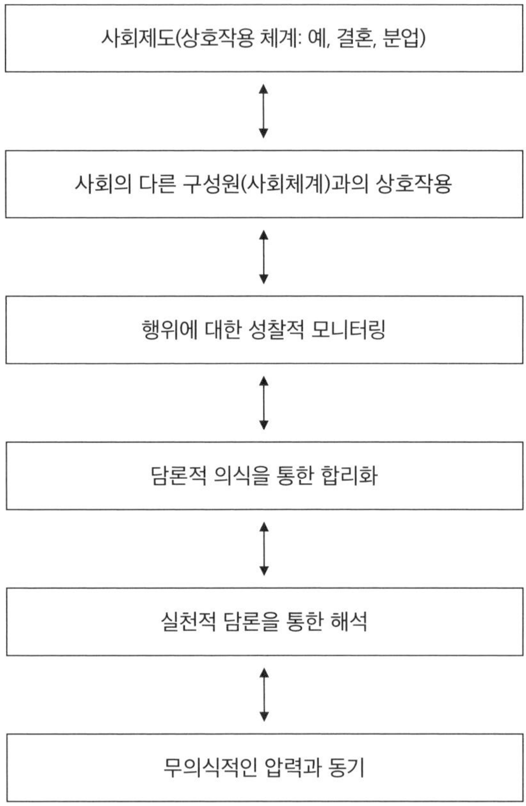

3. 춤추는 사회

Bourdieu와 Giddens가 개인과 집단, 구조와 행위성이라는 사회 실재의 이원론화를 극복하고자 한 유일한 사회학자는 아니다. 이 두 학자 외에 이원론화를 극복하고자 한 다른 사회학자에 대해 알아보자.

20세기 위대한 사회학자 중 한 명인 Norbert Elias(1897-1990)는 1960년대에 University of Leicester에서 Giddens와 함께 공부했으며, 사회구성 이론, 즉 '결합태(configurations)'를 만들었다. 결합태는 클 수도 있고 작을 수도 있으며 지속적일 수도 있고 순식간일 수도 있다. Elias는 사회 과정에서 개인이 담당하는 역할에 관심을 가졌는데(미시사회학자처럼), Parsons의 '체계'에 대한 대안으로 사회 '결합태'라는 용어를 개념화해 미시사회학부터 거시사회학에 이르는 전체 범위를 포괄하고 있다. 흥미롭게도 Elias는 "결합태 사회학(figurational sociology)"이라는 용어의 기원인 '결합태'라는 용어를 춤의 비유로 생각했다.

> 마주르카, 미뉴에트, 폴로네이즈, 탱고, 로큰롤을 생각해 보자. 댄스 플로어에서 상호 의존적인 사람들이 움직이는 결합태를 떠올리면 국가, 도시, 가족 그리고 자본주의자, 공산주의자, 봉건제도를 그 결합태로 그리기 훨씬 쉬울 것이다. 이 개념을 이용해 우리는 오늘날 사용하는 "개인"과 "사회"라는 단어에 내재되어 있는 [···] 대립을 없앨 수 있다. 누구든 춤에 대해 일반적으로 말할 수는 있지만 춤을 개인 외부의 구조라든가 단순한 관념으로 상상하지는 않을 것이다. 물론 서로 다른 사람들이 같은 춤을 출 수 있다. 그러나 상호지향적이며 서로 종속적인 다수의 사람들이 없다면, 춤도 없다. 결합태와 지금 여기에서 이를 형성하는 특정 개인에게는 상대적으로 독립적이지만, 보통의 개인에게는 그렇지 않다. 춤이란 개인을 따로따로인 것으로 보고 관찰한 것에서 추출한 정신적 구축이라는 말은 터무니 없을 것이다. 다른 결합태에 있어서도 마찬가지다. 작은 춤 결합태가 느리다가 빨라지듯이 우리가 사회라 부르는 큰 결합태도 서서히 변하거나 아주 급작스럽게 변할 수도 있다.
>
> 1998: 37

4. 접혀 있는/펼쳐져 있는 사회

프랑스 사회학자인 Bernard Lahire(1963~)은 Bourdieu의 사회장 이론을 전개했으며, 개인 규모에서 사회 세계를 고찰하고자 시도한 부분에서 Erving Goffman과 Norbert Elias의 영향을 받았다. '아비투스'에 대한 Bourdieu의 개념에 도전장을 내민 Lahire는 개인이 사회학적 조사의 대상이 될 때, 아비투스를 구성하는 추상적인 "존재 조건의 클래스"를 논의할 때 상상할 수 있는 것과 달리, 개인을 형성하는 사회화 '영향'을 다른 개인이 경험하는 사회화 영향과 거의 비교할 수 없을 정도로 보게 된다고 주장한다(2013). 상속된 성향은 동질의 것이 아니다. Lahire의 의도는 심리학에서 인정하지만 사회학에는 부재한 개인의 행동 패턴의 유효성을 강조하는 것이다. 그러나 그는 Bourdieu의 '아비투스' 개념이 심리학이 아닌 철저히 사회학적인 시각에서 나왔다는 점을 비판하고자 한다고 강조한다. 또한 자신의 임무는 개인에 있어 체화된 사회적인 것 그리고 개인의 내부와 외부에 존재하는 사회적인 것의 진술을 넘어서는 것이라 봤다.

Lahire는 사회적인 것은 개인의 '접힌 부분(folds)'에 숨겨져 있는 '접힌(folded)' 사회적인 것(*le social á l'état plié*)(2013)이라고 은유적으로 표현했다. 이 은유는 사회 세계가 개인의 외부에서만 나타나는 것이 아니라 개인의 사회화 결과인 성향과 합체된 역량의 형태로 나타난다는 것을 의미한다. 사회 제도(학교, 가족, 직장, 노동조합 등등) 또는 사회과학이 별도의 경험 유형으로 잘라 낸(*découpé*) 것을 각 개인이 독자적인 방법으로 다시 붙여 놓는다(*recoupé*). 이러한 역학은 무리나 학급과 같은 사회-구조적 현상의 시각을 복잡하게 만들고 동일한 주제의 무한한 변형에 대한 가능성을 열어 놓는 것이다.

집합적인 것과 개인적인 것이라는 두 관점은 분리해서 연구할 수도 있지만 접힌 것과 펼쳐져 있는 것(*le déplié et le plié*), 잘라내진 것과 다시 붙인 것(*le découpé et le recoupé*), 집합적인 것과 단 하나의 것은 서로 배치하는 것이 아니라고 주장한다. 이것이 동일한 사회 실재에 대한 두 가지 다른 관점이다.

접힘이라는 메타포가 표면화한 다른 의미는 개인의 내면이 접힌 외부일 뿐이라는 것이다. 개인은 사회 밖에서 존재하지 않는다. 사회적인 것은 개인이 만들어 낸 조직이다.

Lahire는 각 개인을 구겨진 종이(*une feuille froissée*)에 비교한다면, 연구자의 과제는 사회 공간에서 일어난 모든 접혀 있는(*plissements*) 상품으로서 이 특정 주체가 경험한 대로 그의 사회적 방식을 이해하고 추적하는 것이라고 했다. Lahire의 접근법은 사회학적 전기(sociological biography(*biographie sociologique*))[86]의 장르다. 그 예로 Lahire는 작가인 Kafka의 문학 활동 이전에 그의 가족 경험과 성장 과정의 사회화를 추적하

86 Lahire의 사회학적 전기는 사회학에서 유일무이한 것은 아니다. Elias의 사회학 논문 "Mozart: The Artist in the Human Being(1998: 95-105)"에서 나오는 사회학적 연구와 유사하다. 복잡한 사회 네트워크에서의 행위자에 대해 쓴 사회학적 전기의 다른 예로는 Latour의 Pasteurization of France(1988)가 있다. 이 전기들은 모두 사회학이 개인에게 초점을 맞추면서도 일반화된 패턴을 어떻게 바라보는가에 대한 좋은 예다.

여 사회학적 전기를 집필했다. Lahire는 Kafka의 직업적 경험과 정치적, 개인적인 경험을 모두 고려했다. 그리고 작가의 이러한 경험을 오스트리아 헝가리 제국의 대규모 사회구조화(*grandes structurations sociales*)에 새겨 국가적, 언어적, 종교적 사회적 측면을 수용했다(Lahire 2010).

토론 주제 및 과제

1. 이 장을 여는 주요 질문들에 대해 논의하라.
2. 사회 이론 모델 면에서 Bourdieu의 사회장 이론에 대해 토론하라(6장 참고).
3. Giddens의 사회구조화 이론의 '구조화'에 대한 연구 질문을 생각해 보라.
4. '춤추는 사회'와 '접혀 있는/열려 있는 사회'에 대한 연구 질문을 생각해 보라.

추가 주제와 과제는 www.routledgetranslationstudiesportal.com를 참고

추천 문헌

Shusterman(1999); Webb, Schirato and Danaher(2002); Giddens(1993b); Lahire(2013).

결론

앞으로 나아가기

이 장에서는 현재 사회학 연구의 주요 특징 중 하나인 패러다임의 결합 가능성을 강조하고자 한다. 거시사회학 또는 미시사회학적 접근법이 여전히, 특히 소규모의 연구 프로젝트에서 사용되고 있음은 분명한 사실이다. 그러나 사회적인 것을 연구하는 데 있어서 거시적 또는 미시적 접근법의 선택 이상의 것이 필요하다. 초기 사회학은 심리학으로부터의 해방에 사로잡혀 있었지만 지금은 특유의 초점(사회질서를 가능케 하는 인간 상호 관계의 일반화된 패턴)을 가진 그 자체로 잘 정립된 하나의 학문이기 때문에 심리학과의 경계에 아주 근접한 영역도 연구 대상으로 삼고 있다. 해당 사례로 Bourdieu와 Giddens가 정신분석과 사회전기 장르에서 아이디어를 차용한 것을 들 수 있다(9장 참고). 사회 세계를 개념화하는 다른 방법으로는 각기 다른 여러 접근법과 패러다임을 서로 보완하는 것으로 보고 사회 세계를 이론화하는 것이다.

[미시사회학과 거시사회학 간의] 수많은 명백한 '이론적' 차이는 이론적 차이

그 자체가 아니다. 사회현상을 개념화하는 더욱 제한된 수의 방법에서 나타나는 차이이다. 사회 활동 이론은 상관적 방식의 이론적 차이에 얽매이지 않은 구체적인 개념화에 의해 뒷받침된다. 일반적으로 사회 이론에 대한 강의와 교과서에는 특정 이론보다는 '관점' 또는 '접근법'이 등장한다. 이러한 개념화는 상호보완적인 틀로서 경쟁 접근법보다 더 효과적이라고 여겨지기도 한다.

(Scott 2011: 2-3)

John Scott은 마음, 구조, 문화, 행위, 체계, 본성, 시공과 같은 현대사회학의 핵심 주제를 선정했는데 번역 현상에 이 모든 주제를 적용할 수 있다.

우선 **마음(mind)**, **구조(structure)**, **문화(culture)**를 연결해 보자. 마음은 사회적 행위자의 인격으로 사회화와 문화화의 결과물이다. 개인과 사회 간의 복잡한 관계를 숨기거나 무시하는 것은 왜곡된 시각을 낳을 수 있는데, 이는 마음이 사회와 별개인 것처럼 보이거나 사회가 개인 주도권의 싹을 잘라 버리는 것처럼 보이기 때문이다. 초점을 개인에게 두고 심리학이 위치한 스펙트럼의 극점으로 이끌고 갈 수 있으며 또는 초점을 집단에 두고 순수 사회학적 관점으로 이끌고 갈 수도 있지만, 이 두 접근법을 조화시키는 것이 개인과 사회 간의 관계를 이해하는 보다 나은 방법이다. 우리는 사회학적 접근법을 전문으로 하고 있지만 방법론적 명확성을 위해서는 두 관점 중 하나에 초점을 두더라도 다른 관점을 기억하고 있어야 한다. 이를 번역에 적용시켜 보자. 번역을 고찰하는 경우라면 번역 생산 활동에 누가 참여하는가를 유념하고, 번역사를 연구하는 경우라면 번역사는 사회화되고 문화화되었으며 번역을 하기 때문에 번역사라는 것을 기억해야 한다. 번역은 사회적 기능이며 이 기능을 수행하는 것으로 번역사는 사회구조화에 이바지하게 된다. 마음, 구조, 문화의 세 가지 현상 간 상호작용의 복잡성을 거시적 또는 미시적 접근만으로 드러내는 것은 불가능하다. 그러므로 보완적인 접근법과의 협력이 필요하다(연구의 초점은 여전히 하나 또는 다른 패러다임에 둘 수 있다).

마음(개인), 구조(사회), 문화 간 관계의 복잡성을 다루다 보면 **행위(action)와 체계(system)**의 관계에 대한 문제에 부딪히게 된다. 하나를 중시하면서 다른 하나를 희생하게 되면 다시 진상을 왜곡할 위험에 처하게 된다. 사회적 행위로서의 번역이란 오직 사회체계 안에서의 무언가를 의미하며 그 사회체계는 행위를 통해서만 실현될 수 있다. 현대사회학에서는 균형 잡힌 접근법만 용인되는 것으로 간주한다. Luhmann의 사회체계이론처럼 순수 사회학적 접근법을 찬성하는 이론에서도 행위 없는 사회체계를 생각할 수 없으며 행위를 통해 사회적 우연성이 되살아난다. 사회구조는 더 이상 엄격한 강제로서 이론화되지 않는다. 우리가 경험한 바와 같이 실제 사회체계는 기능적으로 구성되어 있다. 그러나 그 체계는 유연하며 행위를 통해 변할 수 있다. 체계-행위 관계의 측면에서 번역을 고찰할 수 있다. 번역 체계는 번역 행위(7장의 번역 의사소통 이벤트 참고)를 통해 실현되는 한편 번역은 전체 사회체계 내에서 기능하며 번역 의사소통 이벤트를 통해 사회 변화를 가져오고 사회 진화나 사회 발전에 기여한다(6장). 다시 한 번 강조하지만 체계-행위 상호작용을 균형 잡힌 방식으로 성찰하기 위해서는 결합된 거시적/미시적 접근법이 필요하다.

본성(nature)과 **시공**(space-time)이 연관되지 않고 사회구조를 재생산하는 것은 불가능할 것이다. 사회에서 본성이 차지하는 자리에 있어, 인체의 물질성과 사회가 존재하는 환경이 있음을 유의해야 한다. Malinowski와 Parsons 같은 기능주의적 관점(7장 참고)을 통해 모든 사회가 그 구성원의 기본적 욕구뿐만 아니라 사회 자체의 욕구도 충족해야 함을 알게 되었다. 이 욕구는 인간 존재의 물질성과 관련이 있다. 인간은 먹고, 마시고, 사회가 존재할 수 있도록 재생산을 해야 하며 사회는 활동을 조직화하고 사회질서를 유지하는 등을 해야 한다. 최근 사회학에서는 사회에서 환경이 담당하는 역할을 알아보기 위해 새로운 접근법을 만들어 냈다. 비인간 사회적 행위자를 공평하게 대하는 것은 행위자-네트워크 이론(8장)뿐만 아니라 "살아 있는 생물들은 너무 다양해서 인간과 동물을 단순히 구분하는 것만으로는 이해할 수 없기에 살아 있는 모든 생물을 연구해야"(Zake and DeCesare 2011: 4에서 재인용) 하며 인간 사회는 인체의 신체적이며 생리적인 측면에 의해 영향을 받았으며 인간과 공존하는 동물을 포함하고 있는 것으로 봐야 한다(Haraway 2003; 2007; Sanders 2006; Shukin 2009; Wolfe 2010)는 Derrida의 아이디어에 영향을 준 '포스트휴머니스트' 사회학 이론의 두드러진 특징이다. 이러한 사회 이론화는 여전히 많은 논란을 불러일으키고 있다(Zake and DeCesare 2011: 2-5). 오늘날 인간 사회의 모습은 상당 부분 기술 덕분임을(번역에 대한 CAT 툴의 영향 참조) 부정하는 사람이 없기에 인간의 사회적 존재에 기술을 포함할 준비가 되었다면 개를 비롯한 반려동물이 인간 사회에서 담당하는 역할에 대해서도 생각해 볼 수 있을 것이다. 한 예로, 지체부자유자가 완전한 사회생활을 할 수 있도록 돕는 보조견을 생각해 볼 수 있다. 비인간 사회적 주체가 담당하는 역할을 재고하는 것은 거의 모든 사회 활동에 관한 것이며 초학문적 프로젝트에 대한 사회 연구의 물꼬를 트는 것이다. 이런 관점에서 우리는 신경학 연구를 포함하는 통역사/번역사의 '블랙박스'의 기능에 대한 연구를 높이 평가할 수 있다. 동물은 인간들을 언어적으로 중개하지 않을지 모르지만 인간과 의사소통을 한다. 비인간 기호학적 기호체계를 수용하기 위해 '언어'와 '번역'이라는 용어를 재정의하는 것은 번역의 범위를 넓혀 학제 간 학술 협력을 요하는 포스트휴머니스트 사회 이론을 수용할 수 있게 할 것이다. 이렇게 되면 생물기호권(biosemiosphere)(Petrilli 2003: 19)의 번역에 대한 더 많은 사례로 번역 연구가 풍요로워질 것이다.

번역과 사회학에 대한 논의를 맺으며, 이 방대하고 흥미진진한 영역인 번역과 사회를 소개한 목적을 다시 정리하자면 다음과 같다.

- ✓ 번역을 사회학적으로 연구하는 목표를 세우고
- ✓ 연구 방향의 개요를 작성하며
- ✓ 사회학적 번역 연구의 토대를 강화하고
- ✓ 현 번역 연구의 범위를 넓히며
- ✓ 번역을 공부하는 학생에게 사회학의 가치와 사회의 이해에 어떻게 기여할 수 있는가를 보여주고
- ✓ 새로운 연구 질문을 제기하고
- ✓ 통번역학에서의 사회학적 전환과 그 잠재성에 대한 이해를 깊게 한다.

참고 문헌

Albrow, Martin. 1999. *Sociology: The Basics.* London and New York: Routledge.

Alexander, Jeffrey C. 1998. *Newfunctionalism and After.* Malden, Massachusetts, Oxford: Blackwell.

Anderson, R.J., J.A. Hughes and W.W. Sharrock (eds). 1987. *Classic Disputes in Sociology.* London: Allen & Unwin.

Appiah, Kwame Anthony. 2012/1993. "Thick Translation", in Venuti 2012: 331-43.

Arato, Andrew and Eike Gebhardt (eds). 1978. *The Essential Frankfurt School Reader.* Oxford: Basil Blackwell.

Asch, Solomon E. 1987. *Social Psychology.* Oxford, New York, Tokyo: Oxford University Press.

Ashcroft, Bill, Gareth Griffiths and Helen Tiffin. 2002. *Post-Colonial Studies: The Key Concepts.* London and New York: Routledge.

____. 2003/1989. *The Empire Writes Back.* 2nd edition. London and New York: Routledge.

Babbie, Earl R. 2013. *The Practice of Social Research.* Belmont, California: Wadsworth Cengage Learning.

Baert, Patrick. 1998. *Social Theory in the Twentieth Century.* Cambridge: Polity.

Baker, Mona. 2006. *Translation in Conflict.* London and New York: Routledge.

Baker, Mona (ed.). 2009. *Translation Studies: Critical Concepts in Linguistics.* Volumes I-IV. London and New York: Routledge.

____. 2010. *Critical Readings in Translation Studies.* London and New York: Routledge.

Baker, Mona and Gabriela Saldanha (eds). 2009/1998. *Routledge Encyclopedia of Translation Studies.* 2nd edition. London and New York: Routledge.

Barlow,Tani E. (ed.). 1997. *Formations of Colonial: Modernity in East Asia.* Durham & London: Duke University Press.

Bartolovich, Crystal and Neil Lazarus (eds). 2002. *Marxism, Modernity, and Postcolonial Studies.* Cambridge: Cambridge University Press.

Bartsch, Renate. 1987. *Norms of Language: Theoretical and Practical Aspects.* London and New York: Longman.

Bassnett, Susan (ed.). 2005. "Global News Translation", *Language and Intercultural Communication,* Vol. 5, no. 2, 105-91.

Bassnett, Susan and André Lefevere (eds). 1990. *Translation, History and Culture.* London: Cassell.

Bassnett, Susan and André Lefevere. 1998. *Constructing Cultures: Essays on Literary Translation.* Clevedon: Multilingual Matters.

Beer, Jeanette and Kenneth Lloyd-Jones (eds). 1995. *Translation and the Transmission of Culture Between 1300 and 1600.* Kalamazoo, Michigan: Western Michigan University.

Benjamin, Walter. 2012/1923. "The Translator's Task". Translated by Steven Rendall. In Venuti 2012: 75-83.

Berger, Peter L. and Thomas Luckmann. 1967. *The Social Construction of Reality. Everything that Passes for Knowledge in Society.* London: Allen Lane.

Berlin, Isaiah. 1963/1939. *Karl Marx: His Life and Environment*. London: Oxford University Press.

Best, Shaun. 2003. *A Beginner's Guide to Social Theory*. London, Thousand Oaks, New Delhi: SAGE.

Bhabha, Homi K.(1990) "DissemiNation: Time, Narrative, and the Margins of the Modern Nation", in Bhabha, Homi (ed.), *Nation and Narration,* London and New York: Routledge, 291-322.

____. 2003/1994. *The Location of Culture*. London and New York: Routledge.

Bilton, Tony, Kevin Bonnett, Pip Jones, David Skinner, Michelle Stanworth and Andrew Webster. 1996/1981. *Introductory Sociology*. Houndmills, Basingstoke, Hampshire and London: Macmillan.

Bogie, Anna. 2010. "Uncovering the Hidden Actors with the Help of Latour: The 'Making' of The Second Sex", *MonTI,* no. 2, 173-92.

Bottomore, Tom. 1987/1962. *Sociology: A Guide to Problems and Literature*. London: Allen & Unwin.

Bourdieu, Pierre. 1977. *Outline of a Theory of Practice*. Translated by Richard Nice. Cambridge: Cambridge University Press.

____. 1984. *Distinction: A Social Critique of the Judgement of Taste*. Translated by Richard Nice. London: Routledge & Kegan Paul.

____. 1988. *Homo Academicus*. Translated by P. Collier. Cambridge: Polity.

____. 1989. "Social Space and Symbolic Power", *Sociological Theory*, vol. 7, no. 1, 14-25.

____. 1990. *In Other Words: Essays towards a Reflexive Sociology*. Stanford, California: Stanford University Press.

____. 2006/1986. "The Forms of Capital", in Lauder, Hugh, Phillip Brown, Jo-Anne Dillabough and A.H. Halsey (eds), *Education, Globalization, and*

Social Change. Oxford: Oxford University Press, 105-18.

Bourdieu, Pierre and Loïc J.D. Wacquant. 1992. *An Invitation to Reflexive Sociology*. Chicago: Chicago University Press.

Bourdieu, Pierre *et al.* 1999. *The Weight of the World. Social Suffering in Contemporary Society*. Translated by P. Parkhurst Ferguson *et al.* Stanford, California: Stanford University Press.

Breuer, Georg. 1982. *Sociobiology and the Human Dimension*. Cambridge: Cambridge University Press.

Brisset, Annie. 1990. *Sociocritique de la traduction. Théâtre et altérité au Québec,* Montréal: Balzac/Le Préambule, coll. L'Univers des discours.

____. 1996. A *Sociocritique of Translation. Theatre and Alterity in Quebec*. Translate Rosalind Gill and Roger Gannon. Toronto: University of Toronto Press.

____. 2002. "Clémence Royer, ou Darwin en colère", in Delisle 2002: 173-203.

____. 2012. "The Search for a Native Language: Translation and Cultural Identity", in Venuti 2012: 281-311.

Buzelin, Hélène and Deborah Forlaron (eds). 2007. "La traduction et les études réseaux / Translation and Network Studies", *Meta,* Vol. 52, no. 4, 603-858.

Calhoun, Craig (ed.). 1992. *Habermas and the Public Sphere*. Cambridge, Massachusetts, and London, England: The MIT Press.

Callon, Michel. 1986. "Some Elements of a Sociology of Translation: Domestication of the Scallops and the Fishermen of St Brieuc Bay", in Law, John (ed.), *Power, Action and Belief: A New Sociology of Knowledge?* London, Boston and Henley: Routledge & Kegan Paul, 196-233.

Canada Council 2013: http://www.canadacouncil.ca/writing/pal29030495834311372.htm, accessed May 28, 2013.

Chesterman, Andrew. 2000. *Memes of Translation.* Amsterdam/Philadelphia: John Benjamins.

Chukovskii, Kornei. 1964. *Vysokoe iskusstvo* [A High Art]. Moscow: Sovetskii pisatel.

Cicourel, Aaron V. 1974/1968. "Police Practices and Official Records", in Turner 1974: 85-95.

Cockney 2013: http://www.cockneyrhymingslang.co.uk/cockney_rhyming_slang, accessed May 27, 2013.

Colomy, Paul (ed.). 1990. *Neofunctionalist Sociology.* Aldershot: Edward Elgar.

Cook, Johann. 2009. "On the Role of External Traditions in the Septuagint", in Cook, Johann (ed.), *Septuagint and Reception: Essays Prepared for the Association for the Study of the Septuagint in South Africa.* Leiden, Boston: Brill, 17-36.

Cook, Johann, and Hermann-Joseph Stipp (eds). 2012. *Text-Critical and Hermeneutical Studies in the Septuagint.* Leiden, Boston: Brill.

Copeland, Rita. 1991. *Rhetoric, Hermeneutics, and Translation in the Middle Ages: Academic Traditions and Vernacular Texts.* Cambridge: Cambridge University Press.

Cronin, Michael. 2003. *Translation and Globalization.* London and New York: Routledge.

Deeney, John J. 2001/1995. "Biculturalism and Ambiculturalism", in Chan, Sin-wai and David E. Pollard (eds), *An Encyclopaedia of Translation: Chinese-English, English-Chinese.* Hong Kong: The Chinese University Press, 110-26.

Deer, Cécile. 2012. "Reflexivity", in Grenfell 2012: 195-208.

Delisle, Jean (ed.). 2002. *Portraits de traductrices.* Ottawa: Presses de l'Université d'Ottawa.

Delisle, Jean and Judith Woodsworth (eds). 2012. *Translators through History.* Revised edition. Amsterdam/Philadelphia : John Benjamins.

Diaz Fouces, Oscar and Esther Monzo (eds). 2010. "Applied Sociology in Translation Studies." *MonTI,* no. 2.

Dryzek, John S. 1990. *Discursive Democracy : Politics, Policy and Political Science.* Cambridge: Cambridge University Press.

Durkheim, Emile. 1982/1895. *The Rules of Sociological Method and Selected Texts on Sociology and Its Method.* Edited with an introduction by Steven Lukes. Translated by W.D. Halls. Houndmills, Basingstoke, Hampshire, and London: Macmillan.

___. 2004. *Readings from Emile Durkheim.* Edited by Kenneth Thompson. Translated by Margaret Thompson. London and New York: Routledge.

Elias, Norbert. 1998. *On Civilization, Power, and Knowledge: Selected Writings.* Edited by Stephen Mennell and Johan Goudsblom. Chicago and London: The University of Chicago Press.

Elliott, Geoffrey and Harold Shukman. 2002. *Secret Classrooms: An Untold Story of the Cold War.* London : St Ermin's Press.

Ennaji, Moha. 2005. *Multilingualism, Cultural Identity, and Education in Morocco.* New York: Springer.

Erikson, Erik H. 1985/1982. *The Life Cycle Completed: A Review.* New York, London: W.W. Norton & Company.

Even-Zohar, Itamar (ed.). 1990. "Polysystem Studies", *Poetics Today,* Vol. 11, no. 1.

Fairclough, Norman. 2003. *Analysing Discourse: Textual Analysis for Social Research.* London: Routledge.

Fanon, Frantz. 1995/1952. *Peau noire masques blancs.* Paris: Éditions du Seuil.

Flotow, Luise von. 1997. *Translation and Gender: Translating in the Era of Feminism'.* Manchester, UK: St Jerome and Ottawa: University of Ottawa Press.

Footitt, Hilary and Simona Tobia. 2013. *WarTalk: Foreign Languages and the British War Effort in Europe, 1940-47.* Houndmills, Basingstoke, Hampshire: Palgrave Macmillan.

Foucault, Michel. 1979. *Discipline and Punish: The Birth of the Prison.* Translated by Alan Sheridan. New York: Vintage Books.

___. 1980. *Power/Knowledge: Selected Interviews and Other Writings, 1972-1977.* Edited by Colin Gordon. Translated by Colin Gordon, Leo Marshall, John Mepham and Kate Soper. New York, London *et al:* Harvester Wheatsheaf.

___. 1984. *The Foucault Reader.* Edited by Paul Rabinow. Harmondsworth, Middlesex, England: Penguin Books.

Franklin, Simon. 2002. *Writing, Society and Culture in Early Rus, c.950-1300.* Cambridge: Cambridge University Press.

Freud, Sigmund. 1961a. "The Ego and the Superego", translated by Joan Riviere, in Parsons *et al.* 1961: 733-8.

___. 1961b. "Internal Sources of Behavioral Instability and Their Control", translated by Joan Riviere, in Parsons et al. 1961: 940-4.

Frisby, David. 2002/1984. *Georg Simmel.* Revised edition. London and New York: Routledge.

Frosh, Stephen. 2012. *A Brief Introduction to Psychoanalytic Theory.* Houndmills, Basingstoke, Hampshire: Palgrave Macmillan.

Fuller, Steve. 2012. "Conatus", in Grenfell 2012: 169-78.

Gambier, Yves and Luc van Doorslaer (eds). 2010-12. *Handbook of Translation*

Studies. Vols. 1-3. Amsterdam/Philadelphia: John Benjamins.

Game, Ann. 1991. *Undoing the Social: Towards a Deconstructive Sociology*. Milton Keynes: Open University Press.

Gandhi, Leela. 1998. *Postcolonial Theory: A Critical Introduction*. New York: Columbia University Press.

Garfinkel, Harold. 1967. *Studies in Ethnomethodology*. Englewood Cliffs, New Jersey: Prentice-Hall.

____. 1974. "The Origins of the Term 'Ethnomethodology'", in Turner 1974: 15-18.

Gelder, Ken. 2007. *Subcultures: Cultural Histories and Social Practice*. London and New York: Routledge.

Gentzler, Edwin. 2001. *Contemporary Translation Theories*. 2nd edition. Clevedon: Multilingual Matters.

____. 2008. *Translation and Identity in the Americas: New Directions in Translation Theory*. London and New York: Routledge.

Giddens, Anthony. 1984. *The Constitution of Society: Outline of the Theory of Structuration*. Cambridge: Polity.

____. 1993a/1976. *New Rules of Sociological Method: A Positive Critique of Interpretative Sociologies*. Cambridge: Polity.

____. 1993b. *The Giddens Reader*. Edited by Philip Cassell. Stanford, California: Stanford University Press.

____. 1991/1982. *Sociology: A Brief but Critical Introduction*. Houndmills, Basingstoke, Hampshire: Macmillan Education Ltd.

____. 2001. *Sociology: Introductory Readings*. Cambridge: Polity.

Gilligan, Carol. 1982. *In a Different Voice: Psychological Theory and Women's Development*. Cambridge, Massachusetts: Harvard University Press.

___. 2011. *Joining the Resistance.* Cambridge: Polity.

Gilligan, Carol, Janie Victoria Ward, and Jill McLean Taylor with Betty Bardige (eds). 1988. *Mapping the Moral Domain: A Contribution of Women's Thinking to Psychological Theory of Education.* Cambridge, Massachusetts: Center for the Study of Gender, Education and Human Development.

Goffman, Erving. 1959. *The Presentation of Self in Everyday Life.* London: Penguin Books.

___. 1997. *The Goffman Reader.* Edited by Charles Lemert and Ann Branaman. Malden, Massachusetts, Oxford: Blackwell.

Goldschmidt, Walter. 1966. *Comparative Functionalism: An Essay in Anthropological Theory.* Berkeley and Los Angeles: University of California Press.

Gouadec, Daniel. 2010. *Translation as a Profession.* Amsterdam/Philadelphia: John Benjamins.

Gramsci, Antonio. 1971. *Selections from the Prison Notebooks of Antonio Gramsci.* Edited and translated by Quintin Hoare and Geoffrey Nowell Smith. London: Lawrence & Wishart.

Grbíc, Nadja and Sonja Pöllabauer. 2008. "An Author-centred Scientometric Analysis of Daniel Gile's Oeuvre", in Hansen, Chesterman and Gerzymisch-Arbogast 2008: 3-24.

Grenfell, Michael. 2012. *Pierre Bourdieu: Key Concepts.* Durham: Acumen.

Habermas, Jürgen. 1984-1987. *The Theory of Communicative Action.* Translated by Thomas McCarthy. Boston: Beacon Press.

___. 1988/1970. *On the Logic of the Social Sciences.* Translated by Shierry Weber Nicholsen and Jerry A. Stark. Cambridge, Massachusetts: The

MIT Press.

Hansen, Gyde, Andrew Chesterman and Heidrun Gerzymisch-Arbogast (eds). 2008. *Efforts and Models in Interpreting and Translation Research.* Amsterdam/Philadelphia: John Benjamins.

Haraway, Donna. 2003. *The Companion Species. Manifesto: Dog, People and Significance of Otherness.* Chicago: Prickly Paradigm.

___. 2007. *When Species Meet (Posthumanities).* Minneapolis: University of Minnesota Press.

Harrington, Austin, Barbara I. Marshal and Hans-Peter Müller (eds). 2006. *Encyclopedia of Social Theory.* London and New York: Routledge.

Hawley, John C. (ed.). 2001. *Encyclopedia of Postcolonial Studies.* Westport, Connecticut, London: Greenwood Press.

Henecka, Hans Peter. 2009. *Grundkurs Soziologie.* 9., überarb. Aufl. Stuttgart: UTB.

Hermans, Theo (ed.). 2002. *Crosscultural Transgressions: Research Models in Translation Studies II. Historical and Ideological Issues.* Manchester, UK & Northampton MA: St Jerome.

___. 2009/1999. *Translation in Systems: Descriptive and System-oriented Approaches Explained.* Manchester: St Jerome.

Holub, Robert C. 1991. *Jürgen Habermas: Critic in the Public Sphere.* London and New York: Routledge.

Holz-Mänttäri, Justa. 1984. *Translatorisches Handeln. Theorie und Methode.* Helsinki: Suomalainen Tiedeakatemia.

House, Juliane. 1981. *A Model for Translation Quality Assessment.* 2nd edition. Tübingen: Narr.

___. 2001. "Translation Quality Assessment: Linguistic Description versus

Social Evaluation", *Meta,* Vol. 46, no. 2, 243-57.

Hoy, David Couzens (ed.). 1986. *Foucault: A Critical Reader.* Oxford: Basil Blackwell.

Hung, Eva (ed.). 2005. *Translation and Cultural Change.* Amsterdam/Philadelphia: John Benjamins.

Hunter, Dan, Ramon Lobato, Megan Richardson and Julian Thomas (eds). 2013. *Amateur Media: Social, Cultural and Legal Perspectives.* London and New York: Routledge.

Inghilleri, Moira (ed.). 2005. "Bourdieu and the Sociology of Translation and Interpreting", *The Translator,* vol. 11, no. 2, 125-275.

Inghilleri, Moira. 2012. *Interpreting Justice: Ethics, Politics, and Language.* New York and London: Routledge.

Inglis, David with Christopher Thorpe. 2012. *An Invitation to Social Theory.* Cambridge: Polity.

Inkeles, Alex. 1964. *What Is Sociology? An Introduction to the Discipline and Profession.* Englewood Cliffs, New Jersey: Prentice-Hall.

Jakobson, Roman. 1959. "On Linguistic Aspects of Translation", in Brower, Reuben A. (ed.), *On Translation.* Cambridge, MA: Harvard University Press, 232-9.

Jary, David and Julia Jary. 2000/1991. *Sociology.* Third edition. Glasgow: HarperCollins.

St. Jerome. 2012/395. "Letter to Pammachius". Translated by Kathleen Davis. In Venuti 2012: 21-30.

Kassin, Saul, Steven Fein and Hazel Rose Markus. 2011. *Social Psychology.* Belmont, CA: Wadsworth.

Katan, David. 2011. "Occupation or Profession: A Survey of the Translators'

World", in Sela-Sheffy and Shlesinger 2011: 65-87.

Khoruzhii, Sergei. 1994. "Uliss v russkom zerkale" [Ulysses in the Russian Mirror]. http://www.james-joyce.ru/articles/ulysse-v-russkom-zerkale.htm (accessed May 28, 2013).

Kipling, Rudyard. 1965. *The Jungle Book.* London: Macmillan & Co Ltd.

Kiustin, A. de. 1996. *Rossiia v 1839 godu* [Russia in 1839]. In 2 volumes. Translated by V. Mil'china and I. Staf. Moscow: Izdatel'stvo imeni Sabashnikovykh.

Kluckhohn, Clyde. 1949. *Mirror for Man: The Relation of Anthropology to Modern Life,* New York: Whittlesey House.

Kohlberg, Lawrence. 1976. "Moral Stages and Moralization: The Cognitive-Developmental Approach", in Lickona 1976: 31-53.

Korte, Hermann, and Schäfers, Bernhard. 2010. *Einführung in Hauptbegriffe der Soziologie.* 8., durchges. Aufl. Unter Mitartbeit von Bianca Lehmann. Wiesbaden: VS Verlag für Sozialwissenschaften.

Kraidy, Marwan M. (ed.). 2013. *Communication and Power in the Global Era.* London and New York: Routledge

Lahire, Bernard. 2010. *Franz Kafka. Eléments pour une théorie de la création littéraire.* Paris: La Découverte.

___. 2013. *Dans les plis singuliers du social: Individus, institutions, socializations.* Paris: La Découverte. ASIN: B00B9LCZF2, Kindle edition.

Larson, Magali Sarfatti. 1977. *The Rise of Professionalism: A Sociological Analysis.* Berkeley: University of California Press.

Latour, Bruno. 1987. *Science in Action.* Cambridge, Massachusetts: Harvard University Press.

___. 1988. *The Pasteurization of France.* Translated by Alan Sheridan and

John Law. Cambridge, Massachusetts and London, England: Harvard University Press.

___. 1993. *We Have Never Been Modern.* Translated by Catherine Porter. New York: Harvester Wheatsheaf.

___. 2005. *Reassembling the Social: An Introduction to Actor-Network-Theory.* Oxford: Oxford University Press.

Lefevere, Andre (ed.). 1992. *Translation/History/Culture: A Sourcebook.* London and New York: Routledge.

Levin, Jack and James L. Spates. 1990. *Starting Sociology.* Fourth Edition. New York: Harper & Row.

Levý, Jiřy. 1967. "Translation as a Decision Process", in *To Honor Roman Jakobson: Essays on the occasion of his seventieth birthday, 11 October 1966.* Vol. 2. The Hague; Paris: Mouton, 1171-82.

Levy, Marion J., Jr. 1972. *Modernization: Latecomers and Survivors.* New York and London: Basic Books.

Lewis, D.H. 1985. "Symbiosis and Mutualism: Crisp Concepts and Soggy Semantics", in Boucher, Douglas H. (ed.), *The Biology of Mutualism: Ecology and Evolution,* London & Sydney: Croom Helm, 29-39.

Lickona, Thomas (ed.). 1976. *Moral Development and Behavior: Theory, Research, and Social Issues,* New York: Holt, Rinehart and Winston.

Lobato, Ramon, Julian Thomas and Dan Hunter. 2013. "Histories of User-Generated Content: Between Formal and Informal Media Economies", in Hunter *et al.* 2013: 1-17.

Luhmann, Niklas. 1990. *Essays on Self-Reference.* New York: Columbia University Press.

___. 1995. *Social Systems.* Translated by John Bednarz, Jr., with Dirk Baecker.

Stanford, California: Stanford University Press.

___. 1997. *Die Gesellschaft der Gesellschaft.* Frankfurt am Main: Suhrkamp.

___. 2002. *Theories of Distinction: Redescribing the Descriptions of Modernity.* Translated by J. O'Neil, E. Schreiber, K. Behnke and W. Whobrey. Stanford, California: Stanford University Press.

Macdonald, Keith M. 1995. *The Sociology of the Professions.* London ,Thousand Oaks, New Delhi: SAGE.

Macionis, John J. 2000/1992. *Society: The Basics.* Fifth edition. Upper Saddle River: Prentice Hall.

Makarii (Bulgakov), Metropolitan of Moscow and Colomna. 1995. *Istoriia Russkoi Tserkvi* [A History of the Russian Church]. Vol. 2. Moscow: Izdatel'stvo Spaso-Preobrazhenskogo Valaamsckogo monastyria [Spaso-Preobrazhenskii Valaamsckii Monastery Press].

Malinowski, Bronislaw. 1944. *A Scientific Theory of Culture and Other Essays.* Chapel Hill: The University of North Carolina Press.

Mann, Michael (ed.). 1983. *The Macmillan Student Encyclopedia of Sociology.* London and Basingstoke: Macmillan.

Mannheim, Karl. 2001/1956. *Essays on the Sociology of Culture. Collected Works of Karl Mannheim.* Vol. VII. Abingdon, Oxon: Routledge.

Maton, Karl. 2012. "Habitus", in Grenfell 2012: 48-64.

Mauranen, Anna and Pekka Kujamäki (eds). 2004. *Translation Universals: Do they exist?* Amsterdam/Philadelphia: John Benjamins.

McElduff, Siobhán and Enrica Sciarrino (eds). 2011. *Complicating the History of Western Translation: The Ancient Mediterranean in Perspective.* Manchester, UK & Kinderhook (NY), USA: St Jerome.

McGrane , Bernard. 1994. *The Un-TV and the 10 MPH Car. Experiments in*

Personal Freedom and Everyday Life. Fort Bragg, California: The Small Press.

McLennan, Gregor. 2011. *Story of Sociology: A First Companion to Social Theory.* London and New York: Bloomsbury Academic.

Mead, George H. 1961a. "From Gesture to Symbol", in Parsons *et al.* 1961: 999-1004.

____. 1961b. "The I and the Me", in Parsons *et al. 1961:* 163-8.

____. 1961c. "Taking the Role of the Other", in Parsons *et al.* 1961: 739-40.

Merkle, Denise (ed.). 2010. "Censorship and Translation within and Beyond the Western World", TTR, vol. 23, no. 2.

Merton, Robert K. 1967. *On Theoretical Sociology: Five Essays, Old and New.* New York: The Free Press and London: Collier-Macmillan Limited.

Michels, Robert. 1962. *Political Parties: A Sociological Study of the Oligarchical Tendencies of Modern Democracy.* Translated by Eden and Cedar Paul. New York: The Free Press and London: Collier-Macmillan Limited.

Mills, Charles Wright. 2000/1959. *The Sociological Imagination.* Oxford: Oxford University Press.

Molénat, Xavier. 2009. *La sociologie: Histoire, idées, courants.* Paris: Editions Sciences Humaines.

Moore, Rob. 2012. "Capital", in Grenfell 2012: 98-113.

Morris, Desmond, Peter Collett, Peter Marsh and Marie O'Shaughnessy. 1979. *Gestures: Their Origins and Distribution.* London: Jonathan Cape.

Morton, Stephen. 2007. *Gayatri Spivak: Ethics, Subalternity and the Critique of Postcolonial Reason.* Cambridge, UK: Polity.

Moser-Mercer, Barbara. 2008. "Construct-ing quality", in Hansen, Chesterman and Gerzymisch-Arbogast 2008: 143-56.

Munday, Jeremy. 2012. *Introducing Translation Studies. Theories and Applications.* Third edition. London and New York: Routledge.

Newman, David M. 2012. *Sociology: Exploring the Architecture of Everyday Life.* Thousand Oaks, California: SAGE.

Newman, David M. and Jodi O'Brien (eds). 2013. *Sociology: Exploring the Architecture of Everyday Life. Readings.* Thousand Oaks, California: SAGE.

Niranjana, Tejaswini. 1992. *Siting Translation: History, Post-structuralism, and the Colonial Context.* Berkeley and Los Angeles: University of California Press.

Nord, Christiane. 2007/1997. *Translating as a Purposeful Activity: Functionalist Approaches Explained.* Manchester, UK & Kinderhook (NY), USA: St Jerome Publishing.

Norton, David. 2011. *The King James Bible: A Short History from Tyndale to Today.* Cambridge: Cambridge University Press.

Oswell, David. 2006. *Culture and Society: An Introduction to Cultural Studies.* London: SAGE.

Pagel, Mark. 2012. *Wired for Culture: The Natural History of Human Cooperation.* London: Allen Lane and Penguin Books.

Paige, M.R. and Martin, J.N. 1996. "Ethics in Intercultural Training", in Landis, D. and R.S. Bhagat (eds), *Handbook of Intercultural Training,* Thousand Oaks: SAGE, 35-60.

Parsons, Talcott. 1954. *Essays in Sociological Theory,* Glencoe, Illinois: Free Press.

___. 1959/1951. *The Social System.* Glencoe, Illinois: The Free Press.

Parsons, Talcott, Edward Shils, Kaspar D. Naegele and Jesse R. Pitts (eds). 1961.

Theories of Society: Foundations of Modern Sociological Theory. New York: Free Press and London: Collier-Macmillan Limited.

Petrilli, Susan (ed.). 2003. *Translation Translation.* Amsterdam, New York, NY: Rodopi.

Pöchhaker, Franz. 2008. "The Turns of Interpreting Studies", in Hansen, Chesterman and Gerzymisch-Arbogast 2008: 25-46.

Powell, Shelliann. 2010. "Psychoanalysis and the Study of Political Science", in Wiarda, Howard J. (ed.), *Grand Theories and Ideologies in the Social Sciences.* New York: Palgrave Macmillan, 97-112.

Poyatos, Fernando (ed.). 1997. *Non-Verbal Communication and Translation: New Perspectives and Challenges in Literature, Interpretation and the Media.* Amsterdam/Philadelphia: John Benjamins.

PSRL 24: *Polnoe sobraniie russkikh letopisei* [Complete Russian Chronicles]. 1921. Vol. 24. Petrograd: 2 Gosudarstvennaia tipografiia [Second State Press].

PSRL 25: *Polnoe sobraniie russkikh letopisei* [Complete Russian Chronicles]. 1949. Vol. 25. Moscow-Leningrad: Izdatel'stvo AN SSSR [USSR Academy of Sciences Press].

Pym, Anthony. 1997. *Pour une éthique du traducteur.* Arras: Presses université.

___. 1998. *Method in Translation History.* Manchester, UK: St Jerome Publishing.

___. 2010. *Exploring Translation Theories.* London and New York: Routledge.

___. 2012. *Pour une éthique du traducteur. On Translator Ethics: Principles for Mediation between Cultures.* Translated by Heike Walker. Amsterdam/ Philadelphia: John Benjamins.

Pym, Anthony and Grzegorz Chrupala. 2005. "The Quantitative Analysis of Translation Flows in the Age of an International Language", in Branchandell, Albert and Margaret West Lovell (eds), *Less Translated Languages.* Amsterdam/Philadelphia: John Benjamins, 27-38.

Pym, Anthony, Miriam Shlesinger and Zuzana Jettmarova (eds). 2006. *Sociocultural Aspects of Translating and Interpreting.* Amsterdam/Philadelphia: John Benjamins.

Ramírez, Sagrario. 2005. *Sociología.* Barcelona: Editorial Uoc, S.L.

Reiss, Katharina and Hans J. Vermeer. 1984. *Grundlegung einer allgemeinen Translationstheorie.* Tübingen: Niemeyer.

Restivo, Sal. 2011. "Bruno Latour", in Ritzer and Stepnisky 2011.

Ritzer, George and Jeffrey Stepnisky (eds). 2011. *The Wiley-Blackwell Companion to Major Social Theorists.* Volume II: Contemporary Social Theorists. ASIN: B005HF2HBS, Kindle edition.

Robinson, Douglas. 1991. *The Translator's Turn.* Baltimore: John Hopkins University Press.

___. 1997a. *Becoming a Translator: An Accelerated Course.* London and New York: Routledge.

___. 1997b. *Translation and Empire: Postcolonial Theories Explained.* Manchester: St Jerome Publishing.

Robinson, Douglas (ed.). 2002/1997. *Western Translation Theories: from Herodotus to Nietzsche.* Manchester, UK & Northampton, MA: St Jerome Publishing.

Robinson, Douglas. 2011. *Translation and the Problem of Sway.* Amsterdam/Philadelphia: John Benjamins.

Rose, Gerry. 1982. *Deciphering Sociological Research.* Houndmills, Basingstoke, Hampshire: Macmillan.

Said, Edward. 1995/1978. *Orientalism.* London: Penguin Books.

Sanders, Clinton R. 2006. *The Sociology of Human-Animal Interaction and Relationships.* Available at: http://www.h-net.org/~animal/ruminations_sande (accessed September 25, 2013).

Santaemilia, José and Luise von Flotow (eds). 2011. "Women and Translation: Geographies, Voices and Identities. Mujer y traducción: Geografías, voces identidades', *MonTI*, no. 3.

Sapiro, Gisele (ed.). 2008. *Translatio. Le marché de la traduction en France à l'heure de la mondialisation.* Paris: CNRS Éditions.

Sawyer, R. Keith. 2005. *Social Emergence: Societies as Complex Systems.* Cambridge, UK: Cambridge University Press.

Schäffner, Christina (ed.). 1999. *Translation and Norms.* Clevedon: Multilingual Matters.

____. 2008. "Doctoral Training Programmes: Research Skills for the Discipline or Career Management Skills?" in Hansen, Chesterman and Gerzymisch-Arbogast 2008: 109-26.

Schatzki, Theodore R. 1996. *Social Practices: A Wittgensteinian Approach to Human Activity and the Social.* Cambridge: Cambridge University Press.

Schleiermacher, Friedrich. 2012/1813. "On the Different Methods of Translating". Translated by Susan Bernofsky. In Venuti 2012: 43-64.

Schulte, Rainer and John Biguenet (eds). 1992. *Theories of Translation: An Anthology of Essays from Dryden to Derrida.* Chicago: University of Chicago Press.

Schutz , Alfred. 1962. *Collected Papers: The Problem of Social Reality.* Vol. 1. The Hague: Hijhoff.

Schwarz, Henry and Sangeeta Ray (eds). 2000. *A Companion to Postcolonial*

Studies. Malden, Massachusetts; Oxford: Blackwell Publishers.

Scott, John. 2011. *Conceptualising the Social World: Principles of Sociological Analysis.* Cambridge: Cambridge University Press.

Seale, Clive (ed.). 2012. *Researching Society and Culture.* Third edition. Los Angeles/London/New Delhi/Singapore/Washington DC: SAGE.

Sela-Sheffy, Rakefet and M iriam Shlesinger (eds). 2011. *Identity and Status in the Translational Professions.* Amsterdam/Philadelphia: John Benjamins.

Shukin , Nicole. 2009. *Animal Capital: Rendering Life in Biopolitical Times.* Minneapolis: University of Minnesota Press.

Shusterman, Richard (ed.). 1999. *Bourdieu: A Critical Reader.* Oxford: Blackwell.

Simeoni, Daniel. 1998. "The Pivotal Status of the Translator's Habitus", *Target,* 10:1, 1-39.

Simon, Sherry. 1996. *Gender in Translation.* Abingdon, Oxon: Routledge.

___. 2012. *Cities in Translation: Intersections of Language and Memory.* London and New York: Routledge.

Snell-Hornby, Mary. 2006. *The Turns of Translation Studies.* Amsterdam/ Philadelphia: John Benjamins.

Snell-Hornby, Mary, Hans G. Hönig, Paul Kussmaul and Peter A. Schmitt (Hrsg.). 2004/1999. *Handbuch Translation.* Zweite ,verbesserte Auflage. Tübingen: Stauffenburg Verlag.

Spivak, Gayatri Chakravorty. 1988. "Can the Subaltern Speak?" in Nelson, Cary and Lawrence Grossberg (eds), *Marxism and the Interpretation of Culture,* Basingstoke: Macmillan Education, 271-313.

___. 1999. *A Critique of Postcolonial Reason: Toward a History of the Vanishing Present.* Cambridge, Massachusetts: Harvard University Press.

____. 2012/1992. "The Politics of Translation", in Venuti 2012: 312-30.

Sturge, Kate. 2007. *Representing Others. Translation, Ethnography and the Museum.* Manchester, UK: St Jerome Publishing.

Sviatoslav Iaroslavich, Grand Prince. 1880/1073. *Izbornik Velikogo Kniazia Sviatoslava Iaroslavicha* [The Grand Prince Sviatoslav Iaroslavich Compilation]. Petersburg: Izhdiveniem chlena uchreditelia obshchestva liubitelei drevnei pis'mennosti Timofeia Savvicha Morozova [Published by Timofei Savvich Morozov, the founding member of the Society of lovers of ancient writings].

Sunder Rajan, Rajeswari and You-me Park. 2000. "Postcolonial Feminism/ Postcolonialism and Feminism", in Schwarz, Henry and Sangeeta Ray, *A Companion to Postcolonial Studies.* Malden, Massachusetts, Oxford: Blackwell, 53-71.

Susam-Saraeva, Sebnem and Luis Pérez-González (eds). 2012. "Non-Professionals Translating & Interpreting: Participatory and Engaged Perspectives", *The Translator*, Vol. 18, number 2, 149-361.

Sutton, Robbie and Karen Douglas. 2013. *Social Psychology.* Houndmills, Basingstoke, Hampshire: Palgrave Macmillan.

SUV: Sanktpeterburgskiia uchenyia vedomosti na 1777 god [Saint-Petersburg Scholarly News. Year 1777]. 1873. Saint-Petersburg: A. N. Neustroev.

Touraine, Alain. 2000. "A Method for Studying Social Actors", *Journal of World-Systems Research,* vi, 3, 900-18.

Toury, Gideon. 1980. *In Search of a Theory of Translation.* Tel Aviv: The Porter Institute for Poetics and Semiotics, Tel Aviv University.

____. 2012/1995. *Descriptive Translation Studies - and beyond.* Revised edition. Amsterdam/Philadelphia: John Benjamins.

Turner, Jonathan H. 1998. *The Structure of Sociological Theory*. Belmont, CA: Wadsworth Publishing Company.

Turner, Jonathan H. and Alexandra Maryanski. 1979. *Functionalism*. Menlo Park, California: The Benjamin/Cummings Publishing Company.

Turner, Roy (ed.). 1974. *Ethnomethodology: Selected Readings*. Harmondsworth, Middlesex, England: Penguin Education.

Tylor, Edward Burnett. 1871. *Primitive Culture: Researches into the Development of Mythology, Philosophy, Religion, Art, and Custom*. In two volumes. Vol. 1. London: John Murray.

Tymoczko, Maria. 1999. *Translation in a Postcolonial Context: Early Irish Literature in English Translation*. Manchester: St Jerome.

____. 2002. "Connecting the Two Infinite Orders: Research Methods in Translation Studies", in Hermans 2002: 9-25.

____. 2003. "Ideology and the Position of the Translator. In What Sense is a Translator 'In Between'?" In Calzada Pérez, Maria (ed.), *Apropos of Ideology. Translation Studies on Ideology: Ideologies in Translation Studies*. Manchester: St Jerome, 181-201.

____. 2006. "Reconceptualizing Translation Theory. Integrating Non-Western Thought about Translation", in Hermans, Theo (ed.), *Translating Others*. Manchester and Kinderhook, New York: St Jerome Publishing, 13-32.

Tymoczko, Maria (ed). 2010. *Translation, Resistance, Activism*. Amherst: University of Massachusetts Press.

Tyulenev, Sergey. 2004. *Teoriia perevoda* [A Theory of Translation]. Moscow: Gardariki.

____. 2011a. "Translation as a Factor of Social Teleonomy", TTR, Vol. 24, no. 1, 17-44.

___. 2011b. "Women-translators in Russia", *MonTI, no.* 3, 75-105.

___. 2012a. *Applying Luhmann to Translation Studies: Translation in Society.* New York and London: Routledge.

___. 2012b. *Translation and the Westernization of Eighteenth-Century Russia: A Social-Systemic Perspective.* Berlin: Frank & Timme.

Underwood, Marion K. and Lisa H. Rosen (eds). 2011. *Social Development: Relationships in Infancy, Childhood, and Adolescence.* New York, London: The Guilford Press.

Vandepitte, Sonia, Liselotte Vandenbussche, and Brecht Algoet. 2011. "Travelling Certainties: Darwin's Doubts and Their Dutch Translations", *The Translator*, vol. 17, no. 2, 275-99.

Venuti, Lawrence. 1998. *The Scandals of Translation: Towards an Ethics of Difference.* New York and London: Routledge.

___. 2008/1995. *The Translator's Invisibility: A History of Translation.* Second edition. Abingdon, Oxon: Routledge.

Venuti, Lawrence (ed.). 2012. *The Translation Studies Reader.* Third edition. Abingdon: Routledge.

Vermeer, Hans J. 1989. "Skopos and Commission in Translation Theory", translated by Andrew Chesterman, in Chesterman, Andrew (ed.), *Readings in Translation Theory.* Helsinki: Oy Finn Lectura O b, 173-87.

Vukovich, Daniel F. 2012. *China and Orientalism: Western Knowledge Production and the P.R.C.* London and New York: Routledge.

Wang, Hui. 2009. "Postcolonial Approaches", in Baker and Saldanha 2009: 200-204.

Watson, Conrad William. 2000. *Multiculturalism.* Buckingham, Philadelphia: Open University Press.

Webb, Jen, Tony Schirato and Geoff Danaher. *2002. Understanding Bourdieu.* London: SAGE.

Weber, Max. 1978. *Weber: Selections in Translation.* Edited by W.G. Runciman. Translated by Eric Matthews. Cambridge: Cambridge University Press.

Wessler, Hartmut, Bernhard Peters, Michael Brüggemann, Katharina Kleinen-von Königslöw and Stefanie Sifft. 2008. *Translationalization of Public Spheres.* Houndmills, Basingstoke, Hampshire: Palgrave Macmillan.

Williams, Raymond. 1958. *Culture and Society: 1780-1950.* London: Chatto & Windus.

Wolf, Michaela. 2002. "Culture as Translation - and Beyond Ethnographic Models of Representation in Translation Studies", in Hermans 2002: 180-92.

____. 2006. "The Female State of the Art: Women in the 'Translation Field'", in Pym, Shlesinger and Jettmarová 2006: 129-42.

____. 2010. "Sociology of Translation", in Gambier and Doorslaer 2010, 337-43.

Wolf, Michaela and Alexandra Fukari (eds). 2007. *Constructing a Sociology of Translation.* Amsterdam/Philadelphia: John Benjamins.

Wolfe, Cary. 2010. *What Is Posthumanism?* Minneapolis: University of Minnesota Press.

Woolard, Kathryn A. 1989. *Double Talk: Bilingualism and the Politics of Ethnicity in Catalonia.* Stanford, California: Stanford University Press.

Wundt, Wilhelm. 1916/1912. *Elements of Folk Psychology: Outlines of a Psychological History of the Development of Mankind.* Authorised translation by Edward Leroy Schaub. London: George Allen and Unwin.

Yang, Guobin. 2013. "Power and Transgression in the Global Media Age: The strange case of Twitter in China", in Kraidy 2013: 166-83.

Zake, Ieva and Michael DeCesare (eds). 2011. *New Directions in Sociology: Essays on Theory and Methodology in the 21st Century.* Jefferson, North Carolina, and London: McFarland and Co.

Zhou, Minglang. 2003. *Multilingualism in China: The Politics of Writing Reforms for Minority Languages 1949-2002.* Berlin, New York: Mouton de Gruyter.

번역과 사회

초판 인쇄 2019년 02월 15일
초판 발행 2019년 02월 28일

지은이 세르게이 튤레네프 지음
옮긴이 조성은·박리라·최은경
발행인 김인철 Director, University Knowledge Press
총괄 · 기획 가정준 Director, University Knowledge Press
편집장 신선호 Executive Knowledge Contents Creator
사전 · 도서편집 정준희 Contents Creator
전자책 · 도서편집 장혜린 Contents Creator
도서편집 이병철 Contents Creator
이근영 Contents Creator
재무관리 강현주 Managing Creator
발행처 한국외국어대학교 지식출판콘텐츠원
02450 서울특별시 동대문구 이문로 107
전화 02)2173-2493~7
FAX 02)2173-3363
홈페이지 http://press.hufs.ac.kr
전자우편 press@hufs.ac.kr
출판등록 제6-6호(1969. 4. 30)
인쇄 · 제본 (주)케이랩 053)583-6885

ISBN 979-11-5901-444-4 [93700] 정가: 28,000원

* 잘못된 책은 교환하여 드립니다.

HUiNE 은 한국외국어대학교출판부의 어학도서, 사회과학도서, 지역학 도서 Sub Brand이다. 한국외대의 영문명인 HUFS, 현명한 국제전문가 양성(International+Intelligent)의 의미를 담고 있으며, 휴인(携引)의 뜻인 '이끌다, 끌고 나가다'라는 의미처럼 출판계를 이끄는 리더로서, 혁신의 이미지를 담고 있다.